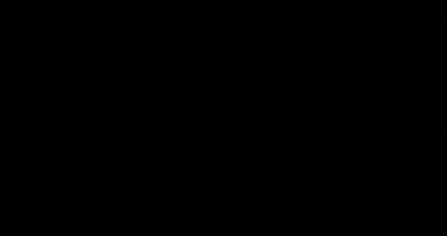

アクター・
ジェンダー・
イメージズ

転覆の
身振り

北村匡平

青土社

アクター・ジェンダー・イメージズ——転覆の身振り

目次

凡例

・引用内の〔　　　〕は筆者による注釈である。
・引用文中で『　　　』が使われている場合、作品名以外は適宜「　　　」に変更する。
・引用文中の映画作品が「　　　」のものは、すべて『　　　』に改める。
・引用文中の（…）は中略を表す。
・旧字体・旧仮名遣いは原則として新字体・新仮名遣いに改めて表記する。
・初出の映画作品は基本的にタイトルの後に（公開年）を記す。

アクター・ジェンダー・イメージズ——転覆の身振り

Opening　アクター・ジェンダー・イメージズ

1　映画俳優のジェンダーと身体

本書は映画スターのイメージに焦点をあてた俳優評論の書物である。それがただし単なる俳優論や映画スター論ではなく、総じて二つの大きな視座から書かれている。それが「ジェンダー」と「身体」である。もう少し具体的にいえば、時代を象徴する俳優の身体イメージや、映像として表象される「女性性／男性性」を通して、映画俳優の存在を歴史的に捉え返すこと。これが本書の主な目的である。

いうまでもなく「女らしさ／男らしさ」の規範は、時代によってずいぶんと異なる。その時代の理想のイメージを見事に具現化して余りある俳優たち――それぞれのアクターは時代が求める抽象的な理想に肉体を与え、あるいは逆にそれまでになかった理想を具象的に創り出す存在でもある。大衆はそのメディア・イメージに強烈に魅惑されながら、目の前のスターの相貌や身振りに憧れを抱き、同一化したり心酔したりして、強くその人物のカリスマ性を認識する。その映像は、「女／男」はこうあるべきだというイデオロギーを十全に機能させ、模倣者／追随者を多く生み出してゆく――。

集合的欲望を形象化してみせるセレブリティは、時代の変遷を読むためのもっとも有効なテクストだといえる。ここでいう「セレブリティ」とは、和製英語の「セレブ」とはやや異なる。もともとセレブリティとは「有名人／有名性」を指す言葉で、日本語に特有の「金持ち」や「裕福」なイメージはほとんどない。本書においても本来の意味での「有名人」を対象としているが、なぜそのなかでも映画俳優を主として分析するのか。まずはその理由を述べておこう。

セレブリティでいうならば、たとえばサッカー選手や野球選手といったスポーツ界の著名人、政治家や企業家などの有名人も対象になりうる。だがこれらの有名人を対象とすると、本書が主軸としている「ジェンダー×身体」、すなわち「女／男」がどのように身体を用いて役柄を演じているのか、また「女／男」がいかなる関係性を取り結んで演出されているのかが捉えにくい。スポーツ選手や産業界のセレブリティは、一つの物語上で「女／男」が関係づけられてはいないからである。映画は各時代の規範を理想的／危機的イメージとしてスクリーンに投影し、人間の振る舞いや行為を「女／男」の関係性のもとで価値づけている。身体表現によって「女らしさ／男らしさ」を理想化する国民的なメディア媒体として、フィクションを投じる映画ほどふさわしいものはないだろう。

映画俳優を論じていく理由は、タイムスケールの問題とも関係している。本書が描き出そうとしているのは、戦後から現代までの長きにわたるジェンダー・イメージの類似と差異である。紙面の都合上、網羅的に論じることはできないが、意図的に一九五〇年代と二〇一〇年代の俳優に比重を置いている。その理由は本書を通読し、結論で明らかになるだろう。

ともあれ、本書が戦後から現代までを射程に入れている以上、この時代にもっとも隆盛した文化産業である必要がある。敗戦を迎えた一九四五年、日本ではテレビはまだ放送を開始しておらず、一般に全国的に普及するのは一九六〇年前後からである。もちろん、周知のようにテレビの普及とともに映画は衰退していった。だが、二〇〇〇年頃からシネマコンプレックスの普及とともにスクリーン数と製作本数はうなぎ上りで増え続け、二〇一九年には邦画の公開本数が六八九本と過去最高、また、この年の興行収入も、二〇一六年度を超えて過去最高値を記録している。[*1]

当然のことながら、テレビドラマもスターが出演する映像媒体として重要であり、特に現代の俳優を対象とする場合には、ドラマにおけるパフォーマンスも考慮すべきである。実際、本書でも俳優によってはテレビドラマも対象にした。だが、およそ七五年の歴史を捉え返すのに映画は、ジェンダーと身体の変遷を理解する、もっとも有益な分析対象だと私は考えている。

また本書では、映画俳優と日本社会との関係を中心に、歴史的変遷を論じているが、グローバル社会における影響関係を考えると、世界的な潮流との相関性を無視することはできない。とりわけスターのジェンダー・イメージは、時代の規範を体現して演じるため、フェミニズムやメディア環境の変化の影響を多分に受けている。したがって、ハリウッド映画や韓国映画、インド映画といった映画大国の大衆性をもった作品や俳優にも目配りをし、時代の共同性も補っていきたいと思う。そうすることによって日本独特のジェンダー規範も相対的に浮かび上がってくるだろう。

以下からは本書におけるジェンダー・イメージの議論を理解しやすくするためにも、基本的なフェミニズムの流れや男性学の現状などを押さえておきたい。アカデミックな議論を概観するため、個別の俳優評論に関心がある読者は、一章から読み進めてもらって構わない。

2　ポストフェミニズムから考える

現代の映像文化で特に顕著なのは「強い」女性の主人公の存在である。いつの時代にも当然「強い」女性は演出されているが、ここでいう女性の「強さ」とは、男性との関係において、という意味合いがある。男性的な女性、あるいは「女戦士」といってもよい。映画やアニメーション、テレビドラマ、あらゆるメディアで戦闘する女性が氾濫している。こうした表象の変化はむろん、第四波フェミニズムの影響やメディア環境の変化と無関係ではない。家父長制やそれを支える異性愛を拒絶するような物語が、これまで以上に頻繁に作られるようになったのも二〇一〇年代の特徴だといえる。

この時期からSNS社会に突入し、ボトムアップで民衆の声が可視化されるようになり、ダイバーシティの促進とLGBTQ+の理解が急速に広まったのも二〇一〇年代の重要な変化である。それによって当事者意識の配慮とともに脇役が多かったゲイ、レズビアン、トランスジェンダーなどのキャラクターを主役にしたり、異性愛ではない性愛を直接的に、あるいはメタフォリカルに表現したりするようになった。こうした流れにあって、従来の従順でかわいい女性イメージは、あまり描かれなくなり、総じて「強い」女性が映像文化に横溢することになる。

もちろん「強い」女性がいきなり描かれたわけではなく、戦後すぐの占領期にも原節子や京マチ子が家父長制からの解放を志向し、受け身なだけのシンデレラ・ストーリーを否定する主体的な女性映画のヒロインを演じてきた。つまり、女性の「強さ」だけであれば、まったく引けを取らない作品が製作されていたのである。マイナーな作品に目を向ければ、たとえば司葉子が主演した『その場所に女ありて』（一九六二）なども優れたフェミニズム映画だし、戦前でさえ原節子がサラリーマン社会で

「男性的」に振る舞う、強烈なフェミニストを演じた『東京の女性』(一九三九)もある。
日本のアニメーションにおいては、宮崎駿の『風の谷のナウシカ』(一九八四)や『もののけ姫』(一九九七)、テレビアニメなら『美少女戦士セーラームーン』(一九九二—九七)など、六〇年代後半から広がった第二波フェミニズム以降の映像文化では、いつの時代でも「戦闘美少女」(斎藤環)は描かれてきた。だが、やはり後述する「ポストフェミニズム」状況で作られた映画は、それ以前のものとは異なるし、第四波フェミニズムがインターネットを基盤として巻き起こっている現代に作られている作品も、それ以前とは違う。すなわち、時代に応じて「強さ」の内実は相違があり、「女/男」の関係性も変化しているのだ。映像におけるジェンダー・イメージは、このようにフェミニズムの動向に強く影響されている。まずは見通しをよくするためにも、簡略的な説明になるが、フェミニズムの流れを押さえておくことにしよう。*2

第一波フェミニズムが法的な面における女性参政権や財産の所有権などを獲得するための運動だったのに対して、一九六〇年代後半から八〇年頃までに起こった第二波フェミニズムは、家父長制の抑圧からの解放を目指し、妊娠中絶や性暴力などの問題、賃金の不平等といった職場での差別、主婦としての権利など、公的に議論されてこなかった個人的な〈生/性〉に焦点をあてた。むろんこの「波」は一枚岩ではない。個人の権利と男女平等を理念とするリベラル・フェミニズムや、女性への抑圧の根源を資本主義に見出すソーシャル・フェミニズム、異性愛中心主義や家父長制の抑圧に抵抗してセクシュアリティの権力構造を批判するラディカル・フェミニズム、その一派で女性内部で周縁化された女性同士の連帯によって異性愛や男性支配の転覆を目指すレズビアン・フェミニズムまで実に幅広い運動であった。

一九九〇年代からの第三波フェミニズムは、第二波が白人中産階級が中心だったことへの批判や厳格で禁欲的であったことへの反動として、若者たちが主な担い手となっていった[*3]。第二波の運動を継承する部分も多いが、公民権運動やヴェトナム戦争など第二波が政治の場から生まれたのとは違って、第三波は音楽、映画、テレビ、小説といったポピュラー・カルチャーの領域で強く形成された。蔑視されてきた「ガーリー」(女らしさ)を肯定的に捉え返し、男性文化とは切り離された自由・解放を生きることを示したのである。またライオット・ガールが先導したパンクロック・ムーブメントは、男性的なサウンドを奏でながら美学と政治を結びつけて幅広い影響を与えた。第三波はマスメディアと大衆文化の中で展開し、コートニー・ラヴなどの有名人は、そのアイコンとなっていったのである。

これとは別に「ポストフェミニズム」という複雑で定義しがたい用語がある。八〇年代からアメリカで使われ、当初はフェミニズムの立場ではない者が「フェミニズムは終わったもの」と否定的に評する意味合いがあったという[*4]。だが、九〇年代以降、次第に「ポストフェミニズム」状況を批判的に検証するフェミニズム論者たちが考察を進めるようになる。「ポストフェミニズム」とは男女平等はすでに達成されたという前提で、その後の女性の問題を考えることに目を向ける。三浦玲一はシェリー・バジェオンを引用しながら次のように述べている。

> 第二波フェミニズムに対して自身をその後の世代と定義する女性たちが、かつての性差別的な制度はもはや存在しない、よって、かつてのフェミニズムはもはや無意味だと宣言し、現代社会において、私は個人の力で生きていくことができるしそうやって成功する(かりにその過程で種々の問

題や抑圧があったとしても、それは社会制度の問題であっても性差別の問題ではない）とするのが、ポストフェミニズムの特徴である。*[5]

この用語の複雑な定義や文脈は他に譲るとして、物語における女性像、それによって照らし出される男性像を扱う本書において重要なのは新自由主義との関係である。新自由主義（ネオリベラリズム）とは、戦後の資本主義諸国で主流だった体制——大きな政府が産業を国有化するケインズ型の福祉国家モデル——に替わる、小さな政府が産業を私有化させて個人の競争原理を称揚するハイエク型の自由放任主義モデルの社会だ。欧米や日本では一九八〇年代から新自由主義の時代に突入する（イギリスのサッチャリズム、アメリカのレーガノミクス、日本の中曽根民活）。

ナンシー・フレイザーは、国家の新自由主義化と第二波フェミニズムの隆盛の同時代性から、密かな共犯関係を鋭く析出し、第二波フェミニズムがネオリベラリズムに「鍵となる成分をはからずも提供した」と論じている。すなわち、新自由主義が「女性の進出とジェンダー公正という新たなロマンスを練り上げること」によって、醜いものを美化したというのである。*[6] 簡単にいえば、フェミニズムの男性中心主義批判にネオリベラリズムは共稼ぎモデルを提供し、福祉国家の国家権力＝パターナリズム批判に対して、ネオリベラリズムは国家による投資の削減と市場の解放で応答した。その結果として、労働環境や生活水準は低下したにもかかわらず、社会的連帯よりも、「個人が個別に市場化された文化に参入することで「女としての私」の目標は達成できると主張する」*[7]、いわば自己管理＝統御が徹底された個人の立身出世、競争原理のもと個人主義・選択・エンパワーメントが重視された社会に置き換わったのである。このような新たなメリトクラシー（能力主義）を称揚する環境は、男女平等のように見え、その実、女性の平等への意識と市場への参加意欲を、新たな資本主義のあり方に組み込んで利用=搾取する。フェミニズムは官僚制やパターナリズムを批判したが、その理念とは逆説的にネオリベラリズムへと加担してしまった、というのがフレイザーの議論の中核といえるだろう。

日本では一九八六年の男女雇用機会均等法が、第二波フェミニズムの制度上の成果としてあげられる。その後の男女共同参画社会基本法（一九九九）やDV防止法（二〇〇一）も女性運動と地続きだが、その一方、ちょうど同時期に中曽根政権は八五年に日本専売公社を、八七年に国鉄を民営化している。もちろん、いきなり新自由主義社会に突入したわけではない。その頃の日本はバブル景気に沸き立ち、九〇年代初頭にバブルが崩壊して「失われた三〇年」が始まると、次第に格差が広がり、有期雇用は上昇、二〇〇七年の小泉政権による郵政民営化で日本の「ネオリベ」社会は達成される。すなわち、日本では二〇〇〇年代を通じてネオリベラリズムが本格化したのである。

一九九七年を機に「共働き世帯数」が、「男性雇用者と無業の妻から成る世帯数」を上回り、それ以降は二〇〇〇年代から徐々に、二〇一〇年代から差が急激に拡大する。*8 この間、非正規雇用の派遣社員は二〇〇〇年代中頃から急増し（二〇〇八年のリーマンショックで派遣切りが相次いだせいで減少に転ずるが）、二〇一〇年代に再び上昇傾向が続いた。総務省の「労働力調査」によれば、女性が二〇〇〇年代後半からの非正規雇用の約三分の二を占めている。格差はいっそう広がるが、それは「公正な社会の結果」であり、自己責任という論理が突きつけられる。こうした新自由主義が蔓延した格差社会に、俳優はジェンダーや労働をいかに演じるのか。*9

第四波フェミニズムは、かつてほど明確な区分はないが、二〇一〇年前後に緩やかに移行したと見るべきだろう。これまでとの決定的な差異は、インターネットが行き渡り、SNS社会となったメディア・プラットフォームを基盤としてグローバルに展開した運動だったという点だ。だから有名性は大いに活用され、「セレブリティ・フェミニズム」は活況を呈した。もう一つの重要な特徴が「インターセクショナリティ」の視点である。[*10] すなわち「黒人女性」（人種とジェンダー）など、一元的には捉えにくい性的指向、人種、民族、階級、障害といった複数の要素が交差して抑圧する構造を問題視したのだ。

こうした文脈もあって二〇一〇年代中頃からの映画やテレビドラマのキャスティングは、多様性に配慮したものが顕著に見られるようになった。「ポストフェミニズム」状況を生き抜く「勝ち組」が『セックス・アンド・ザ・シティ』（二〇〇八）の四人組（白人中心の配役が批判された）だとすれば、第四波フェミニズムの集大成が、ゲイ、レズビアン、トランスジェンダー、アセクシュアルなど幅広い性の多様性を扱ったNetflixオリジナルドラマ『セックス・エデュケーション』（二〇一九）であり、また本書で論じるポリティカル・コレクトネスを内面化した現代のスーパーヒーロー映画であるだろう。

このような傾向は、二〇世紀のトップダウン型のメディアに変わって、SNSというボトムアップ型の民主的メディアが台頭した効果でもある。だが一方で、メディアを通じて批判がより可視化・拡散されることから、芸術性・公共性・多様性の追求より、批評的成功（映画賞を狙った企画）や商業主義（マーケティング戦略）、批判の防衛の側面も実情少なくない。ただ、ハッシュタグ・アクティヴィズムから大きな「波」へと展開した「#MeToo」運動は、二〇一〇年代後半のフェミニズムを席巻し、多くのセレブリティがフェミニズム・アイコンとなっていった。[*11] それに応じて映画やドラマで身体的にも精神的にも、力強く社会をリードする女性が繰り返し描かれているのだ。

3　男性像の不変性

その一方、理想化された「男性性」のイメージは、女性に比べて歴史的に欠如していると感じられる。たとえば敗戦直後、女性に関してはは理想像としてどうあるべきかといった言説実践が散見されたが、男性は去勢されたにすぎず、目指すべきイメージは言説としての統一性を欠いた。そして家父長制は表面的に批判されながらも長く温存されたのである。あるいは時代が下って第二波フェミニズムの後、男女雇用機会均等法が制定され、ジェンダー構造の転換の機会があったが、一九八五年に専業主婦世帯モデルを想定した第三号被保険者制度が創設された。男性の長時間労働と女性の家事・育児・専業主婦／非正規労働という非対称なジェンダー構造が一九七〇年代から八〇年代の主流で、バブルを謳歌していた日本社会にあって、「男性性」が本質的に転換するようなイメージを描けなかった。何よりジェンダー平等を表象するにはあまりに現実がかけ離れていたのだ。

バブルが崩壊した九〇年代、女性の労働力が必要とされ、ようやく本格的なジェンダー平等政策に向かい、先にも述べた男女共同参画社会基本法が一九九九年に施行される。だが、この時期に日本社会は右傾化が進み、激しいバックラッシュが起こってジェンダー政策を停滞させた。[*12] 保守的な家族像や伝統的なジェンダー観を求める声が大きくなり、ジェンダー平等の流れに反発したのである。こうした日本社会において、ジェンダー構造が地殻変動を起こし、男性が自分自身の生き方を捉え直す機会は失われ、転換は繰り延べされ続けている。

欧米の場合、一九七三年のオイルショックを境に、男性が一家の主として稼ぐ片働きモデルが主流ではなくなっていき、育児や家事の分担を通じて男性の役割やパートナーとの関係性を考え直す必要が生じた一方、日本はバブルで持ち堪えて一九九〇年中頃までは日本的雇用モデルのもとで仕事をしていれば家族を養っていけた。[*13] 多賀太は、こうした文脈から「日本の男性が自分自身の生き方を考え直すタイミングは欧米よりも二〇年ほど遅れてしまった」のではないかと述べている。

男性学やメンズリブは、フェミニズムや女性学に比べてアカデミズムの制度や運動の場に根付き難かった。基本的な構造としてフェミニズムによる社会規範の揺らぎや権力への抵抗なしに、マジョリティの男性が、自らを問い直すということはほとんどないからである。したがって、ウーマンリブやフェミニズムの「波」に反応するかたちで男性学が立ち上がるという基本の構図が認められる。男性学の著作が刊行された一九八九年を節目としてメンズリブ研究会が一九九一年に立ち上がり、九五年に大阪にメンズセンターが設立されて翌年には男性運動の全国大会「男のフェスティバル」が開催された。こうして九〇年代に男性運動は一定の注目を集めるも、二〇〇〇年代のバックラッシュで萎縮・停滞・衰退を余儀なくされ、二〇一〇年代に再び注目が集まり再熱する。[*14] その本質には、SNS社会において人びとが日常的に使用するデバイスを通じて広がった第四波フェミニズム——とりわけセレブリティ・フェミニズムの効力——によって、ジェンダー構造の転換の必要性をより身近に感じる一方、ジェンダーがかきかえられることの無意識的な不安や焦燥があるのではないだろうか。

本来、男性学やメンズリブはフェミニズムと共にあるべきだが、不安定な雇用や経済力の失調のなか、家庭を経済的に支えながら家事・育児の役割を担う公的／私的空間におけるプレッシャーやハラスメントの可視化、ネオリベ化した競争社会での疲弊など、複数の要因が絡まりあう、言葉にしがたい「不安感」を男性は抱き始めている。男性の女性に対する「支配と依存」の構図が壊れ、この激動に対応できない男性の「何か奪われている」ような不安感に取り憑かれている状況、それを伊藤公雄は「剥奪感の男性化」と呼んでいる。*15 このような状況でマジョリティであるシスヘテロ男性は、戦後と同じく「強い」女性像を引き立てる役割に徹しているように思う。

したがって男優は、現代の映像文化において時代を先導する理想像を、女優に比べて明白に呈示できていない。結局、歴史を振り返れば、任侠映画のダークヒーローのような敗者性を美化して愉悦に浸るばかりで、男優は戦後ほとんど変化を明示できず、決定的な理想像がスクリーンに実を結んでいないのではないか。

4　本書の見取り図――原節子から綾瀬はるかへ

男性に対して女性は、時代の変動とともに理想的なイメージを投影してきた。もちろん、フェミニズムの「波」と同時に、その運動に対応した女性像が描かれ、収束したら消滅するわけではない。敗戦後にもフェミニズムの活動家は存在したし、物語においてもジェンダー・イメージを覆すようなフェミニストは登場した。実際、占領期に量産された戦後民主主義映画は、そういう運動の流れになかっただけで、実際は「フェミニズム映画」と見なせる作品も多くある。この時期の映画では、戦中の戦意高揚映画の反動もあってスクリーンには女優が溢れる一方、男優のイメージは頼りなく、弱々しく、傷つく身体を呈示するほかなかった。

そして、私の見立てでは、このジェンダー表象の構造の一変は、二〇一〇年代の劇的な展開に非常にリンクする。二〇一〇年代の映画やテレビドラマにおけるジェンダー・イメージは、敗戦後の映像文化に類似する地殻変動を起こしたのである。もちろん、このことは現実社会が実際に表象されたように変化したことを意味してはいない。とはいえ、現実の言説のなかでジェンダーをめぐる価値は変化していくものだし、それに応じて表象も少しずつ変わっていく。反対にフィクションで繰り返し描かれるイメージが現実に影響を及ぼしていくことも多く、表象と現実は、相互影響関係を取り持ち、循環的に変化するものだ。

ここで全体の見取り図として、敗戦後の占領期における戦後民主主義の時代から現代までのセレブリティ（有名人）の変化を簡単に確認しておこう。ここにあげた有名人たちは、なぜ各時代の社会のなかでスターになりえたのかを一考する価値のある有名性を築いた。

ファン雑誌などの人気投票の結果とそのペルソナの重要性において、一九四五年から一九五二年の占領期を代表するスターをあげるなら、戦前派のスター女優で戦後にいっそう人気を博した原節子、高峰秀子、高峰三枝子、男優なら長谷川一夫、上原謙、佐野周二である。このなかでももっとも占領期の時代を象徴したのが原節子であり、「なぜ原節子でなければならなかったのか」に関しては別の場所で詳しく論じたので本書では触れない。[*16] 同時期、戦後派スターで一躍スターダムに祭り上げられたのは、京マチ子、淡島千景、津島恵子／三船敏郎、鶴田浩二、池部良である。[*17] そして一九五〇年代中頃から一九六〇年頃にかけては、若尾文子、美空ひばり、山本富士子／中村錦之助、大川橋蔵、石原裕次郎、一九六〇年頃から六〇年代後半は、吉永小百合、浅丘ルリ子、松原智恵子／小林旭、浜田光夫、渡哲也らが人気を誇った。

戦後から一九五〇年代は日本映画の黄金時代――厳密には第一の黄金時代（一九二〇年代後半から三〇年代）と第二の黄金時代（戦後から一九五〇年代）がある――と呼ばれている。大衆娯楽として映画が頂点にあった時代である。四方田犬彦は原節子を論じながら「国民女優」の成立を「ある国家なり社会において映画産業が一定の興隆を見、大衆娯楽の王者として君臨していた時期にしか生じない、地域的にして歴史的な現象である」[*18]と説明している。もちろん、この定義は国民「女優」について述べたものだが、この条件に関しては映画俳優全般にあてはまるものだろう。

映画は徐々に一九六〇年代から衰退し、一気に家庭に普及していくテレビと差異化するように任侠映画が隆盛をきわめ、七〇年代には日活ロマンポルノの時代へと突入していく。いわば映画館は「暴力と性」を前景化させ、マスキュリンな空間へと変貌していったのだ。六〇年代から国民の生活を編成しながら盤石の地位を築いたテレビが、次々に輩出する「国民的アイドル」「国民的歌手」「国民的タレント」のことを考えると、俳優と社会の関係において、映画のみならずテレビも非常に重要な国民的メディアになったといえよう。

一九六〇年代から九〇年代のセレブリティをここで簡単に確認しておく。[*19]一九六〇年代中頃からはテレビとも連動してザ・スパイダースを契機として盛り上がった「GSブーム」の時代、この流れで登場したザ・タイガースのジュリーこと沢田研二とザ・テンプターズのショーケンこと萩原健一が人気を誇った。一九七〇年代から八〇年代は歌番組を中心に多方面で活躍する「第一次アイドル・ブーム」の時代に突入する。郷ひろみや西城秀樹、野口五郎（いわゆる「新御三家」）、ジャニーズ事務所が台頭して多くのアイドルを輩出した。『スター誕生!』も山口百恵、森昌子、桜田淳子（いわゆる「花の中三トリオ」）など数多くの女性アイドルを送り出した。

七〇年代が「山口百恵の時代」だったとすれば、八〇年代は「松田聖子の時代」だった。他にもメディアにライバル関係として煽られた中森明菜、小泉今日子、工藤静香、中山美穂らが百花繚乱のアイドル時代を彩った。その一方で七〇年代後半から八〇年代は、ハリウッドのブロックバスター方式に倣って商法としてのメディアミックスが確立された「角川映画の時代」、薬師丸ひろ子や原田知世などがアイドル映画で活躍した。こうして有名人が活動する場所も多様化、芸能界も巨大化していき、アイドル、タレント、モデル、アーティストが華やいだこの時代において、国民的俳優を決定する黄金期の映画のような指標はほとんどなくなった。

一九九〇年代はしばしば「アイドル冬の時代」といわれるが、男性に限るなら光GENJIからSMAP、とりわけ木村拓哉がテレビドラマやバラエティ番組での活動を中心に絶大な人気を獲得したジャニーズ事務所の全盛期だ。また、並行して俳優だけでなく歌手としても織田裕二や福山雅治が熱狂的な人気を獲得した。一方、女性では宮沢りえや広末涼子がテレビドラマやCMを中心に幅広い活躍を見せたが、九〇年代は音楽産業がもっとも隆盛した時代で、安室奈美恵や華原朋美、浜崎あゆみなど女性アーティストが、圧倒的なカリスマ性をもって同性ファンに支持されたのが特徴だろう。二〇〇〇年代から二〇一〇年代は再び「第二次アイドル・ブーム」の時代、ますます消費サイクルが激しくなり、アイドルに限らず有名人は持続的な人気を保持することがきわめて難しくなってゆく。

だが、二〇一〇年代という〈生／性〉が多様化した時代に社会の変動を体現し、その多様性を包摂したのが、綾瀬はるかである。彼女は本書で論じるように「強い」女性像だけでなく、父権的な役割やポストヒューマンとしてのイメージ、異性愛を脱構築していくパフォーマンスを誰よりも呈示していたからだ。その一方、男優はゲイやトランスジェンダーといったマイノリティを演じつつも、戦後社会と同じく、理想的イメージとして像を結ぶことに失敗し続けているのではないか。本書が、なぜ男優ではなく、「原節子から綾瀬はるかへ」という映画女優で見取り図を呈示することになったかは結論で明らかにしたい。時代に要請される理想的イメージを体現した歴史的意義のある俳優たち――。これからその存在の意義を、時代ごとに紐解いてゆこう。

註

＊1　ただし、二〇〇〇年から配給収入ではなく興行収入による集計方法に変わったため、単純比較は難しい。入場者数も二〇〇〇年以降、最高値を記録したが、かつての映画館は完全入替制ではない時期もあったため比較は困難である。

＊2　フェミニズムの「波」については数多くの文献があり、解釈もさまざまで短い紙面では説明が困難である。第一波から第三波までのより詳しい解説は以下を参照されたい。ジェイン・ピルチャー／イメルダ・ウィラハン『ジェンダー・スタディーズ』片山亜紀訳、新曜社、二〇〇九年。また第四派フェミニズムに関しては、北村紗衣「波を読む――第四派フェミニズムと大衆文化」、『現代思想』二〇二〇年四月号、四八―五六頁が参考になる。

＊3　フェミニズムを四つの波として単純化することはできない。それぞれの運動は過去を忘却せずに、遺産を継承しつつ歴史を超えて連帯を目指すものだからだ。

＊4　菊池夏野『日本のポストフェミニズム――「女子力」とネオリベラリズム』大月書店、二〇一九年、七〇―七一頁。

＊5　三浦玲一「ポストフェミニズムと第三波フェミニズムの可能性」、三浦玲一・早坂静（編著）『ジェンダーと「自由」――理論、リベラリズム、クィア』彩流社、二〇一三年、六二頁。

＊6　ナンシー・フレイザー「フェミニズム、資本主義、歴史の狡猾さ」関口すみ子訳、『法学志林』一〇九巻・一号、

二〇一一年、四二頁。フレイザーの議論を詳細に論じた以下も参照のこと。菊池夏野、前掲『日本のポストフェミニズム』、一七―二八頁。

*7 三浦玲一、前掲「ポストフェミニズムと第三波フェミニズムの可能性」、六四頁。

*8 男女共同参画社会基本法に基づき作成されている年次報告書『男女共同参画白書』令和二年版を参照。

*9 河野真太郎はポストフェミニズム状況が生み出す二種類の女性像（勝ち組／負け組ポストフェミニスト）を労働の視点から論じている。河野真太郎『戦う姫、働く少女』堀之内出版、二〇一七年。

*10 ただし「インターセクショナリティ」の用語は、すでに一九八九年に黒人女性のフェミニストであるキンバリー・クレンショーによって作り出されていたブラック・フェミニズムの文脈がある。

*11 「#MeToo」の最初の提唱者は、市民活動家の黒人女性であるタナラ・バークで、二〇〇六年に非営利団体を設立して翌年から草の根活動をしながら使用していた。その後、映画プロデューサーのハーヴェイ・ワインスタインによる過去のセクシュアル・ハラスメントに対し告発の声があがった際に、女優のアリッサ・ミラノが二〇一七年にツイッターで使用したことで運動として拡大した。特別な立場にいる白人女性の有名性によって広がった点はしばしば批判されている。

*12 伊藤公雄「男性学・男性性研究＝Men & Masculinities Studie――個人的経験を通じて」、『現代思想』二〇一九年二月号、一六頁。

*13 多賀太「日本における男性性の成立と展開」、『現代思想』二〇一九年二月号、二二頁。この論考で多賀は日本の「男性学」の展開を整理している。

*14 同前。第一期から第三期の流れは多賀太の整理に基づく。

*15 伊藤公雄「剥奪（感）の男性化 Masculinization of deprivation をめぐって――産業構造と労働形態の変容の只中で」、『日本労働研究雑誌』二〇一八年一〇月号、六三―七六頁。

*16 北村匡平『スター女優の文化社会学――戦後日本が欲望した聖女と魔女』作品社、二〇一七年。

*17 当時の発行部数が多かったファン雑誌や大衆娯楽雑誌で人気投票を実施していた『近代映画』『映画ファン』『平凡』の調査結果をまとめたものは、北村匡平、同前、四五―四六、三六七―三六八頁を参照のこと。

＊18　四方田犬彦「国民女優としての原節子」、『ユリイカ』二〇一六年二月号、七一頁。

＊19　映画スターやアイドル、YouTuberやバーチャルYouTuberの有名性の変遷に関しては、北村匡平「デジタルメディア時代の有名性――〈アニメーション〉としてのバーチャルYouTuber」、伊藤守（編著）『ポストメディア・セオリーズ――メディア研究の新展開』ミネルヴァ書房、二〇二一年、二三三―二五八頁。

Sequence A
抵抗する身体——闘う女たち

第1章　戦後民主主義と脚
――京マチ子の生の重力

1　衝撃

戦前派スターの原節子の人気が日本を席巻した占領期。各映画会社はこぞって新人を送り出そうと躍起になっていた。そのなかで戦後派スターとして誰よりも新しい女優像を打ち出し、時代の寵児となったのが一九四九年に大映からデビューした京マチ子である。*1

たとえば戦後にデビューし、「ミス日本」と称されて圧倒的な美貌と人気を誇った山本富士子は、知性を感じさせる高貴な美しさで戦前からスターだった原節子や、華族出身で優雅な美を誇った入江たか子に結びつけて語られる。あるいは庶民的な親近感のあるイメージで日本映画の黄金期に女優スターダムの王座を継承した若尾文子ならば、子役スターとして大衆に人気を博し、愛嬌のある明朗なパーソナリティを作り上げた高峰秀子や、親しみやすい可憐さを構築した田中絹代に結びつけられることがある。当時の批評言説においては、それぞれのスターがスターダムに登場すると、かつてのスターイメージの系譜に位置づけて語られることがしばしばあった。*2

だが、戦後の占領期に彗星の如く登場した京マチ子は、戦前・戦中のスターダムの女優のどの系譜にもあてはまらない。過去の映画女優と関連づけて論じるのが困難なほど、デビューしたときの彼女のイメージには明白な「新しさ」があった。それは「衝撃」というにふさわしい鮮烈なデビューであり、戦後の観客は彼女の登場に圧倒され、新時代の到来を感じたのである。

とはいえ、その衝撃と内実はどのようなものだったのか。ヴォリュームのある肉体の登場は明らかだが、彼女のスクリーン上のイメージには、妖艶なエロティシズムを持ち込んだ「肉体派女優」以上のものがある。はたして京マチ子の「新しさ」がもたらしたインパクトとは何だったのか。

2 傷跡

映画評論家の岡本博は一九五五年、「第三の顔」と銘打った論考を『映画評論』に寄稿し、戦後のスターを三つにわけて「第一の新人たちはちょうど文壇における第一の新人と同じように、敗戦のキズアトを生生しく押し出すことによって登場している。三船、鶴田、岡田、京などが代表的にこれを特徴とした」[*3]と述べている。

三船敏郎と京マチ子が、なぜ占領期を象徴する戦後派第一世代のスターとしてトップに上り詰めたのか。それは社会的に現れた新しい戦後の風景を代理＝表象していたからだろう。その代表的なものが「復員兵」と「パンパン」である。打ちひしがれてさまよう男＝復員兵と、米軍兵士に体を売る夜の女＝パンパンは、敗戦のトラウマや占領を喚起させる「傷跡」にほかならなかった。

結核に冒され、虚勢を張って生きるヤクザを演じた黒澤明の『酔いどれ天使』（一九四八）で一躍スターダムを駆け上がった三船は、刑事役の『野良犬』（一九四九）で、復員兵の姿になって闇市のなか犯人を追う。苦痛を湛えたその表情は、敗戦という歴史的外傷を負った日本人の心に突き刺さった。『痴人の愛』（一九四九）でナオミを演じて大ブレイクした京マチ子は、多くの「肉体映画」に出演し、その豊満な肢体を露出して戦後の観客を圧倒した。谷崎潤一郎が生み出した、西洋を体現するナオミを演じられる女優は日本にいないということもあって戦前には映画化が実現しないままだったが、戦後になってようやく京マチ子の肉体をもって「ナオミズム」は成立する。初期の作品群で彼女は、「肉体」を売りにした踊り子や娼婦を何度も演じ、それまで日本映画史に欠落していた豊満な「肉体」をもたらした。

パンパンたちが感情をさらけだす田村泰次郎の『肉体の門』に代表される肉体文学の席巻、カストリ雑誌ブームやストリップショー（額縁ショー）の流行によって、女性の裸体がイメージとして溢れたのが、いわゆる占領期である。「精神」から「肉体」という大転回の時代にぴったり符合するかたちで、京マチ子は「肉体派女優」として脚光を浴びたのだ。

体を張って強く生き抜く街娼、肉体をさらけだす踊り子は、京マチ子に特権的な地位を確立させた。だが肉体を露出し、自分の体を男性に捧げて生きることは、すでに言及したように敗戦のトラウマと分かち難く結びついていた。なかでも「パンパン」は、政治的な占領関係にとどまらず、「アメリカ＝男性」に性的に占有される「日本＝女性」という屈辱的なイメージを喚起させることになった。

肉体映画、接吻映画、パンパン映画——こうした商業映画が占領期の光景を決定づけ、多くの俳優が敗戦を感じさせるような役柄を演じていった。だが、三船敏郎や京マチ子に特有なものは、その傷を癒したり、乗り越えたりする映画特有の幻想的な力をもっていた点にある。

『酔いどれ天使』のラストシーン。兄貴分のもとに乗り込んで返り討ちにされる三船敏郎は、真っ白なペンキに塗《まみ》れて浄化される。刑事役を演じた『野良犬』では、犯人と表裏一体であることが示唆され、最後の森の決闘では犯人の苦痛の叫びと子供の無垢な歌声とが相まって、二つの生が昇華するかのような結末を迎える。黒澤と三船が占領期に打ち出したのは、いわば歴史的外傷を負った男性主体の「苦痛」とその「救済」である。

京マチ子は娼婦を演じても、徹底して過去に無関心であることによってトラウマを「解除」する。たとえば、吉原の娼婦を演じた溝口健二の『赤線地帯』(一九五六)では、元黒人兵の「オンリー」だったミッキーという役柄を演じている。彼女は特殊飲食店「夢の里」にやってきたとき、「アメちゃんにひっかけられる、捨てられる、一年も経たねえうちにもうアプレのプレプレ」と紹介されるが、普通なら傷つくような過去も一顧だにせず、能天気な明るさで男を強引に店に連れ込もうとする。『痴人の愛』、『浅草の肌』(一九五〇)、『偽れる盛装』(一九五一)、『牝犬』(一九五一)等々、艶やかな肉体で芸者や踊り子やヴァンプを演じるこの女優には、自身が深く傷ついた過去がない。男を屈服させ、だれかれ構わず立ち向かい、封建社会を嘲笑う彼女は、トラウマを引き受けながらそれを断ち切る強度をもっていたのだ。

3　美貌

過去の切断――。それは京マチ子という女優にあって、さまざまな側面から実践される。たとえば、彼女の先天的な肉体美が作り出すイメージそのものについて考えてみよう。戦前にアメリカ映画のスターが絶大な人気を誇っていたとき、映画批評家たちは日本の女優に日本独自の美を見出そうとした。

要するに、恵まれた大柄な肢体と目鼻立ちのはっきりとした西洋の美貌に対して、日本女性に固有の美を価値づけようとしたのだ。

なよなよした美しさ。淑やかな大和撫子のイメージ。栗島すみ子や田中絹代といった〈日本〉を着せられた戦前の映画女優の身体には、西洋の女性と差異化したナショナルな美が模索された。この時期、かろうじて欧米のスターに比することができたのは、西洋的な相貌と日本的なイメージを昇華させたペルソナを築いた入江たか子や原節子くらいではなかったか。

戦後に彗星のように登場し、「肉感の女王」と讃えられた京マチ子は、戦前の日本女性なるものを切断する。彼女がスクリーンに投影する「スケール」や「ヴォリューム」は、自然と西洋のスター女優との比較を可能にした。たとえば彼女は、一九五二年に日本で公開された『にがい米』(一九四九)に主演したイタリアのスター女優・シルヴァーナ・マンガーノ——強烈なセックス・アピールと躍動感のある肉体から「原爆女優」と呼ばれた——に比較され、「西にシルバーナ・マンガーノ、東に京マチ子」と謳われた。*4

アメリカの新聞では「京マチ子は日本で一番美しい脚をもっている女優で、日本のマリリン・モンローである」と報道されたという(『毎日新聞』一九五六年一一月二〇日)。「グランプリ女優」ないし「国際派女優」として、当時、欧米圏にもっとも知られていた京マチ子をメディアはこぞって称揚し、幾度となく海外の女優と一緒にいる姿——対等で親密な関係を醸し出す写真——が報道された。そのイメージを媒介にして、あたかも日本が世界と対等であるかのような幻想を抱くことができたのだ。彼女はいうなれば、紛うことなき〈日本〉のシンボルだった。

軍事力で敵わなかった日本が敗戦後に『羅生門』(一九五〇)を契機に、文化の力——現代ならば

「ソフトパワー」という言葉で表現されたであろう――を頼りに国際社会で自らの復権を目指す。その最先端に駆り出されたのが京マチ子だった。やがて日本映画の海外進出とともに彼女の美は、世界へ差し出しても恥ずかしくないものとして位置づけられていった。デビュー後ほどなくして京マチ子は、「国際派女優」として欧米と対等な関係を志向することになるが、当初に彼女が担った役割は、その肉体美によって封建的な社会を断ち切ることだった。すなわち、彼女のスクリーン・イメージには「肉体派女優」として過去を分節化し、戦前の封建的日本社会を否定するような機能があったのだ。

4 美脚

京マチ子の存在を、いわゆる国際映画祭を制した「グランプリ女優」としてのみ認識している者にとっては意外かもしれないが、彼女はデビュー当初、「肉体派女優」あるいは「ヴァンプ女優」としてスターダムを駆け上がった。批評家の川本三郎は京マチ子の肉体美を「陽性のエロティシズム」[*5]と的確に表現しているが、まさに彼女の肉体には官能性とともに明るい健康なイメージが同居していた。ハリウッド映画の女優とは違って、戦前・戦中の日本の女優が「脚」をさらけだすということはほとんどなかった。着物に覆われた「脚」を見せつけることは不自然だったし、そもそも検閲によってエロティックな肉体をスクリーンに投影することはきわめて難しかった。もとより日本の映画女優の肉体は、欧米の女優に比べて貧弱で華奢だった。

戦後になると自由と民主主義の理念のなか、映画女優は肉体を次々と解放する。占領期に隆盛を見た肉体映画やカストリ映画は、どこまでも卑俗で、清潔さとは無縁だった。ところが、京マチ子の肉体は、肉体映画に出てくる女優たちの不潔さをまったく感じさせないどころか、むしろ彼女の健康的な肢体は清潔感すら漂わせていたのである。それは他の女優にはない彼女特有の肉体の魅力だった。

初期における京マチ子の人気はむろん肉体が放出する強烈なエロシティズムだが、とりわけ重要な役割を担った部位が「脚」である。京マチ子が戦後のスターダムで圧倒的な存在感を発揮できたのは、この唯一無二の豊満で健康的な「脚」によるセックス・アピールがあったからだと断言してよい。

彼女の「脚」は出世作『痴人の愛』でも何度かクロースアップで捉えられていたものの、カメラの焦点は肉体そのものにあった。これが明確に「脚」にシフトするのが、大映デビューの翌年に出演した『浅草の肌』だろう。この作品で彼女は「脚」から登場する。

レヴュー劇場の踊り子を演じる京マチ子の登場シーンは、彼女の「脚」をいかにスクリーンに映し出すかを入念に計算した演出になっている。螺旋階段の上を見上げる先輩ダンサーたちが、生意気な京マチ子を煽り立て、続いてショットは階段のクロースアップ、カメラは彼女の「脚」がフレームインするのを待つ。そしてゆっくりと映り込む京マチ子の膨よかな「脚」――しばらく画面は「脚」が主役となって、カメラは移動撮影でそれを捉え続ける。やがて彼女の上半身、顔という順番で京マチ子の登場シーンが完成する。

同年に公開された『復活』も面白い。小林桂樹と久しぶりに再会した京マチ子の姿が遠景で映し出され、二人のダイアローグが始まると、唐突に小林が下を向く。続くショットは京マチ子の「脚」のクロースアップ、カメラが次に彼女の顔を映すと、二人が車内の後部座席に座っていることがわかる。不自然なショットのつなぎだが、二つの場面を京マチ子の「脚」が媒介する異質な登場シーンとなっているのが興味深い。

その次に出演した黒澤明の『羅生門』は一見こうした娯楽映画とはほど遠く作家性の強い映画だが、三船敏郎演じる多襄丸の回想における彼女の登場シーンは、「脚」のクロースアップから「顔」へとカメラがティルト・アップする。そしてこの下（脚）から上（顔）へのカメラの移動は、『牝犬』という「肉体派ヴァンプ女優」を象徴する映画で反復する。

志村喬が浅草のレヴュー劇場に入ると、踊り子たちの躍動する「脚」で画面は占有される。そのようにして観客の意識は「脚」へと向けられ、志村が楽屋に迷い込んだ直後、画面右側に肉厚な「脚」が配置される。「脚」から登場した京マチ子は志村を小突き、それに気づいた彼は驚愕の表情を浮かべる。視点ショットで京マチ子の「脚」が画面いっぱいにクロースアップされると、カメラは上にティルトして彼女の顔を映し出す。

むろんこのような「脚からの登場」は、初期の肉体派路線でなくとも、増村保造の『足にさわった女』（一九六〇）でもその「お約束」は厳密に守られている。あるいは京マチ子が和服で登場する作品であっても、たとえば千葉泰樹の『沈丁花』（一九六六）のオープニングは「脚」からのティルト・アップで物語が始まるし、増村保造の『千羽鶴』（一九六九）でも、京マチ子の登場シーンは「脚」から顔に向かってカメラが動くというルールが厳密に踏襲されている。

映画における「脚」からの登場、あるいは作品中で何度もクロースアップされる「脚」。私見だが、永田雅一を中心に大映から監督へ、京マチ子の「脚」を映画でフォーカスするようにとの指示があったケースも多かったのではないだろうか。あるいはその「お約束」は作り手サイドでも共有されていたのではないか。彼女の「脚」は映画以外のメディア――ファン雑誌の企画やパブリシティ――でも繰り返し強調されていた。映画とそれ以外のメディアでの間テクスト性を構築し、観客に「脚」の価値を重層的に意識させた京マチ子は、スター女優と「脚」という独特な視聴モードを形づくっていたのだ。*6

5 憤怒

京マチ子を過去から切り離すのは何も彼女の美貌や肉体だけではない。彼女は何よりも「抵抗の主体」であった。スター女優のなかでも京マチ子を過去の女優と差異化する決定的なイメージは「怒り」である。雑誌で構築されたパーソナリティとは打って変わって、スクリーンの彼女は常に怒っていた。

あるときは古い慣習や封建的思考に対して怒りを露わにし、またあるときは虚栄心の塊である男たちに激怒する。彼女は他人に媚を売ることなく、無愛想な表情で画面に登場する。気に食わないことが起こると、我慢することなく啖呵を切る。そして京マチ子の十八番、キャットファイトが始まる。ただし彼女の場合は、女同士の喧嘩に限らない。

スクリーンに肉体の重力をともなった京マチ子の圧倒的な喧嘩の場面——。ここではそれを実感できる作品をあげておこう。成瀬巳喜男の『あにいもうと』(一九五三)はきょうだいの愛憎を描いた作品だが、終盤、兄を演じた森雅之に体ごと飛びかかっていく凄絶な喧嘩がある。こうした過剰なアクションはスペクタクルとして物語のスムーズな語りを中断させるほどフィルムに強烈な印象を残す。『牝犬』では、自分の思い通りにならない根上淳に強引にしがみついて性的な行為を求める。ここではセクシュアルなアピールではなく、力ずくで強引になされるのが特徴だ。『赤線地帯』では自分の父親に怒って無理やりベッドに引きずりこもうとするシーンもある。

こうした凄まじい怒りが、力任せではなく、エロスと悲哀をともなって見事なまでにスクリーンに結晶化するのが小津安二郎の『浮草』(一九五九)である。この時期になると、『夜の蝶』(一九五七)、『夜の素顔』(一九五八)、『女の勲章』(一九六一)、『女系家族』(一九六三)など、初期の肉体派女優時代に特徴的な、肉体を相手にぶつけて破壊するようなイメージではなく、女の情念が表情によって実に繊細に描き出されるようになってくる。

ともあれ初期に彼女が見せた本能むき出しの暴力的なイメージは、男女平等や自由と民主主義といった戦後が求めていた抽象的な理念を肉体によって具現化し、過去の規範を否定する女性像として象徴的に受容されたに違いない。とにかく京マチ子はそれを「行為」によって示したのだ。

軍国化した日本にあって肉体や自由はがんじがらめにされ、戦時下の日本国民は極度の精神主義で覆われていた。「精神」から「肉体」という敗戦による転換は、理性や思考を中断させた時代からの反動、いわば肉体/本能の解放であった。だからこそ男性からの愛をひたすら待つ弱々しく可憐な戦前・戦中の女性イメージを打ち砕いた京マチ子は、新時代に誰よりも人びとを熱狂させたのである。

6 食欲

京マチ子が占領下の日本映画にこれまでにはない新しいイメージをもたらし、戦後の理念を担う女優として歓迎された理由は、肉体/本能の解放をさまざまな角度から実践していたからだろう。彼女は怒りたいときに怒り、欲するものは即座に手に入れようとする。純真無垢な子供のように泣くときもあれば、願いが叶わないと殴りかかっていく。つまり彼女の魅力は、戦前の女優たちが美徳として押し殺してきた「欲望のままに生きる」という点である。こうした人間の欲求のなかでも「食欲」をこれほど魅力的に画面に映し出した女優はいなかったのではないか。

解放的なイメージに満ち溢れた京マチ子の語られてこなかった魅力の一つに「食べる」という原始的な行為がある。女性が大きな口をあけて豪快に食べること。こういったアクションも戦前のジェンダー規範からすれば、「新しさ」として認知されたはずである。

戦前の封建的社会を舞台にした室生犀星の小説を再映画化した『あにいもうと』（最初の映画化は一九三六年に公開された木村荘十二の『兄いもうと』）では、森雅之との大喧嘩の前にタバコをふかしながら【図1-1】、おはぎを大口を開けて平らげるショットがある【図1-2】。隣では清らかな末娘の久我美子が慎み深く上品に小さな口でおはぎを食べる姿が対照化され、戦前からの連続性を担う妹に対して、京マチ子にはその気風が崩壊した、きわめて戦後《アプレ》的な身振りが与えられている。タバコを片手に煙を吐き出し、ガムを噛みながら颯爽と登場する『赤線地帯』のワンシーンも伝統的な女性規範を揺さぶる行為だが、同作において彼女の自由奔放さを的確に伝えるアクションが、やはり「食べる」という行為に結実している。

序盤はガムをくちゃくちゃと噛みながら口を動かし、次に店のカウンターで化粧をしながら大口を開けてリンゴを貪る。ちなみに『赤線地帯』では豊満な肉体をもった裸体の石膏像が何度も登場するが、この場面でもちょうど『牝犬』における京マチ子の「脚」の登場と同じ構図で【図1-3】、画面右側に肉厚な石膏の「脚」がフレームインする【図1-4】。過去の作品の自身の「脚」を引用する

『赤線地帯』の石膏と京マチ子は、豊満な肉体を観客の意識に重層的に刷り込んでゆく。この場面でリンゴを丸かじりする京マチ子の豪快さは、肉感的な石膏の存在感と相まって強烈な印象を作り出す。続いて店の主人が娼婦たちを呼び集めて売春禁止法について演説するシーンでも京マチ子は終始、口に食べ物を運んでいる。娼婦仲間のより江が結婚を決めて店を去るときのささやかな祝いの席では、感傷的な雰囲気が部屋に充満するが、京マチ子だけがタバコを片手に日本酒を煽り、目一杯口を開けて豪快にご飯を頬張る。ある者は「満州娘」を歌い、またある者は子供の世話をするなか、京マチ子はひたすら食べ続けるのである。

より江が結婚に失敗して戻ってくると、ハナエと三人で店に入っておでんをつつく。より江は泣きながら苦労話を始めるが、京マチ子は画面の手前でひたすら豪快な食べっぷりを発揮し、悲哀に満ちたセンチメンタリズムは宙吊りにされる。その後も画面に映る彼女は、ずっと口を動かし続ける。

清水宏の『踊子』（一九五七）は淡島千景と共演したことで話題になった作品である。京マチ子は、

図1-1　『あにいもうと』（成瀬巳喜男、1953）

図1-2　同上

図1-3　『牝犬』（木村恵吾、1951）

図1-4　『赤線地帯』（溝口健二、1956）

東京でダンサーをやっている姉夫婦のもとへ転がり込んでくる自由奔放な妹を演じた。上京してくるなりお好み焼きが食べたいという妹の希望で姉夫婦とともに食事に出かけると、自分の分を食べ終えて「それ、食べていい?」と姉に向かっていう。このシーンでも彼女は大きな口でお好み焼きを頬張ってみせる。

欲望のままに生き、やがて義兄との間に子供を宿してしまった京マチ子は、病院でも食べてばかりいる。差し入れをもってきた姉の差し入れのなかからサンドウィッチを取り上げると、そのまま口の中に詰め込む。本作で印象深く描写される解放的なダンスとともに顕在化するのは、奔放な「性欲」、そして際限のない「食欲」である。『踊子』は、いわば解放された欲望の物語といえるほど、京マチ子によって本能的な衝動が具現化されているのだ。

7 重力

こうして「肉体派女優」と称された京マチ子の「新しさ」を多角的に検討してみると、「肉体」以外にも過去を過去のものとして切り離しながら、自らのペルソナを新時代の到来に位置づける要素が多分にあることがわかる。これらに共通するものはプリミティヴな衝動といえるだろう。

彼女がデビューした頃のスターイメージから感じられるのは、嘘偽りのない「ありのままの人間」の姿である。京マチ子が体現したイメージとは、いうなれば本能によって衝き動かされた原初的なむき出しの欲望である。だからこそ「自由」と封建社会からの女性の「解放」が称揚された新時代に、彼女のスクリーン・イメージは誰よりも光輝いたのだ。

彼女の膨よかな肉体は、戦後のスクリーンに重厚さを持ち込んだ。だが、それだけではない。他者に飛びかかっていき、画面を転がっていく、圧倒的な運動性とその強度。それこそが京マチ子という女優を唯一無二の存在にしたといってよい。

あるいは抑制できない怒りが放出され、繕うことなく思いっきり食べ続けること。男の視線によって捏造されてきた女性イメージの虚構性を暴き出すようなパフォーマンスである。こうした本能の解放は、一人の女性が確かに生きているということを強く感じさせたのではないか。操り人形のような美を是としていた戦前からの女性イメージを通時的に見ていくと、京マチ子の出演した映画には、「生の重力」と呼ぶべき一人の人間の証が、克明に映し出されている。

註

＊1　戦中の松竹映画の作品や、京マチ子がどのような経緯でデビューしたかは、北村匡平『美と破壊の女優 京マチ子』筑摩書房、二〇一九年で詳しく論じている。

＊2　若尾文子が官能的で荘厳な演技派女優になる前、すなわち「庶民的」で「親しみやすい」青春スターとして一九五〇年代のスター女優の頂点に輝いたときの言説とイメージに関しては、北村匡平「映画スターへの価値転換——一九五〇年代のスクリーンにおける観客の欲望モードの文化的変遷」、『社会学評論』六八巻・二号、二〇一七年、二三〇—二四七頁で論じている。また躍動感ある軽やかなイメージから増村保造と組んで重力性をともなっていく若尾文子に関しては、斉藤綾子「女は抵抗する」、四方田犬彦・斉藤綾子（編著）『映画女優 若尾文子』みす

ず書房、二〇〇三年、二一一―二四九頁に詳しい。
＊3　岡本博「第三の顔」、『映画評論』一九五五年一〇月号、一五頁。
＊4　田口二州「京マチ子・月夜の牡丹」、『占いのデパート』明玄書房、一九五五年、三六頁。
＊5　川本三郎「「今ひとたびの戦後日本映画」第一五回　肉体が輝くとき――京マチ子の豊満」、『世界』一九九三年六月号、三一二頁。
＊6　雑誌メディアにおける「脚」と映画の京マチ子の「脚」に関する詳しい分析は、北村匡平『スター女優の文化社会学――戦後日本が欲望した聖女と魔女』作品社、二〇一七年、一四六―一五五頁。あるいは北村匡平、前掲『美と破壊の女優　京マチ子』、六六―七八頁を参照されたい。

第2章　戦後日本を抱擁する
――国民女優としての高峰秀子

1　戦後民主主義のスター女優――「主体性」「理知性」「明るさ」

一九二四年に函館に生まれた高峰秀子は五歳で松竹からデビューし、天才子役としてキャリアを築いていった。戦前・戦中に「子役」「娘役」として人気を誇ったこの女優は、原節子や高峰三枝子と同様、戦後も「新しい女性像」を引き受けるスターとして人気を持続させ、日本映画の黄金期には〈日本〉をまとう「国民女優」となる。とりわけ後で論じるように一九五〇年代に「日本の女」のシンボルになった彼女は、傷ついた戦後日本の国民を抱擁する役割を担った。

他方、古風な日本女性のイメージを拭い去ることができなかった田中絹代や山田五十鈴は、戦後の「新しい女性」とは対極の役柄を演じてゆく。原節子や高峰三枝子とも通ずる高峰秀子のイメージは、戦後民主主義の女性に求められた「主体性」「理知性」「明るさ」を呈示した。ただし、原節子が『わが青春に悔なし』（一九四六）から『青い山脈』（一九四九）にいたる占領期のフィルムを通じて「知的」な「主体性」を鮮明に印象づけたのに対して、高峰秀子は占領期に東宝争議で（フリーになるまで）新東宝に残ったことや「娘役」から脱することができなかったことなどが関係して、しばらく良い作品に恵まれなかった。むしろ彼女は戦後女性のパーソナリティを現実世界の行動やファン雑誌などのメディア媒体で構築していったのである。

一九四八年のファン雑誌では「思うことを、思う通りにズバリとお喋べりの出来る、美しい蝶々は、立派な繭をつくって、すばらしい魅力ある女性となった」[*1]と紹介されている。ジェンダー規範が揺らいだ占領期、スター女優の振る舞いは国民のまなざしにさらされ、時に大きな批判を浴びることもあった。象徴的なのが占領期に日米親善芸術使節としてアメリカを視察した田中絹代の「投げキッス」事件だろう。[*2]高峰秀子が戦後の理想的な女性イメージである「主体性」を知らしめた出来事の一つに、東宝争議によってスターたちが「十人の旗の会」を結成して組合を離脱し、新東宝という新しい映画会社を設立させた映画史的事件があげられる。そのときの様子が映画雑誌で次のように書かれている。

> 彼女は男の俳優たちにもひけをとらない立派な態度だった。一度云い出したことに、一歩もまげない強情さがあった。あわただしい分裂騒ぎの中で、彼女はゆうゆう宣伝ポスターの絵などを書いていた。
>
> このようなテコでも動かぬ強情と、動物本態とも云えるべきカンのよさに、高峰秀子の長所もあるし、一種の陰影的なものが助長されているのではないか。[*3]

好奇心旺盛で行動派の高峰秀子は、新東宝から出てフリーになった後、フランスのカンヌ映画祭から招待状をもらい、その機会を使ってパリへ半年間の「留学」を決める。[*4]そのときのことを高峰自身、帰国した後にこう記している。

私は、いささかつかれて、ユーウツだった時だし、直ぐ「行っちまおうッ」っていう気になった。何もかも半年ほどサヨナラして、そうだ一人で、一人きりで何時の間にか遠くなってた自分自身を取り戻しに。

ヨロイも荷物もついでに仕事もかなぐり捨てて、えい面倒《めんどう》くさいうちまで売っちゃえというんで正に私は無一物。

あっさりしちゃっていささか空気のぬけたかおつきで、私は羽田からパリへの飛行機に乗った。*5

他の雑誌でも「彼女の気持はいつも割り切れている。好きなものは好き、嫌いなものは嫌い、正しいと思ったことは何処までも正しい。その中間はない」と高峰秀子のペルソナに触れ、「だから新東宝の設立が正しいと思った以上、あくまでこれに殉ぜんとする気持から、他のスタアのようにブローカーの誘いにも乗らない」*6と記されている。このように彼女の強い意志や行動力を示す言説は当時の雑誌に散見された。思ったことをはっきりと口に出し、頑固なほど強い意志をもった能動的な行動力からくる高峰秀子の「主体性」を、戦後の言説は構成していたのである。

＊

「主体性」に加えて、戦後の女性を価値づけていたのは「理知性」であった。むろん、この言葉は戦中には良妻賢母として国体を護持する女性像にも使われたし、戦後の「新しい女性」を示すときに原節子など他の女優にも使われた。重要なことは言葉の表記は同じでも、その内実は時代や俳優によって異なるということだ。たとえば原節子ならば、元々教師を目指し読書家であったことが人口に膾炙して構築されたパーソナリティや、気品ある高貴な顔立ちからくる教養的な「知性」を感じさせるスクリーン・イメージが人気を高めた要因だった。[*7] それに対して高峰秀子の「理知性」とはいかなるものだったのか。

高峰秀子は占領期の現代劇のなかで「新しい女性」に類型化され、封建制／戦後民主主義が図式的に語られる物語では、後者のキャラクターに分類された。代表的なのは小津安二郎の『宗方姉妹』(一九五〇)だ。戦後、封建的な古き美徳を体現する女性となっていった田中絹代は、意地悪な夫に従順に尽くし、耐え忍ぶ封建的な女性であり、それと対照的に描かれるのが、妹役の高峰秀子である。当時の映画批評を見てみると、姉妹が対置され「古典的」な日本の家庭を描こうとしていると論じられている。

作者は姉の古さを美しいものとして描いている。しかしせんじつめるとその美しさは、封建的な淑徳であり、夫のわがままを理解し受容する知性をもつ点で、修身教科書の山内一豊の妻のような賢夫人でもある。これと対象された妹の新らしさというのは、ジョークや、機智を身につけて適度な快楽を楽しんでいく、つまりは生活の上べの近代ぶりである。[*8]

松竹の小津安二郎が新東宝に招かれて製作された『宗方姉妹』の配給収入は、一九五〇年の映画の中で第一位だった。[*9] 高峰秀子のペルソナは、周囲を明るくする笑顔と性格、そして演技や会話において機転が利くという意味での「知性」、すなわち「機智」によって形づくられていた。戦後の女性の美とは第一に「知性の裏付けがなくてはならない」と述べる野口久光は、「演技者たるべき条件のうちの大切な要素」として「カン」のよさをあげている。彼は「要するに「カン」とは鋭敏な感覚」の反応でもあり、そこに「近代美を発散する重要な鍵があるといっても過言ではあるまい」と論じた。[*10] ここからも高峰秀子の「知性」である「機智」が近代美と結びつけられていたことがわかるだろう。戦後に価値づけられた彼女の「機智」は、スクリーンだけでなく対談やインタビューでの対話においても発揮された。

彼女はいつでもこんな風に機智にあふれた話《はな》し方《かた》をする。彼女と話をする者は、大ていの場合、彼女のめざましい機智のある話しぶりのなかに彼女を見失《みうしな》ってしまうことが多いのである。だからみんなが口をそろえていうことは、デコちゃんは大変《たいへん》に頭の鋭《するど》い、利口者で、凄く感《ママ》の良い女性だという。[*11]

『映画物語』（一九四九年一一月号）のグラビアは「眼から鼻への機智」と題され、インタビュアーとのウィットに富んだ高峰秀子の会話が掲載されている。端的にいえば、彼女の「理知性」とは、器用でカンが良く、ウィットに富む頭の回転の速さという意味に近い。デビューから抜群の演技力でさまざまな役をこなしてきた高峰秀子は、映画においても雑誌においても、戦後女優の理想的イメージである「理知性」を体現したのである。

*

敗戦後の社会におけるスター女優に不可欠な条件として「明るさ」があげられる。無口でじめじめした暗い日本女性とは逆にカラッとした「明朗なイメージ」が要請されるようになったのだ。一九四八年のファン雑誌では「新しい時代のただ一人の明朗な女性」[*12]と記されている。当時、突き抜けた「明るさ」を感じさせるスターとして認知されていた高峰秀子だが、彼女の「明るさ」はどのようにして感受されていたのだろうか。当時の言説には他の女優には見られない、彼女の顔の特徴を記した興味深い指摘がある。それが彼女の「歯」に対する言及だ。

高峰秀子が雑誌に載るとき、その写真のほとんどが笑顔で明るく楽しい印象を与える。スクリーンでも彼女が笑うと周囲の空気が一気に明るくなる。笑ったときの大きな口と白い「歯」はチャームポイントであり、彼女の「明るさ」を強調した。それゆえに彼女には、「歯」に対する言及が多かったのである。「明眸皓歯、眼の次に歯の美しいのも美人の条件」と記された「スタアの美容術」という記事で筆者は、日本人は「口つき」と「歯並び」が悪く、クロースアップで目立つため「殊に映画ではこれが大切である」と述べる。そして本場のハリウッドでも大抵のスターが歯並びの手術を受け、綺麗に直していることが紹介された後、次のように記されている。

表2-1　『映画ファン』1954年4月号のデータから筆者が作成

	第1位	第2位	第3位
瞳	原節子（35点）	久我美子（18点）	淡島千景（15点）
鼻	香川京子（19点）	高峰三枝子（17点）	月丘夢路（16点）
唇	原節子（29点）	角梨枝子（28点）	高峰秀子（16点）
歯	高峰秀子（19点）	原節子（17点）	香川京子（15点）
肌	高峰秀子（40点）	香川京子（26点）	乙羽信子（17点）
声	高峰秀子（19点）	淡島千景（18点）	有馬稲子（15点）
胸	高峰秀子（40点）	京マチ子（35点）	島崎雪子（16点）
脚	月丘夢路（29点）	京マチ子（25点）	木村三津子（14点）
総合	高峰秀子（153点）	原節子（99点）	香川京子（77点）

歯の治療に、日本人はよく金歯を使うがこれは撮影には禁物である。フィルムには黒く映るが、ライトの加減では妙な光がキラキラと輝く様な事になる。昨今は磁器、或は合成樹脂製の、真ンものと殆んど分らない様な義歯をはめ込んでいる。高峰秀子もそれで成功しているスターの一人である。[*13]

占領期の雑誌で、彼女の明るさと歯を結びつける言説は他にもある。たとえば、「高峰秀子の魅力は、近代的で明るい美貌にある。特に、笑ったときの歯が美しい」[*14]と書かれ、「彼女のお母さんが「美しい子にしなければ」と熱意をこめて、匡正してくれた歯ならび」[*15]についても言及された。高峰自身も自伝で次のように書いている。

年を取ってまず第一にくずれるのは、口元である。歯が私の様にでっかく白くガンと万里の長城のように並んでいるのでは、外すのももったいないから困ってしまうのである。(…)〔母は〕嫌がる私を歯医者へ連れてゆき、根から全部ぬいてしまった。私はその時は、医者のにおいをかいだだけでオンオン泣く位の弱虫だったが、その時のおかげで、全部新しい歯がそろって出て来て、今でも、それ以来、歯医者の世話になったことがない。時々「あなたの歯は入歯ですか」ときかれる位なので、そのたびに母のおかげだと更めて感謝している次第である。[*16]

当時、女性記者たちによってスター女優の顔や体の各パーツが採点された興味深い採点企画がある。

その結果を集計すると、圧倒的な評価で総合第一位が高峰秀子、第二位が原節子、第三位が香川京子という結果になっている*[17]【表2－1】。

特筆すべきなのが、この指標の中に含まれている「歯」の順位で、ここでもやはり原節子を凌いで高峰秀子が第一位となっているのだ。またファン雑誌でスターの顔を描いたカリカチュアが掲載され、それぞれのスターの魅力が顔の特徴から描かれているが、その絵でも彼女は口元の大きな歯が誇張されて描かれている。このような事実からも彼女の「歯」は特徴的だったことがわかる。カラーが登場する前の白黒映画の時代、真っ暗な映画館のスクリーンに映し出される真っ白な大きな歯と、貧しい戦後の社会の中で求められた「明るさ」とはまったく無関係ではなかっただろう。それは戦後日本が希求する「明るさ」を体現するようなスクリーン・イメージだったに違いない。彼女のこうしたパーツもまた、対談や演技で見せる明朗なパーソナリティを強化していたのである。

2　映像化される『雁』の世界――原作からシナリオへ

高峰秀子は一九五〇年に新東宝を離れてフリーになる。占領期の彼女は『愛よ星と共に』（一九四七）を始め、顔の造形の幼さから年相応の女性の役にはまらず「娘役」を引きずって困難な時期を過ごした。この時期の彼女はミュージカル風のコメディ映画『銀座カンカン娘』（一九四九）や『カルメン故郷に帰る』（一九五一）などの明るく能天気なキャラクターで人気を持続させた。このような芸術家気取りで悩みのない、底抜けに明るい映画のキャラクターが可能になったのは、映画の外部で親近感とユーモアのある明るいイメージを構築していたことも関係しているだろう。

「脱皮」できずにいた彼女だが、一九五三年あたりからやっと「大人」の女性を演じることができるようになる。『煙突の見える場所』（一九五三）で「一人前の女優」になり、『雁』（一九五三）で「第一級のスタアになったのが高峰秀子」という永戸俊雄は、「子供っぽい茶目の境地から大人に成長して、いやに大人ぶらず、ふんわりした軽い演技」であると評価した。[*18] この時期を分水嶺として彼女は戦後民主主義の明朗な女性イメージから引き離されていくが、『雁』は彼女が戦後に「新しい女性像」を刻印した最後の作品の一つだ。高峰秀子のペルソナは、明治を象徴するお玉という女性イメージを完全に戦後の「新しい女性像」で上書きしている。明治初期の封建社会に生きる女性が自我意識の形成を自覚していく過程が細やかな心理描写で綴られた森鴎外の『雁』。ここでは戦後に映画化されるにあたって、原作がいかに改変されていったかを分析していこう。このヒロインはリメイクによって若尾文子が時代に即したイメージでさらに書き換えることになるが、それについては次章で論じる。

何度も企画が試みられた『雁』が実際に大映で豊田四郎によって映画化されたのは、占領期を経て、日本が独立を回復した直後の一九五三年のこと、シナリオを担当したのは成沢昌茂である。[*19]『雁』の翻案には、敗戦による民主化によってジェンダー規範が大きく変動した、戦後民主主義の時代の作り手たちの実践が埋め込まれている。『雁』は、いかに戦後初期の言説のなかで原作と乖離した特異な女性表象を生成させたのだろうか。

当時の映画評は、「原作による明治一三年頃の日本のノラの姿」を浮き出させる「時代色は、全篇にわたって鮮やかに描かれて居る。最近のいわゆる明治物といえる作品の中で、これだけ時代雰囲気のよく出た作品はない[*20]」と称賛するものと、「お玉の自我がめざめて妾生活から足を洗おうとする暗示までつけ加えられている。こういう原作をはなれた大変更は、恐らく大衆を対象とする映画としてやむをえない通俗化であっただろうことは諒解できないことはないが、それによって『雁』の美しさが消えてしまったことも否定できない」[*21]と批判するものに評価が分裂している。はたして原作のお玉や時代性が「大変更」されたのか。

一九一一年から雑誌『スバル』で連載された森鷗外の『雁』は、一九一五年に単行本として刊行された。[*22]小説の構成は一八八〇年（明治一三年）九月からの約三ヵ月間の「古い話」を、一九一五年（大正四年）の語り手〈僕〉が追懐する形式になっている。無縁坂を中心に本郷、不忍池あたりで起こった三五年前の限定された時空間での「出来事」が〈僕〉によって回想されるが、その物語は概して次のようなものだ。高利貸しの末造の妾になったお玉は、窓の外を通る東京大学の学生・岡田に恋心を抱く。[*23]日本を背負っていくエリート学生に対して、下層社会に生きる高利貸しの妾にすぎないお玉、彼女はその想いも伝えられないまま岡田はヨーロッパへと旅立ってしまう。原作は、岡田と同じ大学生で友人の〈僕〉が、過去を回想しながら語るという特異な形式をとっている。すなわち、当時の〈僕〉が「岡田に交っていて見た」ことと、岡田が洋行した後に「お玉と相識になって聞いた」ことを、現在の〈僕〉が照らし合わせて語った話となっているのである。

原作には小説の語り手〈僕〉が追懐することで記憶なのか伝聞なのか、あるいは物語化しているのか判断しがたい独特な魅力がある。だが、シナリオは語り手〈僕〉の視点を抹消し（映画においてもナレーションを使えば可能）、お玉と岡田の「すれ違い」に照準して、その奥行きをフラットにした。お玉と岡田の関係性に関しては、小説では「岡田の内部には、洋行という別の実現すべき欲望が抱かれ、お玉への関心など事実上持ち合わせていなかった」[*24]し、近代日本を背負っていく責任を自覚していた岡田にとって、お玉は理想の女性像と符合しながらも能動的な受けとめ方はされていない。[*25]映画評論家の林勝俊も「岡田の留学もお玉は知らず、通りすぎる岡田に気遅れがして何一つ言葉を交さぬうちに二人の間の機会は永久に失われて了う」が、シナリオのお玉は「既にお玉の心が具体的に岡田には通じているように脚色されている」[*26]と述べている。岡田の留学を知ったお玉が、末造から与えられた家を飛び出し岡田に会いに行こうとすること、これこそ先に引用した「大衆を対象とする映画としてやむをえない通俗化」だろう。

要するに、交わることない異なる階層に生きるお玉と岡田の平行線の関係性は、映画化のための脚色で交差する関係性へと書き換えられているのだ。確かにお玉の内面で徐々に生成する潜在的自我の自覚は、シナリオにおいて家を飛び出すという行動によって顕在化する。だが、脚本の段階では最後に岡田を見送る場面におけるお玉の表情や視線はいっさい指定されていない。その解釈はあくまで演出に託されているのである。さらに、時代性についても確認しておこう。

小説『雁』に関して渡邉まさひこは、明治も後になれば、妻と妾の区別は判然として、妾は妻との間にはっきり一線が引かれるが、明治一五年頃までは同格の存在——明治一三年の「新律綱領」では、妾は妻と同じく二等親——として公然と認められていたと述べている。政府による妾制度の公認は、家系断絶の不安を解消するという建前を隠れ蓑にし、実際は男性の欲望を満たすためのものであった。[*27]明治四年から明治一八年まで、妾の社会的地位は、正妻とそれほどの差はなく、法律上、家族として認められた特殊な状態にある独自の期間だったのである。[*28]つまり、原作のジェンダーと時代性の観点からすれば、脚色に際して歴史的な問題・リアリティが希薄になり「脱・明治化」されていることがわかる。このシナリオをもとに製作された『雁』は、俳優の身体によって映像として具現化されることで、さらにオリジナルとの差異が際立ってゆく。次にシナリオから、戦後に映画化されることで、いかなる改変を施されたのかを検証していこう。

3　戦後の女性表象の生成——高峰秀子による身体化

シナリオを映像化する翻案者のさらなる解釈／創造によって、想像の「明治」は戦後いかに構築されたのか。シナリオのシーン41は、お玉が高利貸しである末造に騙されていたことに気づく場面。シナリオでは「お玉、走ってきてぺたんと膝をつく——涙があふれてくる」と書かれているが、映画では、お玉が末造からもらった着物を脱ぎ捨てる身振りに変更されている。シーン76でも、隣に暮らす裁縫の師匠であるお貞に「お師匠さん、私にこの暮らしを続けろとおっしゃるの？　私にはこの暮らしより他に道がないっておっしゃるの？」とお玉の台詞が改変され、お金で囲う末造への明確な抵抗を示唆している。さらに末造が夜お玉に会いに来るシーン43では、仕立物をして女手一つで食べている隣のお貞にシナリオにはない台詞「あなたの気持ちはわかるけど、女一人小針の師匠で立っていくってことは、お玉さん、本当に大変なことなんですよ」といわせ、妾という立場からの自立の意志と、それを行動に移そうとする女性を造形する重要な変更が加えられている。お玉は、明治時代に生きながら職業的に自立しようと企てる女性へと変貌しているのだ。

シーン43の終盤、彼女をお金で縛る末造に強引に体を求められるシナリオにない場面が挿入され、シーン44で、雁の一行が飛ぶショットに切り替わる【図2－1】。この初雁のシーンは、その前の末造に抱かれる場面に付される悲劇的音楽と対照的に、高揚するような明るく希望に満ちた音楽に変化している。雁の飛翔の後、カメラは無縁坂を上っていくお玉を背後から捉え【図2－2】、岡田と初めてきちんとコミュニケーションを交わすシーンへとつながっていく。「抑圧↓解放」を暗示するこのようなショットの連続から自我意識の芽生えや解放の意志が象徴的に読み取れるが、それはラストシーンにおいて決定的となる。シーン96のシナリオで、学生さんのお嫁になれる体じゃないことは考えれば判ると諭す末造に対して、お玉は「判ってますわ。（と、冷たく笑って独りごとのように）遠い処へ行ってしまったんですもの……」といい、階層の異なる「女／男」の分断された関係を受け入れているような言葉を放つ。だが、映画での一連の対話は次のように展開する。

末造「学生さんには学生さんの行く道がある。お前にはお前の…」

お玉「判ってます。でも、私だって…私だって…私だって。（泣き崩れて）私は縛られたくないんです」

末造「今更そんなことといえた義理か」

お玉「卑怯です、あなた。お金でばかり私を縛ろうとする。もうたくさんです、いやいやいやいや」

掴みかかる末造を振り払って家から出て行く。

映画は現在の状況や男性の抑圧に抵抗し、解放へと向かう女性を演出しているのだ。この後、お玉は家を出て岡田の洋行を見送りに不忍池へと駆けつけるが、それと同時に馬車で去る岡田の横顔を一方的に見ることしかできない。岡田の視線は下層社会の女性を見返すことはなく、遥か彼方の異国とエリートが出世していく未来しか見ていない。飛び立つ雁と、その場に立ちつくすお玉の姿で終幕する場面、何も記されていなかった雁へのまなざしやお玉の表情は、次のように演出された。

図2-1　『雁』（豊田四郎、1953）

図2-2　同上

まず、シーン90におけるシナリオからの変更では「みんな飛び立っていってしまうんだよ、学生さんは。かわいそうなやつだよ、お前は」と末造がいうことで、雁と飛び立ってゆくエリート学生が重ね合わされ、映画では別の人生を生きるしかないお玉との差異が強調される。脚本では最後の場面で特定の人物を飛び立つ雁にあてはめていなかったが、ラストシーンの高峰秀子は力強いまなざしで飛び立つ雁を見上げ、胸にあてた手を強く握りしめている【図2-3】。すなわち、この一連のショットは雁を媒介とした視点ショットになっているのだ。シナリオから変更された細部のパフォーマンスから連続的にラストシーンを見ると、間違いなく豊田と高峰は、お玉を飛び立つ雁に重ねて象徴的に描いていることがわかる。それを決定づける重要な要素となるのが音楽である。

リンダ・ハッチオンは、活字からパフォーマンス・メディアへの翻案に関して、しばしば想像されたものから現実の視覚上の知覚への移行が考察されるが、聴覚的なものも同様に重要であると述べる。[*29] 映画音楽は、ロラン・バルトが「投錨」――キャプションが写真の知覚を支配し限定する――と呼ぶプロセスと同様に機能し、多義的な意味から一つの意味を強化するのだ。[*30] 高峰秀子の飛翔する雁を見上げるまなざしには、メジャースケールを基調とした明るく爽快な伴奏が付されている。したがって、岡田とは別の世界で生きていかなければならないことを諭す末造の変更された台詞によって「飛び立つ雁＝岡田」という構図をいったん示した上で、その構図を「飛び立つ雁＝お玉」に反転させる演出＝結末になっているのである。すなわち、男性社会に絡め取られる救いようのない結末で終わる原作や、細かい表情や仕草を設定せずに演出に託したシナリオとは異なり、豊田版では現実に抵抗する強い意志の女性がはっきりと刻印され、お玉の強い自我の覚醒が視聴覚化されているのだ。したがって、ここで女性の「抵抗」に対して「屈服」しているのは、一人家に取り残された、男性中心主義的な社会を象徴する存在としての末造にほかならない。

図2-3 『雁』（豊田四郎、1953）

小説では終盤、あたらないと思って岡田が投げた石が雁に直撃して死んでしまう。このように前近代を生きる女性に象徴的な「死」がもたらされる小説に対して、豊田版の雁は男性中心主義的な社会からの解放や自立が託され、きわめて戦後的な女性表象となっている。この改変を考察するための補助線として、同時期に企画され、製作されなかった幻の松竹版『雁』の史料を経由することで、改めて豊田版『雁』の翻案プロセスを検討していこう。敗戦後、GHQ／SCAPは民主主義国家として再建させるために映画によるメディア政策を企図し、その中心となったのが封建主義の排斥と女性の解放であった。そのため占領期の映画製作は、企画段階から厳重に検閲された。[*31] 松竹版に関しても検閲された梗概や企画がアメリカ国立公文書館に残っており、松竹がどのように映画化を企画していたかが史料からわかる。この企画は一九四九年三月三一日に民間情報教育局（ＣＩＥ）に提出されたものであり、そこには製作：絲屋寿雄、原作：森鷗外、脚色：依田義賢、演出：澁谷實、製作会社：松竹と記載されている。

脚色に依田義賢、演出に澁谷實という名を見る限り、文芸映画の大作として企画化されていたことが窺える。だが、シノプシスの「売られてゆく」「死のうと」「妾奉公」という言葉に引かれた鉛筆の線、企画書にみられる「物語を現代にあわせて明確化し発展させる必要がある」[*32]という書き込み、その後、四月七日に行われたシノプシス検閲会議の報告文書の「物語は奴隷、妾の余分な場面を利用しており、建設的なアイデアが認められない」[*33]という検閲担当者の発言を勘案するに、占領下での実現は困難だと判断したと推察される。しかしながら戦後の女性表象を考えたとき、文字通り「翻案のプロセス」にあるこの史料はきわめて重要な女性像と結末を造形している。提出された梗概は製作意図と一四章から構成されており、どのような物語なのかは明確に伝わるようになっている。まず、製作意図から確認していこう。

古い献身的の女が自己に目ざめた能動的な女になる――という『人形の家』以来のテーマは現代日本に於てはまだ決して古くはない。新憲法や新民法で日本の婦人の地位は高められたにもかかわらず、まだ「芸者」や「遊女」や「妾」のような女奴隷のような存在が残っており、家長や男性に奴隷のようにつかえることが婦人の美徳であり、孝道であるというような旧時代の道徳が頑固に根をはっているからである。こういう遅れた思想を改める意味で、この名作を、古い女が新しく目ざめるというテーマで映画化してみたい。[*34]

封建的な女性が自己に目覚め「能動的な女」になる、「遅れた思想を改め」て「古い女が新しく目ざめる」という意図から、戦後民主主義によって解放された女性の理念を主題化しようとしており、まさに豊田作品が辿りついた結末と類似しているのである。

幻の松竹版『雁』の最後の章では、小説にはない結末が付け加えられている。蛇退治のお礼のため岡田の散歩を待ち、偶然友人と一緒で誘うことができなかったところまでは小説と同じだが、その後、急に火事が起こり近くの住民が家から出るというシチュエーションが作られる。人混みの中でやっと岡田を見つけたお玉は、彼の名を叫ぶがその声は喧騒に包まれてまるで届かず、二人の間は引き裂かれ、お玉は泣き崩れてしまう。こうして岡田との「すれ違い」が演出された後、お玉は、その涙をぬぐい強い決意をする。物語の結末は次のようになっている。

> けれどもやがて涙を拭って岡田の去ったあとを見送ったお玉の、火事の火に燃える顔には、今までにない強い決意のいろが見えていた。お玉はぱったりと父に出逢った。大変な火事だとおどろく父を誘って、お玉は火事場を逃れ出てから、お父つぁんのところへゆきましょう、あたしはもうあの家へは帰らないから、うまく旦那に話して下さいね、と云った。父親はびっくりしていた。[*35]

状況は異なるが、ここでも「もうあの家には帰らない」と強い自我を示す結末は、豊田作品における高峰秀子のお玉と類似する。戦後初期の映画では、戦前・戦中の受動的、消極的、献身的、没個性的な女性規範が否定され、占領期に高い評価を得た『青い山脈』のような主体的で自立した女性像を多くの映画が描き、大衆の人気と評価を獲得していたのだ。こうした文脈から再度、豊田版『雁』の製作過程を辿り、いかにして映画のラストシーンが生み出されたのかを分析していこう。

4　豊田版『雁』の製作過程をめぐって

豊田四郎は、お玉役に山田五十鈴という配役で『雁』の映画化をやりかけたものの、戦時体制になり、東京発声映画製作所が東宝に吸収されたため企画が流れてしまう。[*36] 占領期が終わった頃、プロデューサーである平尾郁次がお玉役に高峰秀子を配し、大映で撮る企画を当時スタジオ・エイト・プロにいた豊田に持ち込み、成沢昌茂の脚色で映画化が決定した。[*37] 成沢は原作を脚色するにあたって、「ラストシーンは映画の技術的な問題でこのようになった[*38]」と述べている。これは岡田が投げた石が雁に偶然あたって死んでしまう場面のことを指していると推察される。だが、不運にも生きる階層の異なる岡田に恋心を寄せるお玉が、偶然殺される雁に象徴的に重ねられるこの場面をカットした意味は大きい。それに加えて、家を飛び出すお玉と洋行する岡田との「すれ違い」、そして飛び立つ雁と「立ちつくすお玉の姿」を最後の場面に設定した成沢の脚色は、お玉の自我を戦後的な文脈で描く可能性を提供した。結果的に、豊田四郎と高峰秀子による協働は、原作やシナリオとは比類ないほどの自我と強い意志をもち、封建的社会から自立しようとする強い女性を表現している。

豊田版『雁』がなぜここまで原作やシナリオからかけ離れて製作されることになったのか、さまざまな要因が考えうるが、原作を読み「明治初年の女お玉の自我の目覚めの適確な描写」にもっとも感嘆したと語る成沢は、「『雁』の悲劇は、明治という時代を背負った女である。お玉はあの程度の自我の目覚めしかできなかったということの悲劇でもあると思う。だから、それを描き出し得たら、明治を明治として描いたこのシナリオも立派に存在を主張し得ると思う」[*39]と語っている。完成版のシナリオを読んだ登川直樹が、お玉が堂々と家を飛び出していることを指摘すると、豊田四郎と撮影監督の三浦光雄は顔を見合わせて笑い出したという。豊田によると、「シナリオも最初は原作通り自我の芽ばえを運命の皮肉でつみとられただけの女になっていた」[*40]。実は、成沢は当初、原作に忠実に明治の封建性を描こうとし、豊田もそのつもりでいたのである。『雁』(一九五三年九月一五日公開)の撮影中、『毎日新聞』(一九五三年六月一一日夕刊)の記事に豊田が「自分に目覚めようとして、目覚めきれなかった明治の女の姿を描き出したい」と答えていることもその証左となるだろう。

だが、原作を基盤にしたリアリズムは、当時、社長の永田雅一が絶対的権力をもっていた大映の反対にあう。豊田は「会社はそういう悲劇は大衆が承知しないという理由で反対」し、「撮影が始まってもまだ結論は出なかった」と答えている。[*41]「私は別の理由からお玉を救いたかったのだと豊田さんは言う。(…)撮っているうちに、ここまで自我が成長したお玉を、どうしてもとび出させずにはいられなくなったと述べる豊田監督の気持には、主人公への作者の愛情とだけは言いきれぬものが感じられた」[*42]と記す登川直樹の言葉からは、大衆娯楽として利益を回収しなければならない撮影所と、高峰秀子という女優を撮影しながら、育まれた自我を解放へと向かわせたくなった撮影スタッフの現場の力学の狭間で、結論が次第に書き換えられていったプロセスが浮かび上がってくる。すなわち、自我の成長をパフォーマンスにおいて示す高峰秀子のお玉像は、映画製作の進行と撮影所の圧力のなかで実践的に構築されたのである。

完成された作品があまりに原作と乖離していたせいか、プロモーションのためのプレス資料には明治一三年ではなく「明治末葉の悲しい女の姿を描く」という時代の修正が施されている。また、プレスシートの「売り方」には、森鷗外の不朽の名作の映画化にあわせて、「ロマンチックなものであることを女性を主とした対象を考慮に容れて訴えて下さい」、あるいは「特に女性層に呼びかけること」と記載されている。[*43]「お妾とか囲い者等と云うことは避ける」という宣伝の指示からも占領期の女性言説からの連続性が窺えよう。

男性に引けを取らないくらい女性が多かった戦後初期の映画観客層と戦後民主主義の思想が、映画製作に大きな影響を及ぼしたことは想像に難くない。[*44]すなわち、大衆娯楽である映画の結末は、撮影所としては、利益を回収するために戦後の女性観客に訴えかける女性像を提示するものでなければならなかったのである。このように、①戦後の大衆に訴求力をもつ改変を要求する産業側の立場、②撮影しながら自我が成長したお玉を救いたかったという豊田とそれを誘発した高峰秀子のパフォーマンスの協働、③同時代的な検閲史料の製作意図やプロットから見えてくる歴史的コンテクストを考慮すると、原作とはかけ離れた作品に仕上がった豊田版の大幅な改変も頷ける。小説とは乖離したこの翻案映画に対する次のような女性観客の受容はまさに撮影所が切望したものだろう。

近頃にない名作です。
高峰秀子さんはじめ芸達者な方々の熱演ぶりに圧倒されました。民主々義の今日にも通じる女性の悲劇が美しい画調と相まって、私達女性に一しほ深い感銘を与えることと存じます。[*45]

お玉が自我に目ざめてゆく過程は、現代に生きる女性ですら、その心の奥に眠らせている人生への積極性を強くかきたてることと思います。

森鴎外の原作に極めて現代的解釈を施して成功したこの映画は、女性の目覚めが何より必要な現在、きわめて意義のあるものでしょう。[*46]

実際、『雁』はキネマ旬報ベストテン第八位に選出され、豊田にとっても戦後のスランプを脱出した重要な映画とされる。

また、映画の受容の局面を考えると、役柄を超えたスターペルソナも重要な要素となっていることがわかる。たとえば、映画の完成前、登川は「高峰秀子のお玉というものはどうであろうか。近代的な匂いが強すぎたり分別臭くなりすぎたりすることはないのだろうか」と疑義を呈し、「正直にいってお玉は役どころではないが、それをどう克服しているか見ものである」と述べている。[*47]完成後、「高峰秀子のお玉はこの古風な女性の中に充分今日の女性観に通じる美しさを表現している所に別種の魅力があり、明治的美人で無い彼女の容貌がかえって生かされたと思われる」[*48]と評されるように、彼女のペルソナは明治的な女性表象とは乖離していた。

自由奔放でモダンな高峰秀子のスターイメージを考えると、明治時代のお妾を演じることそれ自体に違和感があったはずだ。[*49]なぜなら、「大スタアの消長を考える時、近代型としてこの二人〔原節子と山口淑子〕に高峰秀子を加え、その対蹠として田中絹代と山田五十鈴をもってきた構図が、日本の映画女優を展望する有力な要素となるにちがいない」[*50]と戦後初期にいわれているように、彼女のペルソナは、戦前に規範化された国家や男性に献身的で従順な女性像とはおよそ反対の、明朗闊達でモダンな容貌をもち、主体的で自立した戦後女性の理想を呈示するスター女優として非常に高い人気を誇っていたからである。こうして豊田四郎の『雁』は、製作に関わるさまざまなアクターの実践によって「女性文芸映画」として改変され、高峰秀子のお玉は、戦後的な女性像を欲望する社会的コンテクストのなかでスクリーンに生成したのだ。

5　国民的映画としての『二十四の瞳』

『雁』に主演した翌年、小林正樹の『この広い空のどこかに』や木下惠介の『女の園』、そして国民的映画『二十四の瞳』に出演した彼女は転機を迎える。一九五四年は、高峰秀子がそれまでの戦後民主主義の「明るい」イメージから離れ、「日本の母」を演じて「国民女優」となる重要な転機の年であった。

壺井栄の原作を木下惠介が映画化した『二十四の瞳』は、高峰秀子演じる大石先生が、一九二八年に島の岬の分教場へと赴任し、軍国化するなかで先生と一二人の児童の関係を描いた物語である。戦争で離散した先生や児童は、夫や親を失い苦しい生活を強いられる。やがて男子は戦場で死に、大石先生と生き残った教え子たちは戦後、同窓会で再会して涙する。本作はキネマ旬報ベストテンで第一位、ブルーリボン賞で最優秀作品賞、毎日映画コンクールで日本映画大賞と監督賞、一九五五年のゴールデングローブ賞で外国語映画賞など数々の賞を総なめにした。文部省がこのような反戦映画は好まないだろうと芸術祭に参加するのも断っていたほどだったが、「文部省特選映画」になり、批評家にも国民にも大絶賛された映画である。

この作品は、メディア表象や物語を通した戦争の「加害」意識の忘却と「被害」意識の記憶に関わる「国民的映画」となった。一九五〇年代初頭は戦後の混乱を経て、アメリカからの独立と再軍備の風潮の中で、改めて国民国家が戦争という過去と向かいあった時期でもあった。当時の思想の内部からは生まれにくかった視点を、佐藤忠男は一九七〇年に記している。

『二十四の瞳』を見ていると、われわれは、ただ、戦争によって、平和を破壊され、純真な若者の多くを失ったのだ、という感慨を得るだけで、敵にどれだけの損害を与えたのかという点が全くぬけ落ちてしまう。自分たち民衆は、あの可愛らしい子どもたちが悪人でありようがないと同じようにちっとも悪くなく、ただ戦争によってひどい目にあったにすぎないのだ、という気持ちになる。[*51]

同時代に佐藤のような「対抗的」な読みがほとんど為されず、国民を涙で包んだという事実が、イデオロギーの枠組みの外部に立つことの難しさを表している。[*52] 戦争を題材としたこの物語には戦争責任をすり抜けながら、「過去」を再び歴史化しようとする巧妙な「語り」が隠されている。『二十四の瞳』は、「男性の登場人物を物語り上周辺に配置したり（年老いた男性教師）、あるいは明らかな戦争犠牲者（主人公の夫、また、盲目になってしまった生徒）のみを登場させることによって、戦争を語りながら同時に戦争共犯性を免れるという構成を採っている[*53]」のである。

占領期から大映を中心に「母もの映画」が流行し、「戦争未亡人」を描いた作品が次々に製作された。戦後日本の作り手たちは、「犠牲者」として苦しむ母や妻を描くことが、観客をメロドラマへと没入させ、興行成績へ結びつくことを熟知していた。『二十四の瞳』は「加害者」としてのアメリカも日本も描かず、犠牲となった女性と子供、そして去勢された男性に焦点があてられている。しかし、大衆メディアが被害者としての犠牲的身体を何度も繰り返し表象することは、新しい「歴史」を記憶の中に再構築していく危険性を孕んでいる。モーリス・アルブヴァクスは、過去は保存されず現在を基礎に再構成されるもので、記憶と想起の枠組みは集団によって与えられると述べた。[*54] 個々の経験を忘却させ、〈集合的記憶〉を形成してゆく映画館という場で、大衆は国民的映画のメロドラマ的想像力に誘われて、過去の記憶をすり替えるのである。それはポスト占領期の日本人にとってナショナル・アイデンティティを再構築し、ネイションを想像するための不可欠な記憶／忘却のプロセスだった。戦争責任を直接的に感じさせる男性性を隠蔽しながら、その存在の意義を女性の身体へと投影すること。「加害者」としてのアメリカや男性を欠落の主体として提示し、「犠牲者」としての女と子供に焦点化することで、映画観客はそれぞれの過去と交渉し、集合的過去を構築しながらナショナル・アイデンティティを形成していくのである。

占領期に大映が「母もの」を積極的に展開して競い合い、「敗戦後の映画界を、女性観客目当ての母性愛映画が席巻」するが、一九五四年以降、興行成績は落ち込んでいく。[*55]「母もの映画」の観客層は中年以上の婦人が大半を占め、多くは家庭婦人であり、子供連れも少なくなかった。『映画評論』の「共同研究」で「日本母性愛映画の分析」が行われ、「母もの」は都会でも観客を動員できるが、特に地方農村で圧倒的な支持を受けたと分析されている。その研究によれば、家庭婦人が母性愛映画に惹きつけられる理由は「泣きたい」からで、「製作者側でもどうしたらお客が泣くかを考えて製作に苦心しているのだし、お客の目的も大いに泣くことにあるのだから、母性愛映画は、泣くための映画ということができる」。「母もの映画は、邂逅の喜びよりも別離の悲しみを、生よりも死を、自己主張より忍従を教える」映画であり、「封建的な家族関係のなかで、下積みにされ、自由を奪われて毎日を暮している多くの解放されない日本婦人にとってみれば、母もの映画の悲劇の涙は、また彼女たち自身の涙として心からの同感に値するもの」なのである。[*56]

「母もの映画」の特徴とは、女性が「母／女」の間で引きさかれる葛藤に焦点化し、封建的制度や戦争に犠牲的精神を捧げるものが多い。だが、一九五〇年代半ばの映画雑誌の批評を見てみると、「あの感傷過多のおしつけがましさは、実際やりきれぬものである。しかも、それが相当広範な観客層の支持をうるという点に問題がある」[*57]と非難する声が散見されるようになる。では、なぜ「母もの映画」という形式と重なる『二十四の瞳』が「国民的映画」といわれるまで称賛されたのか。高峰秀子が演じたヒロインは「戦争未亡人」であり、その類型が犠牲者性を強化したことは間違いない。戦後の日本映画の「戦争未亡人」の表象は、「敗戦後に現れた問題のみで形成され、一貫して貧困、性、再婚という問題を抱えた存在として語られており、戦争を支えた戦時の自己を除外する」ことで、「戦争の犠牲者という被害性が強調され、その加害性が喪失している」点は注意すべきである。[*58] 川本三郎は「戦争未亡人」という戦争の被害者を主人公にすることは、次のような機能があったと論じている。

彼女たちは、女性であるという受身の立場によって侵略戦争の加害性から免れることが出来た。(…) ついこのあいだの戦争で死んでいった死者たちを追悼する資格を得た。(…) 戦争未亡人は「戦争」の批判と「死者」の追悼という戦後日本の困難な二律背反を、奇跡的に解消することが出来た。[*59]

川本は『ビルマの竪琴』（一九五六）には日本兵だけを追悼していいのか、日本兵に殺されたアジア人はどうなるのか、といった批判が起きたことを取り上げ、『二十四の瞳』にそういった批判が生まれなかったのは、大石先生が「女」であり、「戦争未亡人」だったからであると述べている。[*60]もちろん戦後日本映画において「母もの」で「戦争未亡人」を主人公にする映画はある。だが『二十四の瞳』のポイントは、高峰秀子が「女」と「母」の間の「葛藤」をまったくしていない点である。夫と死別して戦争寡婦となり、児童たちを思い続ける彼女は犠牲となった「日本の母」のような象徴的存在だ。「女」を出さないことによって前近代の家族＝共同体はまったく脅かされることなく観客は加害者性を忘却し、高峰秀子の母性愛に包み込まれるのである。その構造を作り上げたのは木下恵介による映像と、高峰秀子が構築してきたスターペルソナであった。

この作品の映画評では、自然描写の素晴らしさについての言及が特徴的である。映画評論家の双葉十三郎は「こんなに万人を泣かせた映画はないであろうが、なぜそんなに泣かせるか、原因を求めると、ぼくは〈景色が泣かせる〉のだと云いたい。つまり、大石先生と十二人の子供たちの物語が、小豆島の美しい風景のなかにしっくりと融けこんでいることが、純粋で自然な涙をさそうのである」[*61]と述べている。木下自身も「小豆島という美しい自然の風景の中に溶けこまして、静かに私の抱懐する思想を、にじみこませていった」[*62]と語っているが、実際、本作ではロングショットが多用され、自然の美しい風景の中に人物を配置する構図を多く採用している。江藤文夫も次のように述べた。

『二十四の瞳』における瀬戸内の風景は、大石先生や村人達の平和への祈りを内に包んで、ともに戦争への流れに抵抗した。主人公と観客の心情は、この美しい風景を通してかよい合った。（…）先生の一途な愛情、子供たちの無邪気さ、村人たちの素朴さ、それらがこの風景を媒介に、一体となって人々の胸に迫るのである。こうして小豆島はすべての日本人のふるさととなった。[*63]

風景描写の深い感動に加え、有名な子役ではなく匿名の子供を配役し、唱歌など昔から日本で親しまれた歌を子供たちと大石先生が歌うこの映画は、自然と歌の機能によっていっそうノスタルジーを喚起する。地方の美しい自然描写と懐かしい歌が必然的に郷土的な愛情をノスタルジックに描き、それが破壊され「犠牲者」である「日本の母」や子供たちがただ苦しみ悲しんで泣く姿は、日本人観客をナショナリズムに接合していく。

この後、木下惠介と組んで大ヒットする『喜びも悲しみも幾歳月』（一九五七）においても、日本的な懐かしい歌は絶妙な効果を発揮した。『二十四の瞳』が一九五四年の配給収入で第四位、『喜びも悲しみも幾歳月』が一九五七年の第二位であったことから考えると、このようなノスタルジーやナショナリズムは、木下一人のイデオロギーに還元されるものではなく、大衆意識として理解できるだろう。男は戦争で殺されていく無垢な子供に同一化することで、女は一方的に奪われる受動的な大石先生へと同化することで戦争責任を忘却し、「加害者」から「被害者」へとなりえたのである。したがって、今村太平の「日本中の母親が、この理性によって戦争の苦しみに耐えてきたのだ。そして子どもを守ってきたのだ。『二十四の瞳』は、どの婦人にもあるこの理性に訴えたことにある」[*64]という批評言説は、多くの国民の反応として理解されるだろう。

そして子役からデビューし、戦前・戦中・戦後とずっと国民的スターであり続けた高峰秀子が大石先生を演じたことも、「日本中の母親」が感情移入できる大きな要因であった。高峰秀子という国民的スターの身体をジェンダー化し、日本の母として日本の美しい自然のなかに溶け込ませること。小説家の芝木好子は、「演技というものを少しも感じさせない自然さで、この物語のなかに溶けこんでいた」と高峰秀子の卓越した演技を称賛した。[*65] 斉藤綾子は、高峰秀子がカルメンという キャラクターで、「敗北の文化を背負い、両価的な解放をその過剰な身体に見せたのち、大石先生という国民的な母になってしまう」と述べる。曰く、『二十四の瞳』の大石先生役や『喜びも悲しみも幾歳月』で「国民的な「母」(それも子を亡くす母という役柄)を演じたことは高峰秀子にとっても、日本映画史においても象徴的な出来事だった。それは、まさに、女性の身体が再び、ドメスティック・イデオロギーに再占有化されていくプロセスだった[*66]」。

高峰秀子の演技力は、共演相手と自然に絡み合い、物語や風景へと溶け込み、その場にいるリアリティを感受させる。その技術は、日本の地方の美しい自然のなかで、実際に「存在」し、歴史化する力学を働かせた。この構造は同じく国民的映画となった小津安二郎の『東京物語』(一九五三)で、死者を追悼し、慟哭する「戦争未亡人」の原節子が体現したナショナル・アイデンティティにも通ずるだろう。そのような国民的映画のフィクションからは、戦中に国家に献身的に身を捧げ、愛国心を表し熱狂した実在の女性の姿が、日常的なメディアとの関わりのなかで忘却されていくプロセスが透けて見えてくる。高峰秀子はこの作品以降、成瀬巳喜男や木下惠介の作品を中心に「日本の女＝妻／母」を演じ続け、敗戦のトラウマを負った日本国民を母性愛で包み込む。こうして『雁』まで「解放」を引き受けた戦後民主主義のスターは、『二十四の瞳』によって日本国民を「包摂」する、ポスト占領期のナショナル・アイデンティティを体現したのである。

そして現実においても一九五五年三月二六日、高峰秀子は木下惠介の助監督であった松山善三と結婚式を挙げた。木下惠介が麻布永坂の高峰秀子の自宅から、マスコミ関係者に直接電話をかけ、助監督と高峰を婚約させたことを伝えたのである。翌日の新聞にも大きな記事が載り、結婚式当日の式場には、大勢のファンやマスコミ関係者が群がった。このようにスターの結婚が日本中を巻き込み、メディア・イベントとなった例は当時、皆無であった。報道陣は許可もなくなだれ込み、大騒ぎになったことが写真とともに当時のメディアで紹介されている。[*67] 各商業誌は大きな特集を組み、数ヵ月にわたって、有名人たちが集まる披露宴の会場や結婚式の写真を撮って掲載したり、映画界から監督や俳優や批評家たちの祝辞を載せたりした。高峰秀子は映画の中だけではなく、現実世界においても「日本の女」となったのである。

註

＊1　「匂ぐわしいポーズ」、『映画物語』一九四八年七月号、一七頁。
＊2　田中絹代は、サングラスに派手な服装で飛行機から降り立ち、投げキッスをして「ハロー」と言い放った。こうした振る舞いによって彼女は「アメション女優」といわれ、大バッシングにあった。
＊3　筈見恒夫「感覚と雰囲気」、『映画グラフ』一九四八年九月号、一八頁。
＊4　実際は、パリに滞在し好きなものを見たり食べたりしながら自由に暮らしたが、高峰は「留学生という名目で」と書いているため、本書でも「留学」としている。

＊5　高峰秀子「私の歴史・3」、『映画ファン』一九五二年九月号、一四五頁。
＊6　旗一兵「高峰秀子デッサン」、『映画ファン』一九四八年一月号、一八頁。
＊7　詳しくは、北村匡平『スター女優の文化社会学――戦後に欲望された聖女と魔女』作品社、二〇一七年、一七三―二四〇頁を参照のこと。
＊8　高木義夫「宗方姉妹」、『映画新潮』一九五〇年一一月、七二頁。
＊9　「戦後日本映画各年別配収トップ10」、『映画40年全記録』キネマ旬報社、一九八六年二月一三日号、一七頁。
＊10　野口久光「女性に近代美を」、『キネマ旬報』一九五〇年一月下旬号、二三頁。
＊11　山本恭子「高峰秀子讃」、『映画ファン』一九五五年四月号、九六―九七頁。
＊12　前掲「匂ぐわしいポーズ」、一六頁。
＊13　木下政男「スタアの美容術」、『映画読物』一九四九年三月号、四〇―四一頁。
＊14　大森久二「高峰秀子に望むこと―熱烈な恋愛を期待する―」、『映画読物』一九四八年五月号、一二頁。
＊15　前掲「匂ぐわしいポーズ」、一六頁。
＊16　高峰秀子『まいまいつぶろ』新潮社、［一九五五］二〇一一年、一一頁。
＊17　「女記者の採点した頭から脚まで」、『映画ファン』一九五四年四月号、一〇四頁。
＊18　永戸俊雄「博愛主義のリスト私の好きな俳優に就て」、『映画ファン』一九五四年五月号、七五頁。
＊19　本書におけるシナリオの引用は、決定版として出版された『雁 シナリオ文庫第17集』映画タイムス社、一九五三年に依拠する。
＊20　大黒東洋士「雁」、『キネマ旬報』一九五三年九月下旬号、五六頁。
＊21　上野一郎「日本映画批評雁」、『キネマ旬報』一九五三年一〇月上旬号、八八頁。
＊22　「雁」の引用は『鷗外全集』（第八巻）岩波書店、一九七二年による。
＊23　語りの現在においては「東京帝国大学」（明治三〇年に改称）だが回想される明治初期は「東京大学」だった。
＊24　大石直記「森鷗外『雁』試論――語り手《僕》の位相と《物語》の組成」、『国語と国文学』七三巻・二号、一九九六年、五一頁。

＊25　瀧本和成「森鴎外『雁』の世界」、『立命館文学』五四〇号、一九九五年、一〇一頁。
＊26　林勝俊「雁」、『映画評論』一九五三年一一月号、五七頁。
＊27　渡邉まさひこ「森鴎外『雁』――その時代性について」、『立教大学日本文学』九七号、二〇〇六年、七九―八〇頁。
＊28　目野由希「お玉の物語――森鴎外」、『国語と国文学』八六巻・一二号、二〇〇九年、五五頁。
＊29　リンダ・ハッチオン『アダプテーションの理論』片渕悦久・鴨川啓信・武田雅史訳、晃洋書房、［二〇〇六］二〇一二年、五一頁。
＊30　Kathryn Kalinak, *Film Music: A Very Short Introduction*, Oxford University Press, 2010, p. 18.
＊31　日本映画と検閲に関しては、平野共余子『天皇と接吻――アメリカ占領下の日本映画検閲』草思社、一九九八年に詳しい。
＊32　Shochiku Kyoto-Wild Goose, RG 331, Entry 1666, Box 5268, NACP.
＊33　国立国会図書館憲政資料室、Box 5305, CIE(D)01448. この検閲史料は二〇一七年に刊行された『表象11』の匿名査読者の一人から提供されたものである。
＊34　Shochiku Kyoto-Wild Goose, op. cit.
＊35　同前［傍点引用者］。
＊36　豊田四郎「監督の言葉」、大映『雁』プレスシート、一九五三年。
＊37　登川直樹「『雁』の撮影を見る〈スタジオ訪問〉」、『キネマ旬報』一九五三年九月上旬号、四四頁。
＊38　成沢昌茂「『雁』のシナリオ化について」、『雁 シナリオ文庫第17集』映画タイムス社、一九五三年、二九頁。
＊39　同前、二九頁。
＊40　登川直樹、前掲「『雁』の撮影を見る〈スタジオ訪問〉」、四四頁。
＊41　同前。大映のワンマン社長であった永田雅一は当時、「勧善懲悪でない」「話が暗い」「主人公の性格設定が気色わるい」「ラストに救いがない」ものは大衆が希望しないという信念をもっており、大映の企画上の制約となっていた（鈴木晰也『ラッパと呼ばれた男――映画プロデューサー永田雅一』キネマ旬報社、一九九〇年、一一九頁）。

＊42　登川直樹、前掲「『雁』の撮影を見る〈スタジオ訪問〉」、四四―四五頁。
＊43　大映『雁』プレスシート、一九五三年。
＊44　ジャンルや地域によりジェンダーの偏りは想定されるが、一九四九年に『キネマ旬報』が約二五〇〇人を対象にして都内各地区の映画館九館で世論調査を実施した結果では、男性が五二パーセント、女性が四八パーセントで、一七歳〜三〇歳が八〇・七パーセントを占めている（「世論調査報告・映画観客の動態―東京の映画館観客調査から―」、『キネマ旬報』一九四九年一〇号上旬号、二四―二五頁）。
＊45　阿部艶子「映画『雁』を観て」、『雁 シナリオ文庫第17集』映画タイムス社、一九五三年、二九頁。
＊46　戸叶里子「映画『雁』を観て」、同前。
＊47　登川直樹、前掲「『雁』の撮影を見る〈スタジオ訪問〉」、四五頁。
＊48　林勝俊、前掲「雁」、五八頁。
＊49　高峰秀子自身、「原作のお玉のイメージは私の姿形とはおよそ似ても似つかない（…）好きだからといって、化け終せるものでは到底ない」と原作との乖離に触れている（高峰秀子、前掲『まいまいつぶろ』、六三―六四頁）。
＊50　旗一兵「原節子を語る」、『映画物語』一九四九年五月号、三四頁。
＊51　佐藤忠男『日本映画思想史』三一書房、一九七〇年、二六七頁。
＊52　佐藤忠男の言説分析に関しては、福間良明『「反戦」のメディア史――戦後日本における世論と輿論の拮抗』世界思想社、二〇〇六年、四七―四八頁を参照されたい。『二十四の瞳』が公開された一九五四年の座談会での発言と一九七〇年の著書との差を論じている。『二十四の瞳』を「母物の一変種にすぎない」と一蹴する花田清輝は同時代では例外的に「母物映画をみて大衆のながす涙は、いまやほとんど形骸と化し去ったわが国の家族主義的伝統にたいする哀惜の涙にほかならない。ノスタルジアだよ。『二十四の瞳』は、そいつを、唱歌や軍歌や田舎の風物で、いやが上にもかきたてようとつとめているんだ」と鋭い批判をしている（花田清輝「悲劇・喜劇・活劇」、『映画評論』一九五五年三月号、三五頁）。
＊53　ミツヨ・ワダ・マルシアーノ「戦後日本の国民的メロドラマ」、『インテリジェンス』一号、二〇〇二年、九五頁。
＊54　Maurice Halbwachs, *On collective memory*, The University of Chicago Press, [1925] 1992, p. 40.「集合的記憶」という言葉

は、アルブヴァクスの研究から広まった。
＊55　水口紀勢子『映画の母性〈改訂増補版〉――三益愛子を巡る母親像の日米比較』彩流社、二〇〇九年、二七、一〇九頁。
＊56　鶴見和子・高野悦子・鈴木初美「日本母性愛映画の分析――「母もの」は何故泣くのか泣かせるのか」、『映画評論』一九五一年五月、三五―三七頁。
＊57　進藤七生「日本のおふくろ」、『映画芸術』一九五五年一一月号、二九頁。
＊58　浦田大奨「映画表象にみる「戦争未亡人」―1950年前後を中心に―」、『女性史学』一九号、二〇〇九年、一二一頁。
＊59　川本三郎「「今ひとたびの戦後日本映画」第一回　戦争未亡人と死者」、『世界』一九九二年四月号、二五五頁。
＊60　同前、二五六頁。
＊61　双葉十三郎「今月の映画評　景色が泣かせる秀作　二十四の瞳（松竹大船作品）」、『近代映画』一九五四年一二月号、一一一頁。
＊62　木下惠介「二十四の瞳」、『映画芸術』一九五四年九月号、一四頁。
＊63　江藤文夫「木下恵介の前進」、『映画評論』一九五六年五月号、二九頁。
＊64　今村太平「日本映画の思想」、『映画芸術』一九五五年六月号、四三―四四頁。
＊65　芝木好子「二十四の瞳」、『映画評論』一九五四年一一月号、四九頁。
＊66　斉藤綾子「カルメンはどこに行く――戦後日本映画における〈肉体〉の言説と表象」、中山昭彦（編）『ヴィジュアル・クリティシズム――表象と映画＝機械の臨界点』玉川大学出版、二〇〇八年、一〇八頁。
＊67　「永遠の誓い」、『映画ファン』一九五五年六月号、グラビア。

第3章　黄金時代の映画のアイドル
――〈日常性〉を演じた若尾文子

1　「平凡」という価値――〈日常性〉のスター女優

日本人離れした西洋的な美貌と大柄な体格によるボリューム感を提示した原節子や京マチ子などのスター女優は、占領期から一九五〇年代中頃まで人気の絶頂にあった。だが、このような映画女優は、日常生活のリアリティを描こうとする作品にはフィットしない。哲学者の福田定良は一九五五年度の「目ぼしい作品をひろってみるとそこに見られるのは、庶民の生活への志向」であり「それぞれの仕方で庶民の生活の中に映画性を見いだそうといううごきが感じられた」[*1]と振り返っている。

一九五〇年代後半、それまでとは異なる親近感がある庶民的なスターが求められるようになる。こうした〈日常性〉を演じて映画スターダムを駆け上がったのが若尾文子だった。一九五二年にデビューしたこの女優は、原節子、高峰三枝子、高峰秀子、そして戦後派スターの津島恵子や京マチ子、岸惠子と入れ替わるように、一九五〇年代半ばから一九六〇年あたりに人気の絶頂期を迎えた。現代からすれば若尾文子は、一九六〇年代の増村保造が作り上げた重厚で官能的なイメージと圧倒的な美貌を備えた貫禄ある映画女優という印象がある。だが、そういったペルソナとは対極にある身体イメージによって彼女は日本映画の第二次黄金期と呼ばれる、もっとも映画産業が豊かだった時代にスターダムの頂点に上り詰めたのだ。

一九五〇年代の若尾文子は、占領期を代表する原節子などの近寄りがたい荘厳な美しさとはまったく逆の価値を提示していた。当時、一九五五年から『平凡』の人気投票で一位に選出され、他のファン雑誌でもこの時期に一位を取った若尾文子はしばらく王座に居座った。[*2]

彼女はファン雑誌のスターを一二のタイプに類型化する企画で「平凡型」のカテゴリーに分類された（ちなみにこの時期トップを争った美空ひばりは「下町娘型」に入れられている）。そこには「どこにでもある平凡な顔、したしみ深い可愛い顔というのが若尾さんの人気の源泉《げんせん》」[*3]と書かれている。他にも二年連続で一位を取った彼女について、「この庶民的な風格が相変らず人気を集めているのはよくわかる」[*4]などと書かれていることからも、占領期のスターダムとは違い、この時期になると「親近感」があって「庶民的」なスターが求められるようになったことがわかる。それは人気投票で一位を獲得した年に彼女について書かれた、次のような批評からも明らかだろう。

> 若尾文子のような女優が、いちばん典型的に、日常性といったようなものを認められる新人である。なるほど、彼女にはういういしさがあるし、どこにでもいるような少女であるかもしれない。[*5]

平凡で親しみのある「どこにでもいるような少女」として若尾文子がもっとも〈日常性〉を体現し、彼女のこうした価値が見出されるのが一九五〇年代中頃のことだった。[*6] 一九五二年にデビューした若尾文子が庶民的な青春スターから官能的な演技派女優へと変身していくのは一九六〇年前後のことである。とりわけ、増村保造と組んだ一九六一年の『妻は告白する』は、重力をともなう身体性へと彼女のイメージを転換させた決定的なフィルムであった。[*7] 一方、人気のピークだった一九五〇年代中頃は、妖艶な魅力とは真逆のあどけない少女の印象が強い。まだ洗練されていないこの時期の若尾文子は、アングルによってはコミカルに見える顔が独特の親近感を醸し出し、すきっ歯も矯正されないままの庶民的な味わいをもったスターだった。

当時、専属契約を結んでいた大映の巧妙なプロモーションは、一貫して彼女の親しみやすい平凡さを売り出した。ミス日本から大映入りした山本富士子と比較されていた若尾は、「あちらは日本一の美人で、こちらは普通の女」なのだから「山本さんが高嶺の花なら、私は低嶺の花」といったのを社長の永田雅一が面白がってマスコミに話し、庶民的な魅力の「低嶺の花」という言葉が有名になったことを自ら明かしている。[*8] すでに一九五三年のファン雑誌の対談企画で、若尾は山本に「山本さんお綺麗《きれい》すぎるんで、大変つらい（…）私なんかその点で、ソラ豆《まめ》みたいな顔してるから」[*9] と話し、山本と差異化しながら自己のペルソナ構築を実践している。その後、若尾文子は人気投票で一位を獲得するが、すでに彼女の庶民的な魅力の価値は批評言説の中心を担っていた。一九五七年の座談会では、山本富士子が対照され次のように語られている。

秋山：若尾文子《わかおあやこ》はそこいらに居そうな、そして寸も足りないし、決して美人じゃない。たとえば田中絹代《きぬよ》のタイプ。原節子さんのタイプは山本富士子だね。（…）

加東：そこへ行くと若尾ちゃんというのはいかにもそこらに居《い》ると云う娘さんの庶民的な味わい

だね。最初の頃はソラ豆みたいだったけれど…[*10]

ここで重要なのは対照されている山本富士子の人気が「近寄りがたい美しさへの憧れ」（由原木）と表現され、占領期を代表する「原節子のタイプ」と結びつけられていることだ。すなわち、若尾と山本は対極のイメージとして語られるだけでなく、それまでのスター女優のタイプに系譜的に連結されているのである。

平凡な可憐《かれん》さ、親しみ易い庶民的美人といったタイプの大先輩では田中絹代や高峰秀子という大物《おおもの》がいるが、若尾文子の躍進的ななかにも堅実味のある歩みぶりを見ていると、この大先輩二人に続く次の一人は若尾文子《わかおあやこ》であろうということさえ出来るようである。[*11]

「庶民的」や「親近感」という価値は、同時代のスターの弁別だけでなく、それ以前のスターにも結びつけられ対照されている。原節子から山本富士子へと続く清純で美しく近寄りがたいスター女優の系譜がある一方、田中絹代、高峰秀子、若尾文子と続く、「親近感」のある「庶民型」のスター女優の系譜があり、〈日常性〉とともに語られている後者が、この時期に圧倒的な人気を誇ったのである。ただし、〈日常性〉を映像で表現したのはスターの形象や演技だけではない。同時代に登場した次世代の映画作家が、新感覚の表現を実践していったのである。

2　新世代の新しい映像

「庶民の生活への志向」が感じられた一九五五年頃は、ちょうど若い作家たちの新しい映像表現と、巨匠たちの映像感覚との差異が浮き彫りになる時期と重なっている。石原慎太郎の小説と映画化で社会現象を巻き起こした『太陽の季節』（一九五六）は、若者のアメリカナイズされた物質主義と享楽主義、暴力や性の即物的な行為が非難の対象となったが、太陽族映画『狂った果実』（一九五六）とともに登場した中平康の新しい映像感覚は、映画界の流れを再編する契機となる。「新人抬頭時代の口火を切った監督」として中平康をあげ、「人びとは、彼の技巧の新鮮さをほめたたえた」という映画評論家の品田雄吉は、中平康を「先頭」とした増村保造、今村昌平、沢島忠などの新人たちを、黒澤明、木下恵介の次の世代に位置づけ、「もっともアップ・トゥー・デイトな〝現代〟の姿を持ちこんでみせた」画期的な時期と評した。[*12]

彼らの新しい映像感覚は、小津安二郎を代表とする巨匠の映画を「古い映画」として差別化していく。「読者論壇」では原節子主演の小津映画『東京暮色』（一九五七）に対して「こんなのんべんだらりとした映画では、とうてい現代の観客の心を捉えることはできまい[*13]」と映画のテンポと「現代の観客」の感覚のずれが酷評された。あるいは「私があの映画を見て感じたことは、誰かによって毎日きちんと掃除整頓され又あらゆる調度品の揃った、しかし誰も使う人のない、そんな素晴しい一室を見せられた時のような、冷えびえとした空しさでした。生活の臭いがないのです[*14]」といった投稿で小津の形式美を批判する観客が感じたのは、日常の「リアリティ」の欠如である。

こうした巨匠たちを一蹴する増村保造は『くちづけ』（一九五七）でデビューし、次作の『青空娘』

（一九五七）以降、若尾文子とコンビを組み、名作を残していった戦後派の映画作家だ。彼は「大部分の人間が環境に埋没」し個性を抑圧されるため「人間自体よりもその人間の環境を描写することが主体」になったと批判し、「敗北と犠牲に酔う情緒」をすべて取り除き、人間の「一切の感情を単純率直に表現」することを映像理念として実践した。[*15] つまり、従来の古臭い日本映画は、綺麗に整えられた部屋や美しい自然の中に人間を配置し「環境」によって語るのに対し、増村映画は、そういった「環境」を切り捨て、映画の身体と人間の内面を同期させるように描こうとしたのである。

このような感性は戦後に活躍し始めた世代に共有されていた。新しい感覚をもった中平康の『狂った果実』を観た映画評論家は、「溝口健二も小津安二郎も成瀬巳喜男ももっていない、すでにそれらの凝視するような写実的な映画感覚を何か古いものにも感じさせないではおかぬ真新しいひとつの映画感覚にわたしはいつか惹きこまれてしまっていた」[*16]と述べている。この時期、小津安二郎と一九四三年にデビューした木下惠介を一括りにして「古い映画」とするほどの瑞々しい映画の登場によって、それまでの巨匠の作品が次第に訴求力を失っていった。

若い作家たちが表現する映画のスピード感やテンポに観客は〈日常性〉としての「リアリティ」を見出していったのである。江藤文夫は、増村と中平の作品は「ダイナミックなテンポによって、きわ立っている」が「何も奇をてらい、新人としての特質を誇示するために、テンポを早めている」わけではなく、「彼らにとって、それは当り前の早さ」であって、「現代のスピード感に、彼らの感覚がそのまま乗っているからなのである」[*17]と論じた。戦後派の作家が、前衛映画として速度を提示したというより、若者で構成される観客が映画に求める、より若い世代の「日常」を体現しているにすぎないというのである。[*18]

3 〈日常性〉の体現者——『青空娘』

若尾文子の爆発的な人気のきっかけとなったのが、デビュー翌年に大ヒットした『十代の性典』（一九五三）だ。明朗闊達な女子高生の役柄を演じた彼女は、溌剌とした若者のエネルギーを体現し、スクリーンに軽やかな運動感覚をもたらした。斉藤綾子は同年に撮られ、最初の出世作となった『祇園囃子』（一九五三）の彼女の身体性に関して、「60年代以降の若尾文子の重力性とは対照的に、軽やかな躍動感が特徴的だ」[*19]と論じている。彼女の垢抜けない存在感は占領期ならば価値をもつことはなかっただろう。若尾文子のパフォーマンスは、それまでに人気が高かった女優たちには見られない、はずむような「軽さ」を特徴としている。こうした軽やかな身振りは『四十八歳の抵抗』（一九五六）でも顕著だ。父に反抗しながら年下の大学生（川口浩）との交際を貫く彼女が、ふとんの上ででんぐり返しをするショットは、一九六〇年代の重力性をともなった若尾文子には見られない初期の彼女の身体性を象徴している。

彼女のスクリーン・イメージには、それまでのスターがまとっていた占領期的な戦後の傷痕がほとんど感じられない。それは原節子のように「戦争未亡人」の役柄や、京マチ子のような「アプレ」「パンパン」をほとんど演じていないことも関係しているだろう。若尾文子の屈託のないカラッとした明るさは、陰鬱なセンチメンタリズムがまったく似合わない、敗戦のトラウマなど微塵も感じさせない強度があった。その突き抜けた「明るさ」はとりわけ、増村保造と若尾文子が初めてコンビを組んだ『青空娘』で発揮されている。

祖母に育てられた小野有子（若尾文子）は伊豆の高校を卒業し、東京の父母のもとで暮らすことになるが、本当の母は別にいることがわかり、小野家の継母を始め、その家族に女中扱いされる日々を過ごす。だが彼女は前を向いて明るく生き抜いていく。小津安二郎や木下惠介が綺麗で整えられたセットや美しい自然のなかに人間を配置したり、背景や自然と融合させたりするのに対し、増村映画は、そういった自然や周囲の環境を切り捨て、映画の身体と人間の内面を同期させるようにカメラを人間に向け克明に描いていく。前者の人間の情緒は、海や山など、あるいは部屋の空間などの環境が語るのに対し、後者の情緒は、むき出しの人間の身体そのものが語る。つまり、身体こそが物語を語るべきものなのである。だからこそ、増村は『明星』に連載された源氏鶏太の小説のメロドラマ的構造を骨抜きにし、その枠組みから逸脱するような演出を若尾文子に施して新しい青春映画を完成させたのだ。

この映画のショット構成を見てみると、増村が「風景への無関心」を徹底的に貫いていることがわかる。例えば、都市のスピード感を表すのに増村は、東京の雑踏や人ごみを映すことなく、次々とフレームインしてくる俳優の身体を捉え、それが発する言葉のテンポを異様に速める。そのようにして、これまでの日本映画が描き損なってきた「速度」を盛り込んでゆく。ここで実践されている対話は、同時代の映画に比べて圧倒的に速いテンポで話されている。さらにローアングルのカメラが感じさせる圧迫感と、周囲の様子を描くことなくフォーカスする人間の身体、そして会話のスピード感によって、一気に映像の世界へと引き込まれる。このような「速度」の映像化には、増村による対話の演出だけでなく、高橋通夫によるカメラワークの技術も大きく貢献している。俳優の微妙な動きにあわせて、カメラが細かくティルトやパンすることによって、俳優の動きや、ショットとショットの間にも「速度」を導入しているのである。

「女中」として東京の家で働く若尾文子のバストアップやクロースアップで見せる細かい所作や振る舞いを見てみると、細かいまばたきや目線の移動、あるいは口元の微妙な動きなどの表情や、指先の動きによって、画面内は「動き」に満ちていることがわかる。さらに彼女の会話のテンポもまた、占領期のスターに比べてかなり速い。斉藤綾子が論じているように「初期の増村に特徴的だった早い台詞まわしやテンポは、全体的な傾向として『妻は告白する』あたりから少しずつゆっくりとしたものになっていった」[*20]。実際、それまでの多くの作品とこの頃の増村映画の台詞の速度を聴き比べると、明らかにスピードが異なり、加えて若尾文子の発話の速度が相乗効果として映画のテンポを高めている。そもそも増村映画に限らず、若尾文子の会話のテンポは、他の俳優に比べて相対的に速かった。このように時代の最先端を担っていた青春スターは、一九六〇年代にいかなる転身を遂げ、どのようなイメージをまとっていったのだろうか。

4 リメイク映画としての『雁』

前章で明治初期を舞台にした森鷗外の『雁』が高峰秀子をヒロインにしていかに戦後民主主義的な女性イメージとして書き換えられたかを分析した。実はこの豊田四郎版の『雁』はのちに若尾文子をヒロインに据えて池広一夫によって一九六六年にリメイクされている。もう一つの『雁』はどのようにリメイクされたのか、まずはラストシーンにいたる一連のシーンを確認しておこう。

家を飛び出し、洋行する岡田のもとへ駆けつけるお玉の視線は、豊田版と同様、彼へと一方的に送られるのみである。一人その場に立ちつくすお玉の先で、一羽の雁が飛び立つ。力強い表情で雁を見上げる高峰秀子を映したままフェードアウトして終わった豊田版に対して、池広版は、この後シナリオにはない場面を付け足している。悲しげな表情で雁を見上げる若尾文子は、微かに涙を浮かべて雁を見送ると、悲痛な表情でゆっくりと目線を斜め下にずらしながら来た道の方を振り返る。それと同時に、悲しげな顔でうつむき帰路につく彼女の姿がオーヴァーラップする。豊田版では大空へと飛翔する雁が爽快な音楽とともに捉えられていたが、池広版の雁の飛翔とそれを見送る場面では、抒情的に彼女の悲しみを代弁するような音楽が流れている。その音楽を背景に、ゆっくりと引き延ばされる映画の時間の中で、虚脱した表情の若尾文子が無縁坂をとぼとぼ上って家の前でしばらく佇んだ後【図3－1】、再びうつむいて末造の待つ家へと帰ってゆく【図3－2】。ここまでがシナリオと豊田版にはない付け加えられた結末である。

このような家への回帰は、シナリオから変更された一連のシークェンスの流れによって理解される。少し前のシーンで、男性が女性を抑圧する手段として暴力を用いる末造を、リメイク版は視聴覚化しているのである。ただし原作では、女性は男性に打たれたいものなのだという意識が語られるだけで、「当人には気の毒だが、これぱかりはお生憎様だ（…）誰をも打つことは出来ない」（拾伍）と独白する末造が実際に女性を殴ることはない。むしろ原作の末造は、そういう男と自らを差異化して価値づけているようだ。シナリオでは末造の女性への暴力意識に関してはいっさい言及がない。豊田版はクライマックスにあたるシーン96で「なぜ打たないんです」（お玉）に対して「打てない。俺は這いつくばることしか知らない高利貸しなんだ。殴られても殴り返せないのが俺なんだ」（末造）といわせ、小説に近い末造を造形している。

このシーンを細かく見ると、池広が同じ大映の豊田版を実際に見て研究した痕跡が残されている。

なぜなら、豊田による大幅な台詞の改変とまったく同じ台詞をしゃべらせているからである。池広は、途中まであえて前作を模倣しつつ、結末にいたる一連のシーンを意図的に大きく改変してみせる。その契機となるのが、お玉の台詞「卑怯です、あなた。お金で勝手に私を縛ろうとする。もうたくさんです、いやいやいや」の直後の彼女に対する暴力シーンだ。豊田版のお玉のように男性への抵抗を示すことのなかった池広版のお玉は、初めてこの場面で自分を囲う男性に対して不満を口にするが、そのわずかな抵抗も、末造が思い切りお玉をひっぱたくという暴力の可視化によって男性にあっけなく制圧されてしまう【図3－3】。彼女に暴力が振るわれたその瞬間、平手打ちの音に加え大音量の効果音とともに画面はドンデンを返し、ローアングルからお玉の崩れ落ちる身体が捉えられている【図3－4】。豊田版のお玉の身体が男性による制裁を受けなかったのに対し、池広版では暴力によって制

図3-1　『雁』（池広一夫、1966）

図3-2　同上

図3-3　同上

図3-4　同上

圧される女性の身体が撮影技法を駆使して見世物化されているのである。ここから池広版は、まったく違う物語の結末へと向かっていくことになるのだ。

雁と女性のまなざしに話を戻そう。雁を見上げて、うつむくという池広版のラストシーンの身振りは、見上げたまま物語を終える高峰秀子のお玉とは異なる印象を与える。ここでは、最後の場面で若尾文子が雁を見上げてうつむくというアクションと一連のショット構成に注意したい。観客にとってこのショットには既視感があるはずなのだ。シナリオの雁が飛翔するシーン44、お玉が無縁坂をあがるシーン45を見てみよう。末造に無理やり体を求められた後、池広は飛翔する雁に魅せられる若尾文子の表情をカメラに収め、ため息をついてうつむきながら無縁坂を歩いていくという演出を施している。豊田版ではここで、希望に満ちた音楽とともに坂を上る高峰秀子の背中をロングショットで捉え、岡田に遭遇する場面につながっていく。豊田版と大きく違うのは、雁の飛翔のショットとそれを見上げる若尾文子の視点ショットの挿入の後、彼女の顔に切り返されたカメラが、クロースアップでそのまま表情を映し続けている点である。ここでもやはりマイナー調の悲しい音楽が流れている。お玉がロングショットで捉えられる豊田版に対し、池広版は坂を上る若尾文子の顔を捉え、明らかに雁に魅せられた後の心情を表現させているのだ。すなわち、若尾文子は、飛び立つ雁に魅せられて自分を同化するような微かな希望を一瞬表情に浮かべるのだが【図3－5】、ため息とともに諦念を表すのである【図3－6】。

無理やり体を求められるシーンが加えられたシーン43、そして44・45で豊田版が「抑圧→解放」を表現する一方、池広版のお玉の身振りは「抑圧→解放→諦念」まで暗示している。このシーンを観ている観客は、ラストシーンで再び、雁が飛び立ち悲しげな表情で見上げるお玉【図3－7】、そして悲痛な感情を代弁する伴奏とともにうつむきながら振り返り、歩き出すという類似するショットの反復とパフォーマンスのずれに直面するのである【図3-8】。シネマスコープのフレームサイズを活かし、画面左側に広がる空間と右側で雁に視線を送るお玉の構図の反復と差異。だが、最後の場面で飛翔する雁に、彼女はもはや瞬間的な希望も表現することはない。ただ悲痛な表情でその雁を見送るばかりである。高峰秀子が戦後民主主義における女性の「解放」と男性社会への「抵抗」を演じたのに対し、末造の待つ家へ回帰する若尾文子はそれに「屈服」してしまうのだ。

図3-5　『雁』（池広一夫、1966）

図3-6　同上

図3-7　同上

図3-8　同上

5　象徴としての〈雁〉

物語の中で象徴としての雁がいかなる位置づけにあるのか、それはお玉を演じる女性の視線や表情、あるいはショット構成や伴奏との関係によって決定される。そうした観点から原作、シナリオ、二つの映画を捉えてみると興味深い差異が見出される。先にも触れたとおり、原作には、池にいる雁をめがけて石を投げるように友人に唆され、岡田が仕方なく適当に投げた石が、偶然、雁にあたり死んでしまう場面がある（弐拾弐）。「不しあわせな雁もあるものだ」という岡田の独り言に対し、「僕の写象には、なんの論理的連繋もなく、無縁坂の女が浮ぶ」（弐拾参）と書かれていることからも、明らかに階層の違う学生に恋してしまったお玉が雁に象徴されている。だが、脚色ではこのシーンは採用されず、全体を通して読んでみても雁の象徴性は曖昧なまま演出と演技に託されている。

すでに論じたように、豊田版では、飛び立っていく雁を見上げる身振りとお玉が雁に同化するような結末から、雁は明らかにお玉を象徴していた。だが、池広版では、飛び立つ雁に希望を託そうとするお玉の想いは切断され、男性主義的な社会や権力に絡め取られてしまう。したがって池広版での雁は、お玉を見返すこともなく去っていく岡田であることがわかる。このことを裏付ける送り手の資料として、大映が興行者やマスコミ向けに発行していたプレスシートがある。そこでは宣伝のための文案に「あの人は旅立ちし雁のそれにも似て……不忍池の夕闇にただずむ女あわれ！」と記載され、飛び立っていく雁が岡田であることを明示している。*21 これらをまとめると、【表3-1】のように整理できるだろう。

注意すべきなのは、原作と豊田版が「雁＝お玉」という構図を呈しながらも、その意味づけは正反対である点だ。前近代を生きる女性に象徴的な「死」がもたらされる小説に対して、豊田版の雁は、男性中心主義的な社会からの解放や自立が託され、きわめて戦後的な女性表象となっている。豊田版『雁』が、封建主義的な社会から解放される新しい近代的女性像に強く引き寄せられながら製作されていったのに対して、池広版『雁』は、戦後民主主義の女性像から距離を取ることでこの作品を価値づけしようとしていることがプレスシートからも窺える。「お玉という女性は、今日からみれば歯がゆいまでに消極的な姿だが、それだけに、現代の女性には見ることのできない、女の美しさと哀れさを持ち、その艶やかさもしっとりとしてまた瞠目[*22]」と書かれているように、池広版は、高峰秀子の造形したお玉とは、正反対の女性像を売りにしていたことがわかるだろう。池広自身、豊田版が「戦後らしく、お玉がだんなの末造のもとを離れるという結末だった」のに対し、「こんどは、お玉はやっぱり末造のもとに帰って行く。世の中が落ち着いた現在、鷗外の原作に忠実な映画になる」（『読売新聞』一九六六年五月一六日夕刊）と語るように、リメイク版がより封建的な明治時代に親和性があるという語りから浮かび上がってくるのは、「女性解放」や「男女平等」を理想とするコンテクストが生み出した一九五三年版の女性像の異質さとその理念の挫折である。

リメイク映画が製作された一九六〇年代は黄金時代とは違い、テレビの家庭への普及による映画産業の斜陽の時代、テレビではできない映画固有の表現——たとえば過激な性や暴力描写——によって観客にアピールしようとする時代であった。したがって、リメイク版ではシネマスコープの画面を有効に使い、女性の身

表3-1　〈雁〉の象徴性

森鷗外『雁』	岡田の投げた石が「偶然」あたって死ぬ「雁」	お玉
成沢昌茂『雁』	飛翔する「雁」	限定せず曖昧
豊田四郎『雁』	ラストシーンで飛び立つ「雁」	お玉（高峰秀子）
池広一夫『雁』	ラストシーンで飛び立つ「雁」	岡田

体が原作や翻案映画にはなかった暴力によって見世物化され、悲劇性が過剰に演出されているのである。

一九五〇年代の人気の絶頂期、「平凡」や「普通」であることの価値を誰よりも体現していた若尾文子を支えていたのは一〇代から二〇代の若者であり、とりわけ女性ファンが顕著だったといわれている。[*23] 一九四九年の『キネマ旬報』による映画観客層の調査によれば、[*24] 概ね一〇代から二〇代が約八割でジェンダー比も半々であることを考えると、多くの女性ファンにとって同一化の対象であり、男性ファンにとって身近なかわいい「アイドル」[*25] のような存在だっただろう。手の届かない崇高な美貌を誇る原節子や京マチ子とは異なる、同一化の欲望を引き出す庶民派の若尾文子。敗戦のトラウマから立ち直り、高度経済成長へと差し掛かる五〇年代中頃、男性観客にとって、若尾文子は敗戦の傷跡を刺激するような存在ではなかった。少なくとも男性に堂々と立ち向かい、家父長的な思考を非難することで敗戦のトラウマを直接的に喚起させてきた占領期の原節子や京マチ子といった強い女性像とは、まったく違うスターだった。

しかしながら六〇年代に入り、女性観客がテレビに奪われると映画業界は男性に向けた任侠映画やロマンポルノなどのジャンルに力を入れていく。必然的に女性の身体は男性のまなざしのもとにジェンダー化される。こうして六〇年代からの若尾文子は男性観客に向けていっそう見世物化されていったのである。だからこそ増村保造や川島雄三の映画における若尾文子はファム・ファタールとしての妖艶さを与えられ、五〇年代の平凡な現代性を失って保守的な女性イメージが付与されたのだ。六〇年代の彼女は、このようにして見世物化され、崇高性を帯びていったのである。

註

＊1　福田定良「庶民の中へ―1955年―」、『映画芸術』一九五七年三月号、三四頁。
＊2　映画のファン雑誌や大衆娯楽雑誌における人気投票の結果は、北村匡平『スター女優の文化社会学――戦後日本が欲望した聖女と魔女』作品社、二〇一七年、四五―四六頁、三五七―三六八頁を参照されたい。
＊3　「女性美に関する十二章」、『平凡』一九五五年一月号、一四九―五五頁。
＊4　井沢淳「人気は精進のたまもの」、『平凡』一九五六年九月号、一八六頁。
＊5　尾崎宏次「新人俳優について」、『映画評論』一九五五年四月号、四八頁［傍点引用者］。
＊6　なぜこの時期にそれまでとは異なる〈日常性〉を体現するスターが欲望されたのかに関する言説の分析は、北村匡平「映画スターへの価値転換――一九五〇年代のスクリーンにおける観客の欲望モードの文化的変遷」、『社会学評論』六八巻二号、二〇一七年、二三〇―二四七頁。
＊7　躍動感ある軽やかなイメージから増村保造と組んで重力性をともなっていく若尾文子に関しては、斉藤綾子「女は抵抗する」、四方田犬彦・斉藤綾子（編）『映画女優 若尾文子』みすず書房、二〇〇三年、一一一―二四九頁に詳しい。
＊8　若尾文子（述）・立花珠樹（著）『若尾文子――〝宿命の女〟なればこそ』ワイズ出版、二〇一五年、五四頁。
＊9　若尾文子・山本富士子「貴女は美人で私はソラ豆ネ」、『映画ファン』一九五三年七月号、一三一頁。
＊10　谷村錦一・秋山庄太郎・由原木七郎・加東康一「ベスト10スターの素顔を語る」、『近代映画』一九五七年七月号、八八頁。
＊11　「若尾文子のAからZまで」、『映画ファン』一九五五年一二月号、四三頁。
＊12　品田雄吉「中平康論・おぼえがき」、『映画評論』一九五九年六月号、四七頁。
＊13　小林一雄「読者論壇『東京暮色』はボケている」、『映画評論』一九五七年八月号、九七頁。
＊14　鎌田英明「読者論壇『東京暮色』の低劣さ」、『映画評論』一九五七年八月号、九五頁。
＊15　増村保造「ある弁明――情緒と真実と雰囲気に背を向けて」、『映画評論』一九五八年三月号、一六―一九頁。

＊16 長江道太郎「狂った果実」、『映画評論』一九五六年九月号、六三頁。
＊17 江藤文夫「戦後派作家の問題――川頭義郎・中平康・増村保造・岡本喜八」、『映画評論』一九五八年八月号、五二頁。
＊18 前章でも註で引用したように、一九四九年に二五〇〇人を対象に都内で実施された世論調査では一七歳〜三〇歳が八〇・七パーセント（「世論調査報告・映画観客の動態―東京の映画館観客調査から―」、『キネマ旬報』一九四九年一〇号上旬号、二四―二五頁）、一九五五年の浅草で一八三六八人を対象とした観客調査では一九歳以下が二五・六パーセント、二〇〜二九歳が四八・六パーセント、三〇〜三九歳が一三・八パーセント、四〇歳以上が一二パーセントだった（『読売新聞』一九五五年一一月三日朝刊）。
＊19 斉藤綾子、前掲「女は抵抗する」、一五九頁。
＊20 同前、一三九頁。
＊21 大映『雁』プレス資料「大映東京撮影所ビルボールド」、一九六六年。なお、劇場予告編でもこのキャッチコピーが用いられている。
＊22 大映『雁』プレスシート、一九六六年。
＊23 斉藤綾子、前掲「女は抵抗する」、一六〇―一六一頁。
＊24 「映画観客の動態――東京の映画館観客調査から」、『キネマ旬報』一九四九年一〇月号、二四―二五頁。より詳しくは、北村匡平、前掲『スター女優の文化社会学』、三一―三二頁を参照。
＊25 日本におけるアイドルの誕生は、南沙織の歌手デビューと先駆的なオーディション番組『スター誕生！』（日本テレビ系）が放送された一九七一年とされ、それ以前はゲイリー・クーパーやオードリー・ヘップバーンなど海外のスーパースターや石原裕次郎（本書の第6章の註2を参照のこと）など当代のビッグスターを指すときに使われていた。

第4章　女性の実存を生きる
――満島ひかりの身体の演技

1　満島ひかりの登場――『愛のむきだし』『カケラ』

満島ひかりが役者として最初に鮮烈なイメージを焼き付けた作品が、園子温の『愛のむきだし』（二〇〇九）である。「かかってこいやあ！」「黙れバカども！」と汚い「男言葉」で叫びながら、不良集団の男たちを次々にカンフーで叩きのめすヨーコを演じる満島ひかりは、解体業者で働き、家を破壊し、モノを叩きつけて快楽を感じている女子高校生だ。父親の性的虐待によってすべての男を敵と見なすようになった彼女は、日々、疲れるまで叫んで、街の男たちに喧嘩をふっかけ、徹底的に痛めつける。むき出しのエネルギーが画面を突き抜けて観る者に迫ってくる、まさに怪演というべきパフォーマンスで、満島ひかりは日本映画史におけるまったく新しい女性像を演じた。

小さな身体から繰り出される俊敏なアクションや、観客の情動を触発する発声法が、この映画の男根的なるものへの「抵抗」とそこからの「解放」を代弁する。「男なら何でもぶっ飛ばす」と鬼気迫る表情で訴える満島は、徹底して男性的なものを打ちのめす。そもそもこの作品は二〇世紀までの家父長的近代家族が崩壊した二一世紀的フィルムである。安藤サクラは父親の男根を包丁で切り落とし、渡辺真起子は恋人の渡部篤郎へ強引に襲いかかる。すなわち、この作品には近代的家族や女と男の関係がほとんど存在していない。主演の西島隆弘が演じるユウも、女装したもう一人の人物サソリとしてヨーコと出会い二人は「女同士」として恋に落ちる。

近代的家族の抑圧からの「解放」と同時に描かれているのが、近代的な異性愛や男性のまなざしによって見世物化される女性性からの「解放」である。姉御サソリに会って恋に落ちた満島ひかりは彼女を想ってマスターベーションに耽る。満島はレズビアンかもしれないと自問自答し、女だと思っているサソリに対して「女の人が女の人好きになるって変ですかね?」と問いかける。この後も女同士の性的描写は過激になっていく。満島はサソリの正体が自分だと偽る安藤サクラと舌を絡めてキスをし、ベッドの上で体を求め合う。一方、男には唾を顔に吐き捨て、次々と叩きのめす彼女は「家族だけはもう嫌」と叫んで二〇世紀的女性像を転覆させるのである。

ジェンダー・セクシュアリティの解放を、この時期の彼女は引き受けていた。とはいえ、この視点から見れば『愛のむきだし』が突き抜けた女性性の「解放」をラディカルに表現しつつも新興宗教に洗脳され、拘束された彼女が、最終的にサソリに扮するユウに対して「あなたは男の中の男よ」と愛を表明し、正気に戻ったユウが勃起するエンディングは、(作り手の)近代的な異性愛への回帰の欲望を表しているといってよいだろう。その一方、翌年に出演した安藤モモ子の『カケラ』(二〇一〇)は、異性愛規範を覆す同性愛映画である。

桜沢エリカの少女コミック「ラブ・ヴァイブス」の映画化作品である本作は、女子大生のハルを演じる満島ひかりとメディカルアーティストのリコを演じる中村映里子の女同士の愛情を描く。「どうせなら男とか女とかより自分にとって気持ちいい人と触れ合いたいじゃないですか」とカフェで出会ったリコにいわれ、ハルは満たされない彼氏との関係に疑問を抱き始める。「男も女も人でしょ」というリコの価値観によって近代的異性愛の二元論は相対化される。そうして二人は急速に接近し、親密な関係を築き上げるのである。

『カケラ』のカメラは、エロティックに女体を捉える男性的まなざしを排除して、細部を触感的に描いてゆく。あるいは女性の生態として一般の日本映画であまり映し出されることのなかった、満島ひかりが便所で用を足すシーンを序盤から描く。男性の排尿シーンは川島雄三を始めとして、幾度も映画で描かれてきたが、女性の排尿は稀であり、男性的エロスのまなざしのもとに隠蔽されてきた。本作には生理になってナプキンをつける描写もある。安藤モモ子から化粧も毛の処理も禁止された満島ひかりは、脇毛も伸ばしたまま撮影に入り、男に体を求められる時にそれは可視化する。ただし、あくまでも自然体な姿としてであって、全編を通して便所やセックスの描写において、彼女の肉体は男性観客の視線の先に見世物としてカメラに捉えられることはない。『カケラ』は、二元論的異性愛を脱構築すべく雄弁に語る映画ではなく、それを脱するために自然体の女同士の愛や営みをひたすら触感的にスクリーンに映し出す映画なのだ。

二〇一〇年代にゲイやレズビアン、トランスジェンダーなどセクシュアル・マイノリティを扱った映画が飛躍的に増えた。多くは商業主義的な企画で杜撰であったり、ステレオタイプに満ちた映画だったりしたが、本作は女同士の愛を正面から自然に描こうとしたフィルムだといえる。このような先駆的な作品に出演していた満島ひかりだが、二〇一〇年に公開された『川の底からこんにちは』(石井裕也)の後、二〇一〇年代は良質な映画にあまり恵まれなかったように思う。むしろその資質はテレビドラマで存分に発揮されていくことになる。まずは大根仁と組んだ同年の深夜ドラマ『モテキ』（二〇一〇）から見ていこう。

2　大根仁による満島ひかり――『モテキ』のグルーヴする身体

九〇年代からすでに幅広く活動していた大根仁がまずその才能を開花させたのは、深夜番組で総合演出をした『演技者。』（二〇〇二）だろう。彼はここで小劇団の作品をジャニーズのタレントでドラマ化するという新しい映像制作を経験する。映像ディレクターとしての大根仁を考えるにあたって、最初の転機は二〇〇二年と見ていい。それはおそらく彼が、企画と演出次第でいかにドラマが面白いものになるかをここで体感したからだ。その後もテレビ東京を拠点として、深夜ドラマの異色作を次々と生み出した。そして、二〇〇〇年代に培った演出／撮影技法が結晶化した大根仁の傑作が、久保ミツロウの漫画をドラマ化した『モテキ』である。斬新な映像感覚と演出力が光る『モテキ』は、視聴率こそ振るわなかったものの、ツイッターを中心に話題となり、ＤＶＤも順調に売り上げを伸ばす。すぐにドラマの続篇として映画化された『モテキ』（二〇一一）は、興行収入二二億円以上のヒットを記録した。

『モテキ』は、モテない草食系の藤本幸世（森山未來）に突如「モテ期」が到来し、女性たちに翻弄されていく話である。まずはドラマ版『モテキ』にいたるまでの大根の演出／撮影について確認しておこう。彼は『演技者。』で、あらかじめカット割りをしてその通りに撮影していく方法をやめたという。すなわち、バラエティやライブなどの撮影のようにカット割りせずに数台のカメラで撮っていく手法に切り替えることによって、「想像できない独自の画を作ることができる」ようになった。*1

カット割りは必要なものを計算して撮る方法だが、大根は長回しで不必要なものまでまとめて撮っておく。後から「必要な要素を抜き出して再構築する」このような方法論は、大根自身がいうように「短くシーンごとに区切って撮影するのではないから、役者も演技が途切れずにグルーヴ感が生まれる」[*2]。そして演出／撮影の面でさらなる転機となったのがドラマ版『モテキ』であった。

この作品で大根は、現場でモニターを見ることすらやめてしまう。手持ち無沙汰になった彼はサブカメラとして撮影に加わり、自身もカメラをまわすことになるのだ[*3]。低予算という条件もあって『モテキ』には、街でのゲリラ的撮影と芝居の自由度を高めるためにデジタル一眼レフが導入され、「ライブビデオの撮影のようにディレクターが大筋の指示をして、あとは各カメラマンが自分のセンスでおさえた映像を後から編集する」[*4]撮影方法が採用された。従来のカット割りでは、監督の意図した演出や構図が反映されるのに対して、複数のカメラをまわしっぱなしにして撮影される映像は、意図しない映像や俳優の表情が偶然撮れる。それをしつこい編集作業によってすくい上げる彼の方法論は、デジタルメディア時代にこそ可能なのであり、こうした実践から『モテキ』の突き抜けるような解放感とダイナミズムが映像に形づくられていったのだ。

デジタルメディア時代におけるこのような彼の演出／撮影と、それに応える満島ひかりのパフォーマンスが凝縮されているのが第六話である。満島ひかり演じるサブカル系の中柴いつかは誕生日パーティーで、処女を「ドブに捨てた相手」である墨田（リリー・フランキー）と、片思いで失恋した島田（新井浩文）に再会する。以前、島田の結婚式で写真係を頼まれたいつかは、その日に墨田に唆されて処女を捧げてしまっていたのだ。幸世は一次会で帰ろうとして泣き崩れてしまったいつかを漫画喫茶でなだめるが、不本意なかたちで処女を喪った彼女に自分を重ねて突然「ケリをつけにいこう！」と言い放ち、強引に彼女を連れて二次会のカラオケ店に向かって駆け出していく。[*5]

カラオケルームの前での二人の対話はクロースアップによる切り返しショットだが、この後を予兆するかのごとく手持ちカメラで胎動するような揺れが加えられる。部屋に突入した彼女は、神聖かまってちゃんの『ロックンロールは鳴りやまないっ』を選曲、この場面で満島ひかりの小柄な身体から発せられる悲痛な〈叫び〉と壮絶なエネルギーに、おそらく多くの視聴者が圧倒されたに違いない。だが、このシーンに放出される強度は、狭いカラオケルームで満島ひかりの周囲を旋回する手持ちカメラが、彼女の躍動する身体を徹底して捉え損ねることによって成立している。

曲の前半、彼女はつぶやくようにしか言葉を発することができないが、「ドン引きされている」ことを示す彼女の主観ショットとモノローグ、そこに重ねられる過去の映像《フラッシュバック》を経て、曲の後半では〈叫び〉とともに過去を断ち切り、乗り越えようとする。ここで、それまで多用されていたモノローグが消失する。だが、曲の途中まで小刻みに揺れながら静観していたカメラが満島ひかりと取り結ぶ関係が、一気に変化するのもこの瞬間からである。上下左右へと躍動しフレームからはみ出ていく身体、感情をむき出しにしてシャウトする彼女にカメラは焦点を合わせることができず、距離感を失いながら必死に彼女を捉えようとする。曲の前半で手拍子を添えていた連中は、彼女の〈叫び〉を前に、ただ圧倒され、沈黙するしかない。満島ひかりの身体の躍動と、すれ違い続ける大根のカメラの協働こそ、彼女の衝動と怒りを観る者に伝える最良にして唯一の方法であった。

二〇一〇年前後は満島ひかりが日本映画史に比類ない身体イメージを刻印した年である。物理的な身体の「動き」を過剰に見せる園子温や大根仁などのカメラワークによって、画面の満島ひかりの運動イメージは「グルーヴする身体」と呼ぶべき相乗効果を得る。フレームを突き破る躍動的身体——

満島ひかりは、デジタル化するスクリーンの平面的な肌理に、俳優の肉体性を立体的に立ち上がらせる。その運動はデジタルな画像に回収されることを拒み、躍動し、悶え、叫び、泣き、欲望する人間的な生々しい肉体を刻み込んだのである。

3 坂元裕二のテレビドラマ――「会話劇ドラマ」の脚本術

二〇一〇年代の満島ひかりの演技を考えたとき、欠かすことができないのは坂元裕二脚本のテレビドラマだろう。フレーム外部へとエネルギーを放出させていく園子温や大根仁との協働がこれまでの映画女優には見られない過激な「動」を志向していたとするならば、坂元ドラマの満島ひかりの身体イメージはむしろその過剰な運動を抑制し「静」へと転ずる。正確にいうならば、身体の躍動的なアクションではなく、内面の心情を声のトーンや瞬間的な身振りによって絶妙に表現するのだ。躍動から抑制へ――いいかればそれは、身体の視覚的運動から「声の肌理」や「手の動き」(とりわけ指先)といった細部における聴覚・触覚的表現への転換を意味する。

坂元裕二がテレビドラマ史にその名を刻印し、広く知られたのは一九九〇年代を代表するトレンディドラマ『東京ラブストーリー』(一九九一)だが、彼の作家性がより凝縮され、作品に結実したのは『Mother』(二〇一〇)以降に制作された近年のテレビドラマである。『東京ラブストーリー』が都会に生きる若者たちを日常生活の中で描く純愛ドラマだったとすれば、『Mother』以降の『それでも、生きてゆく』(二〇一一)、『Woman』(二〇一三)、『カルテット』(二〇一七)、『anone』(二〇一八)などでは、もはやありふれた日常は前提ではない。こうした二〇一〇年代の作品では擬似家族や被害者/加害者家族の関係性を軸に、母と子の愛憎や「贖罪」の主題が濃密に描かれ、日常を当たり前のように生きていくことが困難な登場人物たちが、常に「普通の日常」を切望し、自分の「居場所」を求め彷徨う――「普通の生活を手に入れる方法を考えるの」(『Mother』第四話)。

一九九〇年代から二〇〇〇年代にかけての坂元ドラマは、たとえば織田裕二や内田有紀、天海祐希、矢田亜希子、堂本光一、深田恭子、玉木宏などのスターとともに、一流企業やテレビ局といった華々しい場所を舞台に、どこか非現実的な世界に生きる人物を描いてきた。だが『Mother』を契機として松雪泰子、満島ひかり、瑛太(現・永山瑛太)、田中裕子、松たか子、広瀬すずなどを迎えた二〇一〇年代には、社会から切り離され、過酷な状況に追いやられて、日のあたらないような暗い片隅でひっそりと生きることを運命づけられた人物を生々しく描くようになった。とりわけ『それでも、生きてゆく』、『Woman』、『カルテット』は、満島ひかりにとっても坂元裕二にとっても、この時代の代表作だといえるだろう。

坂元のドラマは、岡室美奈子によれば「常にこまやかなセリフやささやかな行為をとおして生きていくことの痛みを表象」し、その「過酷な状況のなかで、人はどうやって分かり合えない他者に想像力を働かせ、絶望せずに語りかけ続けられるのか、人はいかによく生きていくかを問い続けている」[*6]。そのプロセスで前景化するのがコミュニケーションの不可能性だ。[*7] 坂元脚本で独創的なのは、コミュニケーション不全に陥った人物同士の軽妙かつ奥深い台詞のやり取りである。すなわち、坂元ドラマのストーリーテリングの本質は、事件中心の刺激的なアクションや記号を操作するような物語展開ではなく、他愛もない日常会話にあるといってよい。「重視するのはキャラクターより関係性」で「相容れない人間たちが何を話すか」を書きたいのだと主張するこの作家は、自身のシナリオについて次のように話している。

結局、言ってることと頭の中のことは違うでしょ、っていうのが説明しないことの全てなんですよね。だからモノローグが嫌いなんです。やっぱり僕は、思っていることが表に出るはずがないと考えているところがあって、そこに触れることは本人ですらできない、ブラックボックスのようなものだと思っているんです。[*8]

坂元は別の場所で自分のことを「雑談マニア」[*9]と述べている。坂元脚本の妙味は、直接は物語進行に関係なさそうに見える話題によってコミュニケーションを展開させ、ドラマの本質的な問題にいつの間にか踏み込んでしまうところである。考え抜かれた秀逸な台詞の掛け合いで、ただちに思い出されるのが『カルテット』の「唐揚げのレモン」や『Woman』の「ちくわのチャーハン」の話題である――「いや、まぁ…ちくわのことから、ここまで遡るとは思わなかったな…」(『Woman』第三話)。「ちくわの話」をさせたいのではない。表層のやり取りの裏側では人物同士の歴史的な関係性を伝える別のドラマが進行しているのだ。

坂元ドラマは、テレビドラマのセオリーに抗うように、いい淀みやつっかかりといった「ノイズ的要素」を脚本に織り込むことで、「わかりやすさ」を放棄しつつも「まるで私たちのすぐ横で交わされている会話のような、リアリズムの獲得に成功している」[*10]。普段の生活において私たちは通常のドラマのように流暢に話すことはほとんどない。つっかえたりいい直したりしながら日常会話は進んでいく。こうした日常のリアリズムを創出する点でもっとも重要なのが俳優の演技である。この「坂元的リアリズム」を創り上げる役割を担ったのが、満島ひかり、瑛太、田中裕子、二階堂ふみ、高橋一生、松たか子など二〇一〇年代に坂元裕二と組んだ俳優たちだ。とりわけ後で分析していく『Woman』における満島ひかり、田中裕子、二階堂ふみのアンサンブルが築き上げた日常的リアリズムは卓抜である。

行為に対する台詞／対話の優位——換言すれば「何をするか」ではなく「何を話すか」に作家の最大の関心が向けられていることに注意すべきだろう。この点において見逃してはならないのが脚本での考え抜かれた「敬語」の使い方である。彼はインタビューで『それでも、生きてゆく』を、「自分のなかの文体みたいなものが見つかったドラマ」とし、この作品で「距離感を伸ばしたり縮めたりできる」敬語を「発見」したと語っている。[*11] 実際、『それでも、生きてゆく』以降の坂元ドラマでは、親しい関係や同年代の対話でも敬語を混在させることで、その状況に応じた絶妙な心理的距離感が演出されている。だが私見では、肉親でありながら絶縁した母子関係を描いた『Woman』における敬語の使用がもっとも有効に作用している。そしてそれは日常的リアリズムの女優・満島ひかりという稀代の才能をともなって最上に活かされたと断言できる。

行為（何をするか）から対話（何を話すか）へ。この脚本家の欲望は、俳優の視聴覚的な情報＝演技、すなわち「どう話すか」によって昇華される。要するに、日本語のもつ特有のシステムを駆使して緻密な「会話劇」を創り出す坂元裕二のドラマにあって、身体の運動や声のトーンをいかに台詞に与えるかが重要なのであり、それを解明するための最適な対象は、『Woman』における二〇一〇年代の名コンビ・満島ひかりといって間違いない。しかもこの女優の表現力は、田中裕子という名優を相手役に最大限に引き出され、数々の名場面が生み出されている。これから詳しく分析していくのは

『Woman』のクライマックスにあたる第九話において、母と子の和解を描いたワンシーンに記録された満島ひかりの演技である。

4 『Woman』の母と娘の対話

『Woman』は、『それでも、生きてゆく』に連なる被害者/加害者と捨て子の母子関係、擬似家族が重なり合った重厚なテーマの作品だ。夫の青柳信（小栗旬）を電車の事故で亡くしたシングルマザーの青柳小春（満島ひかり）は仕事と子育ての両立ができず、小さな娘と息子を満足に食べさせることもできない。彼女は生活に困窮し、かつて自分を捨てて出て行った実母で、いまは再婚して娘もいる植杉紗千（田中裕子）と二〇年ぶりに再会する。病気も発覚し、ますます子育てが困難になった小春は母の家族を頼ろうとするが、夫を死に追いやったのが母の再婚相手との娘・栞（二階堂ふみ）であるという真実がわかってくる。重層的に絡みあう母と子の濃密な関係を描きながら、それぞれが少しずつ心を通わせていく、贖罪をテーマとする本作は、言葉遣いによって母と娘の距離感が絶妙に演出される見事な「会話劇ドラマ」になっている。

まずは手始めに、どのように「敬語」が効果的に使用されているかを第一話から確認することにしよう。小春が生活保護を申請し、役所が扶養紹介状を実母に送ったところ援助の意志を示したために受理されず、彼女は取り下げてもらおうと二〇年ぶりに母の紗千のもとを訪れる。居間での二人の対話はこんなふうに進行する。[*12]

紗千「あの子たち結構食べる?」
小春「……」
　小春、机の上に置かれた漫画本を見る。
紗千「娘が買ってきたのよ。結構面白いのよね」
小春「……」
　紗千が座布団を出す。
紗千「どうぞ。えっと、おろし金はと…」
小春「えっと…。渋谷の福祉事務所から「生活保護の扶養照会」っていうのが届いたと思うんですけど、手違いなんです。かえって生活保護の受給がちゃん…ちゃんとというか、色々あるので、援助の話は取り下げていただきたい感じで」
紗千「…はい」
小春「用事? 用事っていうか、今日伺ったのはそれだけなんで」
紗千「…はい」
小春「はい」
紗千「いや、あ、じゃあ、あっ、そうめん食べてって」
　このシーンの見事なよそよそしさは敬語の使い方にある。二〇年ぶりに訪ねてきた娘を受け入れるようにつとめて普通に話しかける母に対して、娘は終始敬語を使うことで壁を作って遠ざける。丁寧語の使用だけではなく、特に血縁関係にある母に娘が「伺う」や「いただく」といった謙譲語を使うと、よりいっそう相手を他人として突き放す印象が生み出される。それを受けた母は肉親であり目下の子供にはおよそ使うことのない「はい」で返答する。その後、ぎこちない雰囲気のなか「そうめん食べてって」と母は再び距離感を近づけて母子家庭の話題になっていく。

母の言葉が気に障った娘は「二人だったら簡単にできることが一人だと急に難しくなる…なりますし」と一瞬、不意に敬語を崩した話し方になりかけたところで、敬語を使い直す。そうすることで一定の距離を保とうとするが、子育ての困難さを話し始めて感情的になると「だけど私、母親から愛情なんてもらってなかったから」と母を睨んで言い放つ。こうして感情に照応した言葉の選択で、他者との心理的距離感が巧妙に操作されるのが坂元ドラマ独特の対話なのである。

言葉の使い方による母子関係の緩やかな変化は、ドラマ前半の第三話にやってくる。紗千の夫（小林薫）が小春たちに「ご飯食べていって」と話すと子供は喜ぶが、小春は「家で食べよう」という。再び「食べてってよ」と誘う彼に対して「嫌だっておっしゃってるじゃない」と洗濯物を畳みながら母は話す。食卓で「ちくわの話題」になり、小春と母は言い争いを始める。口を出したと怒る母に「何をおっしゃってるのかよくわかりません」と返す娘。両者の尊敬語の使用がお互いの距離を最大限引き離していることがわかる。

喧嘩中に帰宅してきた娘の栞は玄関で話を聞いている。苦労して一人で育ててくれた「大切なお父さん」を擁護する小春。栞は母がかつて日常的にひどい暴力を受けていたこと、小春がいい父親だと思っていた男は「人間のクズ」だということ、自分の父は母を「奪った」のではなく「助けた」ことなどの秘匿されていた真実を話す。長い時を経て小春は母を誤解していたことを知る。そしてドラマ前半のハイライトとなる名場面が、静かに彼女が母の家を出ようとする玄関のシーンだ。

玄関に見送りに来ない紗千が居間の机を拭いている。

小春「ありがとうございました」

小春が紗千に向かって話すと、紗千は背を向けたまま手をとめる。

小春「チャーハン…おいしかったです」

何も答えない紗千。

小春「植杉さん、ありがとうございました」

母と娘の間で使用されていた丁寧語はここにきて異なる機能を帯びる。表面的には小春が母に発した初めての感謝の言葉だが、この台詞の丁寧さは、それまでのように相手を突き放すものではない。母を「あなた」と呼んでいた娘は、「植杉さん」という言葉を使う。ただしこの言葉はそれまでのように他人行儀な冷たいメッセージとして母を突き放すのではなく、長く誤解し続けてきた母とその家族から自分を切り離す作用がある。娘は自分を捨てることを「選択」した理由を知り、母の裏側（人間の表裏は坂元ドラマに繰り返し現れる要素）を垣間見ることで、憎しみの対象でしかなかった母の過去の苦悩を初めて認識する。満島ひかりは、この短い発話に言葉それ自体がもつ意味以外の、単純な言語化を拒むような混淆した感情を乗せる。二人の複雑な関係性の歴史をこれほど短い台詞と表情で表現できる女優はほとんどいないだろう。

コメディからシリアスな役柄まで幅広く演じられる満島ひかりの優れた点は、演じているように見えない自然体の演技によるリアリティのある存在感だけではない。彼女の演技の特徴としてまずあげられるのは、音感の良さからくるリズム感と緩急／抑揚のある音楽的な台詞まわしである。かすれた声をここしかないというタイミングで発し、声を震わせたり裏返したりと自在に操るテクニックも持ちあわせている。しかしながら何より素晴らしいのは、怒りと悲痛を織り交ぜる激情の表現や、喜びと悲しみを混在させる複雑な表現、すなわち演技における「意味の重層性」である。*13 坂元ドラマは時に、もっとも雄弁に語りうるところで、あえて最小限の言葉に抑制してドラマを展開させることがある。そのコミュニケーションは、満島ひかりの声と身体の所作をともなって唯一無二の表現に到達するだろう。

5 満島ひかりの「手の演技」

『Woman』でもっとも心を揺さぶられるのは、母と娘の和解を描いたクライマックスの第九話である。まずはそれまでの展開を簡単に確認しておこう。栞が、かつて電車で小春の夫を痴漢だと嘘をつき、死にいたらしめたことを母に打ち明ける。小春の夫は酔ったサラリーマンにホームで突き落とされたのだが、栞の嘘がなければ彼が死ぬことはなかった。母は栞を守るため、小春を家に近づけないと誓う。

一方、小春は再生不良性貧血という難病であることが発覚し、子供の将来のために植杉家に一緒に住まわせてほしいと頼み込みにいく。母は拒絶するが栞が罪の意識から一緒に住むことを提案し、小春たちは生活を共にすることになる。やがて栞は耐えられず自分の罪を小春に告白する。栞は家を飛び出し、小春は激怒して帰宅した母を追及する。第八話で再び使用される「植杉さん」という呼びかけは意味が一変し、栞を庇って自分の責任だと小春に謝る母を、徹底して突き放す台詞として機能する。小春が激昂し、母がすがりつく悲痛なやり取りのシーンでも敬語を崩したり、あえて使用したりと感情の起伏にあわせて絶妙に関係性がコントロールされる。そして母の骨髄が適合しないことが判明し、ドナーになれないことを小春に告げる第九話の場面――。

「ごめんなさい。無理でした…」と紗千が呟き、「はい」と明るく返す小春。二人は小春の夫が最後に食べた料理を一緒に作っている。何度も「ごめんなさい」と謝る母。娘は「やめてください」と返す。台所に立つ二人の母が「雑談」しながら料理の手を動かす。そこから遡って幼少期の思い出話になると、二人は昔よくやったあやとりを空中で始める。包丁がまな板を叩く音や鍋のグツグツ煮える音を背景に過去の記憶を共有して、二人の距離が一気に近づいていく。これまでの距離を遠ざけるような敬語ではなく、一つずつ言葉を選んで紡ぎ出すような穏やかで丁寧な敬語に変わり、二人の間に立ちはだかっていた壁が次第に消えてゆく。

だが、その心地よい対話が破壊される瞬間が訪れる。それが「私ね…」と小春が話して沈黙が流れ、突如、敬語をやめて「返事して」と強い口調に変化する場面だ。「なに?」と答える母に小春は「子供たちいなかったら、別にいいやって思ってたと思うの」といってもう一度、「返事して」という。母は静かに「うん」とだけ答える。ショットが切り替わり、二分五秒の長回しで進行するドキュメンタリー映画のような緊迫感のあるリアリズム――この名場面は次のように展開する。

小春「それぐらい許せないんだよ。あなたのことも、あなたの娘のことも。許せないんだよ」
紗千「うん」

小春「それはねぇ、一生…一生なの！」
紗千「うん」
小春「そんな人たちに頼らなきゃいけない自分も許せないの」
紗千「うん」
小春「ねぇ」
紗千「うん」
小春「嫌なんだよ」
紗千「うん」
小春「許せないんだよ」
紗千「うん」
小春「助けてよ」
紗千「うん…」
小春「許せないんだよ」
紗千「うん…」
小春「助けてよ！」
紗千「うん」
小春「ねぇ…」

紗千「うん」
小春「お母さん。お母さん……。お母さん……!」

満島ひかりの「ねぇ」と田中裕子の「うん」の卓越した掛け合いは、壁も言葉もすべてを取っ払った真実の対話である。二人の俳優は「音像の応酬」によって、言葉では言い表すことのできない重層的なメッセージを交換しあう。そしてその言葉を超えたやり取りは、最後に満島ひかりの身体へと結実する。それはいわば「手の演技」といえる瞬間の身振りである。

敬語をやめることで距離が縮まり、「嫌なんだよ」と発するときの満島ひかりの手は、二人の間に再びそびえたった壁を突き破るように田中裕子の肩を押す【図4-1】。続いて「許せないんだよ」と微かに声を震わせて言い放つ彼女の手は、母の肩を叩くようにもう一度押す。次の「助けてよ」という台詞は、初めて娘が母に弱音を吐く、このドラマの決定的転換にあたる言葉だといえる。このとき彼女の手は「押す」「叩く」に加えて、母の肩を強く「掴《つか》む」「手繰《たぐ》る」「縋《すが》る」表現に変化するのである【図4-2】。後者のメッセージをもっとも代理して伝えているのは、彼女の指先の絶妙な運動だ。

そして二回目の「助けてよ!」における彼女の手は、母の肩を二度叩いてから三度目に力強く掴んで、しがみつくように、縋りつくように揺さぶる。その娘の手はしっかりと母に握り返される。ここにいたってようやく二人は初めて互いに視覚的にも心理的にも等しくつながり、心を通わせるのである。娘が初めて口にする「お母さん」という言葉とともに、二〇年の時を超えて二人は強く相手を手繰り寄せ、抱擁し、親子の存在を確かめあうのだ。

坂元はインタビューで「私が死んだらこの子たちをお願い」という台詞を初めから「終盤で書く」と決めていて、第一話からそこに向かって書いていたが、現場で満島と監督によってカットされたと話している。曰く「脚本がそのセリフを言えるような気持ちまでもっていけてなかった、積み重ねが足りてなかったっていうことなので、敗北感みたいなものを感じましたね[*14]」。だが満島自身、この言葉をカットした理由を次のように語っている。

たぶん、裕子さんとだったら言わなくてもわかると思ったんですよね。(…)裕子さんと一緒のときは、ほんの少しでたくさんのことが伝わるから。セリフがちょっと多すぎるかなって思うこともありました[*15]。

図4-1 『Woman』(日本テレビ系、2013)

図4-2 同上

坂元の「会話劇ドラマ」への満島の「抵抗」は、きわめて正しい選択だった。なぜなら言葉をできる限り抑制し、わずかな表情の変化と身体の動きによる対話によって、このシーンは、言葉がもつ意味を優に超える、この上ない豊かな表現が達成されているからだ。もちろんこの満島の演技は、感情の波をすべて「うん」という豊富なヴァリエーションの発話と肯くアクションだけで受け止める田中裕子の天才的な演技があるからこそ成立する場面でもある。満島ひかりと田中裕子は表情や身振り、あるいは立ったり座ったりするだけでも、言葉以上の意味を伝えることができる稀有な女優である。

言葉よりも饒舌かつ雄弁にメッセージを伝える最小限の音と手の動きのアンサンブル——満島ひかりは、坂元裕二の文字テクストを、身体反応という非言語的な力を使ったミニマルな即興的演技で映像化し、一人のシングルマザーの〈生〉を生々しく画面に息づかせたのである。緻密な会話劇で関係性の変化を積み上げた脚本家と、言葉のやり取りに身体表現を織り交ぜてゆく俳優の共闘。その相乗効果は、まさにこのシーンの満島ひかりの「手」に結晶化しているのだ。

二〇一〇年代頃から活躍した満島ひかりは、身体の爆発的なエネルギーをスクリーンいっぱいに放出させ、「男性的」な言動でそれまでの女性像を破壊した。そのエネルギーを一言でいえば身体の〈叫び〉である。同時に彼女は、それまでカメラが隠蔽してきた排泄や生理、生々しい毛を露わにし、セクシュアル・マイノリティが頻繁に描かれるようになった二〇一〇年代的な女性性を先駆的に演じ切った。男性観客のために女同士のエロティシズムを見せるのではなく、女を欲望する女に実体を与えたのである。

その後、シングルマザーを演じた満島ひかりは、爆発する躍動的身体を抑制し、指先や声のトーン、間を使って母の実存をリアリティをもって刻印した。歴史的に構築されたジェンダーを打ち破ることから転じて、母を引き受けたといってもよい。それは戦後に高峰秀子が担った日本を包摂する抽象的な母性ではなく、社会の底辺をもがきながら生きる具体的な母の姿であった。満島ひかりは誰かに依存していなければ生きていけないというような近代的異性愛規範をほとんど演じていない。個として一人逞しく生きていく女性の強さを誰よりも体現したのである。

註

＊1 『21世紀深夜ドラマ読本』洋泉社、二〇一五年、七四頁。
＊2 片山正通『片山正通教授の「未来」と「仕事」のつくり方』マガジンハウス、二〇一七年、三〇〇頁。
＊3 前掲『21世紀深夜ドラマ読本』、七八頁。
＊4 大根仁「THE PERSON 深夜ドラマから映画化へ！」、『GALAC』二〇一一年六月号、四頁。他のインタビューでも大根は、撮影はざっくりしているが脚本と編集はしつこいと述べ、「カット割したらその通りにしかならないじゃないですか。偶然出てきちゃったものを探すのが一番楽しいですから」と話している（「この人に訊く！」、『ROCKIN'ON JAPAN』二〇一六年一月号、二七五頁）。
＊5 大根仁の作品にあって、居酒屋、カラオケ、フェス、編集部などは物語が転換する特権的な拠点となっていることを言い添えておく。
＊6 岡室美奈子「極私的テレビドラマ史」、『テレビドラマ博覧会——テレビの見る夢』早稲田大学坪内博士記念演劇博物館、二〇一七年、三五頁。
＊7 本書では紙幅の都合上省いたが、坂元裕二のドラマにおける作品を超えた共通する主題やモチーフである「贖罪」と「居場所」、時間の「不可逆性」、人間の「表裏」（二面性）に関しては以下で詳述している。北村匡平「坂元裕二ドラマ『Woman』論——満島ひかりの手の演技」、『ユリイカ』二〇二一年二月号、一二六—一三六頁。
＊8 坂元裕二（聞き手＝岡室美奈子）「テレビドラマの真ん中で」、『ユリイカ』二〇一二年五月号、一一五頁。
＊9 坂元裕二『脚本家 坂元裕二』ギャンビット、二〇一八年、九頁。

＊10　ヒコ「坂元裕二の「言葉」――光と闇が混ざり合う、この世界を慈しむこと」、『美術手帖』二〇一八年二月号、三三頁。

＊11　ヒントになったのはUstreamなどの「プライベートな雑談」で、「敬語がタメ口に混ざったり、会話のなかで自由自在に乗り換わっていく」ため「全部吸収して、自分の言葉」にしていったという（坂元裕二、前掲『脚本家 坂元裕二』、九頁）。

＊12　本書で引用するのは脚本の時点の対話ではなく、演出・編集後に作品として仕上がった画面上のものである。

＊13　満島ひかりと坂元裕二の対談で坂元が「満島さんが喋ると全部、二重の意味があるように聞こえるんです。絶対そのまんまに聞こえないですよね」と述べているのは示唆的である（坂元裕二、前掲『脚本家 坂元裕二』、三三頁）。

＊14　同前、一〇頁。

＊15　同前、三四頁。

Sequence B
敗北する身体——傷つく男たち

第5章　敗戦からの遁走
——フランキー堺の〈喜劇性〉

1　ジャズ・ドラマーと喜劇俳優

映画史には、この役者以外にいないと思わせるほど見事に作家の思想を体現する俳優がいる。ジョン・フォードにはジョン・ウェイン、フェデリコ・フェリーニにはマルチェロ・マストロヤンニ、ジャン＝リュック・ゴダールにはジャン＝ポール・ベルモンド、マーティン・スコセッシにはロバート・デ・ニーロ、黒澤明には三船敏郎、小津安二郎には原節子、増村保造には若尾文子、吉田喜重には岡田茉莉子……といった具合に厖大なリストができあがる。川島雄三において名コンビをあげるなら、フランキー堺ということになるだろう。川島映画を川島映画たらしめたのは、フランキー堺という類まれなる才能をもった俳優以外に考えられない。

一九二九年、鹿児島生まれのこの喜劇俳優は、もともと役者ではなくミュージシャンだった。慶應義塾大学に在籍中からゲイスターズのドラマーとして活動し、卒業して与田輝雄とシックス・レモンズを結成、テレビ放送が開始された一九五三年にはＮＨＫの番組にその楽団のドラマーとして出演している。同年、中村登が『岸壁』のキャバレーのシーンで本物の楽団を使いたいといってフランキー堺らは映画に出演する。当然、ジャズ・ドラマーとしての出演だった。俳優としての映画デビューは新東宝で撮影された『青春ジャズ娘』（一九五三）である。すでに一流のジャズ・ドラマーとして広く知られていたフランキー堺は、その後もジャズ物映画に、ある時は楽団で、ある時は役者として出演し、映画製作を開始したばかりの日活と契約、『猿飛佐助』（一九五五）で本格的な主演を果たす。川島雄三の映画に出演したのはその翌年、川島が松竹から日活へ移動して最初に撮った『愛のお荷物』（一九五六）である。そして川島雄三の代表作であり、俳優としてのキャリアを決定づける運命的な作品『幕末太陽傳』に主演するのが、一九五七年のことであった。

川島雄三とフランキー堺はお互いにとって欠かせない存在となった。喜劇という触媒が二人を結びつけ、日本映画史の喜劇は新たな局面に到達する。川島のもつ独特な空間と演出、フランキー堺の身体イメージが見事に符合したのが『幕末太陽傳』を始めとする川島映画だったのである。川島映画におけるフランキー堺の「新しさ」を論じた映画研究者の小倉史は、『幕末太陽傳』を中心に、階級的な枷を自由自在に超越する「道化的身体」と、器用に動き回るフランキー堺の動きを困難にする川島演出の制約から生まれる「ヴァイタリティ」こそが、新しいタイプの喜劇性だったと論じている。[*1] ここで重視されているのが、設定上の「肺病病み」という身体的な枷と、フランキー堺の自由な動きを封じるような過剰な「注文」という演出上の枷であり、そこからの「逃亡」＝非定住性が独自の活力（ヴァイタリティ）を生み出すというロジックである。

川島映画のスクリーンにおけるフランキー堺の躍動は、間違いなく新しい〈喜劇性〉をともなっていた。だが、それは彼のスターイメージが称賛された条件と、川島の演出が同時代的に担った訴求力を映画史のなかで相対的に位置づけた上で論じるべきではないか。いわば、文化的コンテクストがいかに〈川島＝フランキー〉のテクストを生成させたのかという分析である。さらに、小倉が言及している「枷」は、川島映画におけるフランキー堺を考えるとき、非常に重要な要素だが、本書ではそれをフレーム内に映るモノとの関係から捉え返してみたい。[*2] すなわち、川島の演技への「注文」とフランキー堺のパフォーマンスではなく、川島の構成する映画空間とフランキー堺の身体性、あるいはその運動性との関係で考えたいのである。

2　フランキー堺のスターイメージ――「親近感」と「庶民性」

まずは、フランキー堺が人気を博した背景として、戦後日本の文化的な地殻変動から確認しておこう。彼が一挙に映画スターダムを駆け上がることができた一九五〇年代後半、奇しくもそれはスターを欲望する観客のモードの変遷とぴったりと重なり合っていた。若尾文子について論じた際にも触れたが、一九五〇年代中頃にスクリーンと観客の関係が変化し、新しいタイプのスターが欲望され始めた。[*3] 五〇年代後半にもっとも人気を誇っていたスター女優が若尾文子と美空ひばりであり、彼女たちを価値づける言説は「庶民性」と「親近感」だった。[*4] これは、それまでの観念的なアウラをまとい〈超越性〉を投影した原節子や高峰三枝子、あるいは京マチ子とは異なるタイプ、すなわち、大衆文化を具現化する〈日常性〉を体現したスターが求められるようになったことを意味している。[*5] 同時代の記事を引くと、「かつて、若尾文子や美空ひばりの人気が急上昇した時、映画関係者の多くは「すでに美女の時代は去った」と、いったものだが、この風潮は、いまや男性の上にまで及んできたようだ」[*6] と記されている。事実、この時期にスターダムの頂点で圧倒的な人気を誇っていた男性俳優は、親近感のある庶民的な時代劇スターの中村錦之助だった。[*7]

フランキー堺が当時の観客から称賛を浴びた要因は、こうした文化的変遷のなかでの受容を参照しながら理解されるべきであろう。リチャード・ダイアーは、映画スターを理論的に分析したその先駆的な書物で、パフォーマンスの記号——表情、声、ジェスチャー、体の動き——は、それ自体として意味があるのではなく、文化がそれを意味あるものとし、こうした記号の意味作用は、文化的・歴史的なコードに規定されると論じている。[*8] たとえば、かつての「男らしい」行為が現代からすれば「偏執狂」にしか見えなかったり、古い映画の「優しい」振る舞いが、現在では「ハラスメント」に転化したりすることは大いにある。美しさや可愛さだけではなく、表情や身振り、声などに対する認識の規範も常に移り変わっていくものだからだ。スクリーンにおける演技にかかわらず、メディアを媒介したすべてのパフォーマンスにどのような価値が見出されていたかは、同時代的な言説を無視して論じることは不可能なのである。したがって、まずはフランキー堺を取り巻く共時的な言説において、彼にいかなる価値づけが与えられていたのかを確認しておこう。

フランキー堺のスターイメージは「とにかく、親近感のもてる顔」であると記された一九五九年の記事のなかで、次のような南博へのインタビューが紹介されている。

「フランキーは、いわば庶民的人気のシンボルのような人物だ。やはりテレビの生んだ、新しい型のタレントなのだろう。タレントという言葉は〝才能〟という意味である以上、彼がドラムの名手であり、コメディアンであり、時としては〝私は貝になりたい〟に見られるような悲劇俳優にもなり得る。

つまり、あらゆる才能にめぐまれたタレントだ。(…)この庶民的スターは、庶民の理想とする、堅実な社会人としてのパーソナリティーを、しっかりつかまえているところに最大の強味がある」*9と、南博氏もいっている。

まさに一九五〇年代後半に人気の絶頂を迎えたスターと類似する、「親近感」や「庶民性」を象徴する人物として認識されていたのである。フランキー堺は、活動がフィルムに限定されるようなかつての映画スターというよりも、日本におけるテレビ放送の開始(一九五三)と同時代的にスターダムに登場してきた「テレビ的スター」であった。彼は映画館という非日常的な空間のみならず、テレビ、雑誌、ラジオ、ライブ等、美空ひばりのごとく、さまざまなメディアを越境しながら、人びとの視線に触れた。川島映画をそのまま現実に移したかのように、諸メディア間をせわしなく動き続けたのだ。その複数のメディアにおける遍在性は、彼のもつ特性としての「庶民性」と「親近感」を効果的に観客へと結びつけたのである。

3 川島雄三×フランキー堺——「スピード」と「ドライ」

一九五〇年代中頃、「庶民的」で「親近感」のあるスターが人気を獲得するなか、フランキー堺は、まさにこれらを備えた「タレント」として受容された。だが、当然このようなイメージをもつ役者は他にもいた。それでは、何がフランキー堺という俳優の個性だったのか。彼の印象を語る批評言説をつぶさに見てみると、「庶民的」「親近感」以外にも特徴的なものが浮上してくる。「スピード感」や

「ドライ」という言説である。たとえば、「フランキーが持っている一種のスピード感は、かれが頭をひねって作りだしたものではなくて、都会の巷を見ねえ、スピーディだぜ、という巷間感覚をとらえたものではないかと思う」と当時の批評も論じている。[*10] 彼は、小太りにもかかわらず、機敏な動きや発話の速度によってスピード感と軽快なテンポをスクリーンに印象づける。フランキー堺は、川島雄三が設計する複雑な画面のなかを、そのリズム感のある発話と機敏さで、もっとも生き生きと縦横無尽に駆け回っていた俳優なのである。そのイメージを可能にした条件として、川島の演出を映画史の文脈のなかで確認していこう。

日本映画の黄金期は、「新しい映画」が次々に登場し、それまでの映画を相対化して古臭いものとしていった時期でもある。先述のように、その代表選手が、一九五六年に監督デビューした中平康と一九五七年にデビューした増村保造である。中平は、太陽族映画の一つであり石原裕次郎を大スターにした『狂った果実』(一九五六)の瑞々しい映像感覚で衝撃を与えた。増村は、それまでの日本映画を痛烈に批判しながら、先行世代の映画を徹底的に破壊しようとした。[*11] 日活の中平康、大映の増村保造、松竹ヌーヴェル・ヴァーグ、五〇年代後半から六〇年代にかけて、若い作家たちは古臭い日本映画に対して自らのスタイルを確立しようと躍起になっていた。

このような「新しい映画」に通底する特徴が「スピード」である(「古さ」を体現する仮想敵と見なされたのは、松竹のみならず日本映画界の王者として君臨していた小津安二郎である)。中平康も増村保造も台詞の速度にはこだわりをもっていた。[*12] だが、この「スピード感」については、川島雄三に憧れて松竹に入社し、彼の助監にまでなった中平康、すなわち、川島から中平へと伝達される回路を見逃してはならない。川島は松竹で大量にプログラム・ピクチャーを撮っていた頃から、映像のテンポや発話のスピードを喜劇的題材のなかに盛り込んでいたからだ。実際、一九五〇年代前半の松竹時代の川島を評する言説として多用されたのが「テンポの速さ」だった。*13

一九五五年、日活に移って撮った『愛のお荷物』に対する新聞評は、「冒頭からすごいスピードでたたみこんで行く演出は軽快そのもの。従来の日本映画にはなかった速いテンポをもっている」(『読売新聞』一九五五年三月二五日夕刊)と評価し、批評家の尾崎宏次は当時、「川島君位台詞を早く云わせる監督は少いんじゃないですか」*14と発言している。このようなスピーディーな会話は、川島の代表作『幕末太陽傳』でフランキー堺のリズム感のある高速のしゃべり、『貸間あり』(一九五九)のフランキー堺と淡島千景のテンポの速い掛け合いに続いていく。『貸間あり』では導入から街中の人混みを掻き分けて疾走する藤木悠がコマ落としで映し出され、凄まじい速度の会話が発せられている。川島雄三は映像における俳優の動きだけではなく、発話の「速度」にも執着していた。すなわち、一九五〇年代前半において、川島雄三の描くスピードやテンポは、中平や増村に先立つ専売特許だったのである。撮影助手として川島組に参加した経験のある梁井潤は、「川島さんは俳優に間を与えない監督」と述べ、『貸間あり』の「現場ではテンポを出すために芝居の間をつめさせていた記憶があります」と話している。*15江藤文夫は、川島がフランキーを主演に迎えて撮った『幕末太陽傳』を「人物の動きも演出のテンポも早い」とし、「川島雄三の演出のテンポとフランキーの演技がマッチして、早いリズムがくずれない」と称賛した。*16フランキー堺の機敏な動きと発話の速度、川島雄三の間を詰めて台詞の速度を上げる演出、いわば二人の「スピード感」が一九五五年の『愛のお荷物』で出会い、『幕末太陽傳』で開花したのである。

もう一つ検討すべきなのは、彼のペルソナを形容する際に使用される「ドライ」という言説である。

たとえば一九五七年、「現代青年の典型像」として取り上げられたフランキー堺は、湿った森繁久弥に対して「乾いた」イメージとされ、「喜劇役者フランキーの強味のひとつは、ドライな金属的な肌ざわりであろう」[17]と論じられている。この「ドライ」という言葉は、一九五〇年代中頃、とりわけ石原裕次郎の『太陽の季節』（一九五六）を契機とする一連の太陽族映画の普及とともに広く用いられた。太陽族とは、無反省的でエネルギーに満ち、即物的な性行為や暴力行為に明け暮れ、アメリカ的な物質主義と享楽主義的な生き方をする若者たちのことである。既成の秩序を無視して無軌道で頽廃的な生き方を欲する新しい世代であり、古い世代に対する挑発的な生き方が「ドライ」な快感を若者に与えた。

だが、太陽族を指すときに使用される「ドライ」と、フランキー堺に対する「ドライ」は、先行世代のようなしみったれた情緒がないという意味では通底するものの、その意味内容に決定的な違いがあるように思われる。それを理解するためにフランキー堺を称賛する別の言葉から考えてみよう。彼のペルソナを表象するときに使われる言葉で「知性」という言葉がある。[18]この漠たる言葉は、「教養がある」という類の意味で使われているのではなく、フランキー堺の場合「ウィットに富んだ」という意味で使用されることが多い。「フランキー堺の魅力」と題された一九五八年の記事は、彼のイメージを「明朗闊達、開放的で、ものごとにこだわらない、というのが彼の魅力の一つのポイントであるが、それに、知性の裏づけがある」とし、過去のエピソードに対して「当意即妙《とういそくみょう》な機智の見事さ、捌《さば》きのうまさ、にスッカリ感心させられてしまうのであった」と記している。[19]

フランキー堺に対するこうした価値づけが多く為されるのが『幕末太陽傳』で居残り佐平次を演じて以降である。同作は、太陽族ブームのなかで撮られたパロディであり、明らかに川島は当時、流行していた太陽族映画への痛烈な風刺を込めて作っている（高杉晋作を演じる石原裕次郎ら攘夷派は幕末の「太陽族」そのものだ）。フランキー堺の人気と俳優としてのキャリアを決定づけたこの作品で、彼は武士たちに威圧されようともまったく動じることなく、むしろやり込めていく。いうなればフランキー堺は、スピーディーな動きと発話から繰り出される「機智」とふてぶてしさでもって階層構造を転覆させてしまうトリックスターだった。即物的な快楽を求め頽廃的に生きるスリルではなく、その場その場の困難を「機智」——ウィットに富んだ発想で見事に対処してみせる行為こそが、フランキー堺の「知性」であり、それによる場の「転覆性」がフランキー堺の独特な喜劇性を形づくっている。要するに、「機智」によって権力を躱《かわ》す機動力、庶民の情緒なき生命力が、当時の観客に小気味いい快感を与えたのである。

4　川島雄三×フランキー堺——「運動感覚」と「遁走」

批評家の上野昂志は、川島映画の特徴を「川島の映画は、人がある場所を出たり入ったりする、あるいは、ある場所から別な場所へ移動する、そのアクションによって活力を得ている」[*20]と的確に捉えて、『幕末太陽傳』の「もっとも具体的な感触として記憶しているのも、部屋から部屋へと動き廻る彼らの運動感だ」[*21]と述べている。情緒を排してただひたすら動くこと、その「移動性」がスクリーンにもたらす「運動感覚」こそが、フランキー堺と川島雄三が創出した映像の快楽にほかならない。

とはいえ、この「移動性」や「運動感覚」はもう少し掘り下げて理解する必要があるだろう。というのも、登場人物がある場所からある場所へと移動するアクションが画面上で独自の活力を構成する川島映画では、物語における「場所の移動」と、あるシーンを構成する「ショット内部での移動」の相乗効果、いわば二重の運動によって、特異な「運動感覚」が引き起こされているからだ。すなわち、川島雄三が作り出す構図でもまた、俳優の身体イメージとそのアクションがもたらす「運動感覚」を捉えなければならないのである。ところで私見を述べれば、川島映画における「移動性」と「運動感覚」を松竹時代に引き受けていたのは、佐野周二でも鶴田浩二でもなく、高橋貞二である。[*22] 初期にシミキン（清水金一）を萌芽としたこれらのスクリーン・イメージは、松竹での高橋貞二を経由して、理想的なかたちでフランキー堺へと帰着する。その「運動感覚」がスクリーンに徴づけられるショットを、彼の身体の躍動感が活かされたいくつかの映画から見ていこう。

川島雄三は画面を〈分裂〉することに憑かれた作家であり、格子状の線や画面を真っ二つに引き裂く境界線を取り込むことで、スクリーンを複数の世界に分断する。川島の画面を特徴づけるスクリーンの多層化が、登場人物を囲い込まなければならないのだ。このようにして観客の前に立ち現れる過剰な〈線〉、世界を引き裂くモノとしての境界と、川島の俳優はどのような関係を取り結ぶのか。

獅子文六の『七時間半』を原作とする『特急にっぽん』（一九六一）は、東京から出発する大阪行きの特急「こだま」の車内を舞台に繰り広げられる乗務員や乗客たちの群像劇である。映画の冒頭、停車中の車内でぐっすりと眠っていたコック助手のフランキー堺は、かしましい音楽でむっくりと起き上がると、同じく周囲で寝ているコック仲間たちを次々に飛び越えて目覚ましを止める。その静止からの突発的な〈跳躍〉は、川島映画の誰も真似することができない運動をスクリーンへ結晶させている。この「運動感覚」は、フランキー堺がジャンプした瞬間に背後から彼を捉えていたカメラがアクションつなぎで正面から切り返す技法によって、いっそう引き立てられる【図5-1】。

俳優の身体を使った純粋な運動を志向するのが、映画のなかで何度か繰り返されるコマ落としによる撮影の場面だ。時限爆弾が仕掛けられた可能性があることを知った乗務員や乗客が慌てふためいた行動を取るが、車外からの横移動のショットは、コマ落としによる「早送り」の効果を得て、車内の連中の喧騒を映し出す。物語世界外の音（non-diegetic sound）による音楽が付される以外にほとんど音はなく、登場人物たちは声を奪われ、ただ身振り手振りでその状況をコミカルに演じるしかない。サイレント映画が突如、再現されるのである（当時の無声映画でも、オーケストラやバンドによる伴奏が上映に際してつくことが多かった）。

　このショットの反復は、物語の終盤、さらに過剰になり、複数のフレームが画面上に現れる。人相の悪い男たちとドタバタ喜劇を演じるフランキー堺は、飛び蹴りをし、落下して、飛び上がる【図5－2】。アニメーションの身体のごとくフランキー堺の身体は画面いっぱいにその運動を焼き付けるのだ。車両から車両へと移動するだけでなく、車両にある多数の窓枠から窓枠へと、入れ子構造になったスクリーンを移動し続ける【図5－3】。すなわち、小さなスクリーンと化した車窓と車窓

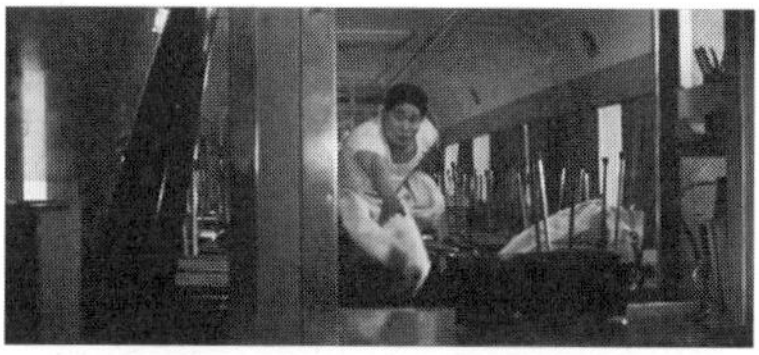

図5-1　『特急にっぽん』（川島雄三、1961）

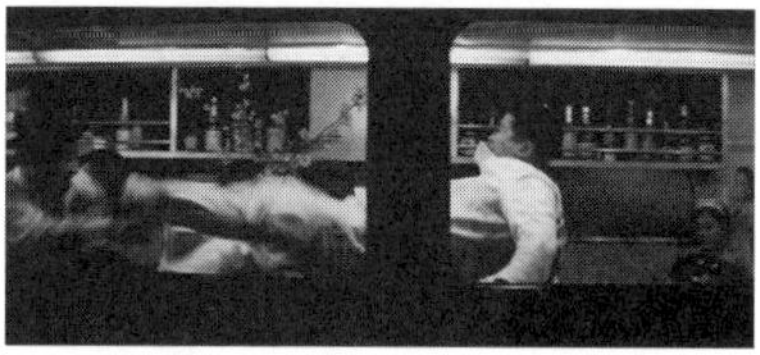

図5-2　同上

図5-3　同上

図5-4 『幕末太陽傳』（川島雄三、1957）

のフレームの向こう側を、『トムとジェリー』のように追いつ追われつ、右から左、左から右へと〈疾走〉するのだ。このように多層化した境界を超えていく身体がもたらす効果として、川島映画とフランキー堺の「運動感覚」は捉えられなければならない。だからこそ『グラマ島の誘惑』（一九五九）や『人も歩けば』（一九六〇）で、画面を縦横無尽に駆け回るコマ落としのドタバタをフランキー堺らが演じても、川島独特の「運動感覚」はさほど引き出されないのだ。なぜなら、それは彼の身体が躍動する場面ではロングショットが多用されており、観客の視界もまた開けているからである。

　川島的空間ではまず、フランキー堺を中心とする俳優たちが、狭い部屋やモノで充満する空間で、〈線〉に包囲された状態に置かれなければならない。たとえば、『幕末太陽傳』で彼が寝泊まりする行燈部屋は、次第に薬剤の調合のための器具が増えて画面を埋めつくす。『貸間あり』では、タイプライターやアマチュア無線機、テープレコーダー、地球儀、ギター、オルガンや和太鼓、天体望遠鏡、ミシンなどのモノが足の踏み場もないほど居住空間を占有する。『幕末太陽傳』は、金もないのに品川の遊廓でお大尽遊びに興じた男が、居残りとなって大活躍しながら借金を返済する物語である。その男を演じたフランキー堺が、薄汚い部屋を与えられた直後に働き始めるときのシーンでは、お膳を受け取って画面右側へ小走りで駆ける。そのアクションをつないで奥から手前へ、再び奥へと走る姿がドンデンを返してつながることで再び奥から手前へと移動する。さらに二階へ駆け上がると女郎を避けてくるっと一回転。他の人物とは違う軽妙な身のこなしで画面を行き来する存在だ。その身体の運動がピークに達するのが終盤、遊郭を去る日のことである。引っ張りだこのフランキー堺は廊下を全力で〈疾走〉し、〈跳躍〉する。

フランキー堺が動き回る遊郭のショットの背景には、障子や柱、梁《はり》、桁《けた》などによっていくつもの〈線〉が引かれている。ほとんど遊郭のなかでしか移動しなかったフランキー堺が、視界の開けた空間を全力疾走するのがラストシーンである。この疾走感は全編を通して築きあげられた、多層化するフレームで包囲された空間からの解放を一挙に視覚化する【図5－4】。このように縦の構図を使ったフランキー堺の逃走は、『貸間あり』の終盤のシーンで反復する。すなわち、彼を追い求めて淡島千景がやってくることを電報で知ったフランキー堺は、「僕は恥ずかしいんだ」といって慌てて逃げ出してしまうのだ。『幕末太陽傳』と『貸間あり』が突き抜けた開放感をもたらす所以はこの縦の構図を使った疾走にある。後者の画面もまた、観客の視線を攪乱することなく、縦の構図を使って一点を注視させる、『幕末太陽傳』を再現するかのような〈遁走〉が徴づけられているのである。

5　壊乱するフレームを越える——即興性／実験性

川島雄三の映画製作に関わった脚本家の柳沢類寿や日活時代にチーフ助監督だった今村昌平、多く川島作品を撮っている撮影監督の岡崎宏三や俳優の三橋達也、殿山泰司、小沢昭一らの証言を総合すると、彼は「絵コンテ」を書いてあらかじめカット割りをきっちり決めてから撮影に臨むのではなく、その都度、現場でカット割りや台詞を変更し、撮りながら決めていったと推察される。それに加えて、役者であれ撮影スタッフであれ、工夫してアイデアを出せば、それを活かしてくれる比較的自由な環境があったようである。[*23] 川島映画で感じられるのは、きっちりと構想され組み立てられた完成品ではなく、現場で「即興的」に作り上げられるライブ感のあるショットの結合である。

川島は『真実一路』(一九五四)や『須崎パラダイス 赤信号』(一九五六)、『花影』(一九六一)といった正当な作品を撮ったかと思えば、それを拒絶するかのように、奇想に満ちた「実験的」な映画を撮った。このジャズのセッションのような「即興性」と「実験性」が、川島組の独自性であり、彼の映画を唯一無二のものにする決定的な特徴だったのではないか(それゆえに川島映画には怪作もあれば駄作もある)。川島映画に認められる創造力と実験性に満ちたテクストは、撮影所を渡り歩きながらさまざまなスタッフや俳優たちが「川島組」に出入りすることで、「即興的」かつ「偶発的」に生み出されたものなのである。

だが、何よりも重要なのは、柳沢類寿の次のような演出に関する指摘だろう。曰く「画面内の動きに関しては非常にうるさかった。彼の演出の特徴は恐しく人物を動き廻らせることだった」。[*24] 確認してきたように、フランキー堺を中心とする川島雄三の俳優たちの「移動」は、単に空間から空間へと動き回っているだけではない。彼らはまず、格子状の線や縦横に引かれる線——複数の映画内フレームに囲い込まれる存在としてスクリーンに現れる。そのようにして、私たち観客の視覚上で閉じ込められた川島の俳優の身体は、その空間における境界線を越える「移動」を開始するのだ。

川島空間の「フレームの多層化」とは、いわば「有限性」のようなものである。川島映画には、宿命としかいいようがないものが主人公を包囲し、その逃れられない運命のもとで俳優たちは、それを自覚して精一杯生きてみせる。「有限性」を自覚した上で、享楽的に生きること。川島にとっての「粋」とはまさしくこのような生き方だったように思う。そして彼の思想を最大限結実させたのが

『幕末太陽傳』と『貸間あり』のフランキー堺だった。そこでの彼の映画的身体は、多層化された空間に充満するフレームを越えていく存在として川島に衝き動かされる。フランキー堺はこのスクリーン内を〈壊乱〉し、〈分裂〉した窮屈な空間を、軽快に移動することができる特権的な存在なのである。

フランキー堺の回顧録によれば、彼に対する演出は、ほかの俳優とかなり違っていたようだ。「川島雄三は私にありきたりの演技をさせず、見方によっては過酷ともいえるほどのカセをかけるようになった」とフランキー堺は自伝的エッセイで語っている。細かく難易度の高い要求を次々に課す川島の演出は、「あるときは人間の業《わざ》の限界を超えた要求だったり、どう演《や》ってみても普通では到底、集中力が分散せざるをえないような心理状態に追いこまれたりする態《てい》の演技的な注文だった」のである。[*25] 想像の域を出ないが、川島はおそらく、自らをフランキー堺に投影していた。仮住まいの家を転々として、定住することや家庭をもつこともなく、いくつもの撮影所を渡り歩いた川島の根無し草《フラヌール》としての生き様を、あるいは不自由な体という運命を与えられた男の原始的《プリミティヴ》な運動性を、これ以上ないほどに体現していたのが、フランキー堺だったからである。

とはいえ観客は、フランキー堺への感情移入を徹底して拒否される。川島雄三は多くの作品でクロースアップ／ミディアム・クロースアップを用いている。とりわけ、松竹時代と日活に移動した後の数作品におけるダイアローグで、佐野周二、鶴田浩二、三橋達也、佐田啓二などのスターを捉えるカメラは、クロースアップの切り返しによって物語を進行させることが多かった。しかしながら、川島雄三がフランキー堺を映し出すカメラは、ミディアム・ショット／ミディアム・ロングショット／ロングショットである。この変遷は、川島がフランキー堺と出会ったからかどうかは定かではない。

いずれにせよ、中期以降の川島映画は、語りの進行にクロースアップの切り返しショットを使用することから決別したのだ。

そのような対象との距離感は、喜劇にせよ悲劇にせよ、そこから情緒や心理を取り除いて、滑稽な人間の振る舞いを遠目から冷徹に眺めているような感覚を与える。この手法は、フランキー堺の「運動感覚」や軽快さを演出するのに最大の効果があった。フランキー堺は、徹頭徹尾、情緒的人間としては描かれることはなかった。どれほどフランキー堺が『幕末太陽傳』において肺病で咳をしようとも、川島のカメラと演出は、彼にジメジメした感覚や悲哀を与えることはなかったのだ。川島映画の心地よさとは、観る者を登場人物に同一化させるのではなく、軽妙さや滑稽さを、壊乱した構図と空間を全身で躍動する身体の「運動感覚」によって描くからである。だからこそ、誇張される運動を体現するフランキー堺は、現実世界の「人間」というよりもアニメーションの「キャラクター」に接近する。川島は、静止画が動くこと（アニメイトとは「生気を与えること」である）、すなわち運動それ自体に取り憑かれた作家だった。初期から後期にいたるまで使い続けてきた「コマ落とし」がそれを物語っている。しばしば川島の自律した運動は、物語の流れを断ち切って、スクリーンに純粋な動きのみを表象するのである。映画の〈動き〉が、現実の物理的法則を離れて、観る者の眼を刺激し、惹きつけようとする純粋な運動へと還元されること。フランキー堺は、川島のそうした欲望を誰よりも体現した喜劇俳優だったのだ。

一九五〇年代後半、敗戦の傷痕を生々しく体現する三船敏郎とは異なるタイプのスターが求められる。この時期、石原裕次郎を中心として新たに価値をもった男優に対する言説は「ドライ」である。何者にも迎合しない挑発的なスタンスでやり込めていく姿は、アプローチは違えども裕次郎とフランキー堺に共通する要素である。フランキー堺はそこにスクリーン上の「運動感覚」と「喜劇性」をもたらし、同時期に女優に求められていた「庶民性」と「親近感」も持ち合わせたペルソナを提示した。占領期には男優に与えられなかった、遅れてきた「自由」と「解放」を担ったともいえる。定住することができない宿無しのフランキー堺は「移動」し続ける男、まさに撮影所や住処を転々と放浪した川島雄三の生き写しのような人物であり、だからこそ、この時代の寵児となったのである。

註

＊1　小倉史「フランキー堺――その道化的身体と戦争喜劇」、『演劇映像』四九号、二〇〇八年、一―七頁。

＊2　川島映画における「新しいタイプの喜劇俳優」としてのフランキー堺を、小倉は『幕末太陽傳』に限定して分析しているが、文化的コンテクストや他の作品におけるパフォーマンスも考慮する必要がある。ここで論じられる身体的な「枷」や演出上の「枷」を本書では、川島雄三が画面に作り出す劇空間に見出したい。

＊3　ファン雑誌の人気投票と言説の変遷から詳しく論じたものとして以下を参照のこと。北村匡平「映画スターへの価値転換――一九五〇年代のスクリーンにおける観客の欲望モードの文化的変遷」、『社会学評論』六八巻・二号、二〇一七年、二三〇―二四七頁。

＊4　『平凡』や当時の映画ファン雑誌の人気投票を集計したデータは、北村匡平『スター女優の文化社会学――戦後日本が欲望した聖女と魔女』作品社、二〇一七年、四五―四六頁を参照されたい。

＊5　北村匡平、前掲「映画スターへの価値転換」、二三〇―二四七頁。

＊6　「全くよく似たナンバーワン――フランキー堺・長嶋茂雄・フランク永井」、『週刊娯楽よみうり』一九五九年三

月一六日号、一七頁。
＊7　詳しいデータに関しては、北村匡平、前掲『スター女優の文化社会学』、三六七―三六八頁を参照のこと。
＊8　リチャード・ダイアー『映画スターの〈リアリティ〉――拡散する「自己」』浅見克彦訳、青弓社、二〇〇六年、二一七―二二〇頁。
＊9　前掲「全くよく似たナンバーワン」、一八頁。
＊10　尾崎宏次「《時の人》フランキー堺と三井弘次」、『映画芸術』一九五八年四月号、一六頁。
＊11　増村保造「ある弁明――情緒と真実と雰囲気に背を向けて」、『映画評論』一九五八年三月号、一六―一七頁。
＊12　増村保造が『巨人と玩具』（一九五八）の演出で、役者に間を詰めて会話のテンポを速めようとしたことに関しては、開高健・中平康・高松英郎・荒瀬豊・加藤子明「『巨人と玩具』をめぐって――マス・コミを生きぬく人間たち」、『映画評論』一九五八年八月号、五九―六二頁。中平康の『狂った果実』では、序盤に石原裕次郎たち太陽族の連中が会話をするシーンにおいて、内容が聞き取れないほどの速度で進行するカッティング・ダイアローグがある。
＊13　たとえば『東京マダムと大阪夫人』の新聞評では、「テンポははやく、歯切れはよく、機知は随所にあふれ、そこは浅いが見た目の面白さでは最近珍しいほどの出来」（『読売新聞』一九五三年一〇月八日夕刊）、『昨日と明日の間』では、「映写時間をあかせずみせる快調のテンポ」（『読売新聞』一九五四年六月一六日夕刊）など。
＊14　尾形宏次・鈴木力衛・森田元子・稲垣昭三「試写室にて」、『芸術新潮』一九五五年四月号、頁数記載なし。
＊15　岡崎宏三「インタビュー」（聞き手＝石渡均）「岡崎宏三氏との対談」、石渡均『映画監督のペルソナ――川島雄三論』愛育出版、二〇一六年、一〇六頁。
＊16　江藤文夫「作品批評 幕末太陽傳」、『映画芸術』一九五七年九月号、六四頁。
＊17　青地晨「現代青年の典型像 連載第一回――フランキー堺」、『知性』一九五七年三月号、一七六頁。
＊18　青地晨は、同記事において「もうひとつ、つけ加えるなら、フランキーの知性である」と述べている（同前）。
＊19　「フランキー堺の魅力」、『婦人倶楽部』一九五八年三月号、一三〇―一三二頁。
＊20　上野昂志「川島雄三の場所」、『季刊リュミエール』四号、一九八六年、四〇頁。

＊21　同前、四一頁。
＊22　『明日は月給日』（一九五二）、『新東京行進曲』（一九五三）、『東京マダムと大阪夫人』（一九五三）を参照のこと。
＊23　たとえば以下の資料を参照。柳沢類寿「なくて七癖 ②川島雄三の巻」、『キネマ旬報』一九六四年七月下旬号、三九頁。殿山泰司・藤本義一［対談］「川島雄三について語るには時間が何時間あっても足りない！」、『キネマ旬報』一九七五年四月下旬号、九〇頁。今村昌平「今村昌平、川島雄三作品を語る」、『キネマ旬報』一九九三年六月下旬号、一一三頁。磯田勉（編）『川島雄三――乱調の美学』ワイズ出版、二〇〇一年、一九―二〇頁。小沢昭一［インタビュー］「役者冥利！と乗せられた川島流演出法」、『ユリイカ』一九八九年三月臨時増刊号、二〇七頁。石渡均、前掲『映画監督のペルソナ』、一〇八頁。岡崎宏三［インタビュー］（聞き手＝稲川方人）「何より残念なのは早く死んでくれたということです――川島雄三との仕事、その時代」、『ユリイカ』一九八九年三月臨時増刊号、二二九頁など。
＊24　柳沢類寿、前掲「なくて七癖 ②川島雄三の巻」、四〇頁。
＊25　フランキー堺「古川ロッパから川島雄三まで――わが映画青春記」、『別冊 文藝春秋』一九八八年七月号、二八二頁。

第6章　ダークヒーローの孤独と虚無
――渡哲也の漆黒の輝き

1　「第二の裕次郎」からの脱却

一匹狼のアウトローを演じ、日本映画史に比類ないダークヒーロー像を打ち立てた渡哲也――。そのパフォーマンスの到達点が深作欣二による東映実録路線の傑作『仁義の墓場』（一九七五）であることに異論はないだろう。実在するヤクザを演じた渡哲也は型破りの自滅的な無法者、組織から放り出され、麻薬に溺れて朽ちてゆく男の壮絶な人生を見事に演じ切った。迫力ある凄惨な暴力シーン、重厚感のあるアナーキーな佇まい、これ以上ないほどの絶望と孤独……こうしたスクリーンのイメージを決定づけたのは一九六八年の『無頼より 大幹部』から始まった「無頼」シリーズのアウトロー路線である。いわゆる日活ニューアクションを牽引した本シリーズの主人公・人斬り五郎は、それまでの石原裕次郎や小林旭に代表される華麗で豪快な日活アクションのヒーローを一変させた。

追い詰められ、苦痛に顔を歪ませる傷つく身体をもった闇黒の主人公。渡哲也の「無頼」シリーズは軽やかに銀幕を彩っていた日活スターへの強烈なアンチテーゼとなった。一九六八年の『無頼より大幹部』から『仁義の墓場』までの約七年間こそが、映画史において唯一無二のイメージを確立した渡哲也の黄金期といえるだろう。実のところ一九六五年に日活の大型新人として華々しくデビューしてからしばらくの間、彼は「第二の裕次郎」として売り出されていたが、そのプロモーションの仕方は、渡哲也という俳優の素質を完全に捉え損なっていた。

彼がデビューした一九六〇年代中頃は、石原裕次郎を中心とする日活アクションの興行体制が揺らぎ、五〇年末から六〇年代初頭にかけて隆盛を見た小林旭の「渡り鳥」シリーズが終わり、赤木圭一郎の死も重なって日活が活力を失い、代わって吉永小百合と浜田光夫のコンビの純愛路線が全盛となった時期である。裕次郎と浅丘ルリ子のムード・アクションや宍戸錠のハードボイルド・アクション等、良質な作品は製作されていたものの、映画産業自体が斜陽の一途を辿り、一方で東映が一九六三年の『人生劇場 飛車角』を皮切りに『昭和侠客伝』シリーズ、『日本侠客伝』シリーズ、『網走番外地』シリーズなどで東映侠映画路線を確立して高倉健や鶴田浩二らが一世を風靡していた。一九五四年に日活が映画製作を再開して以来、日活映画の中心にあったのは男性スターのアクション映画であり、一九六〇年代中頃、新たなアクション・ヒーローが待ち望まれていたのだ。

鍛えられ均整のとれた肉体、空手と柔道で慣らした運動能力、抜群の存在感、渡哲也は日活が求めていたスケールの大きい新星アクション・スターにぴったりだった。ところが宍戸錠主演の『あばれ騎士道』（一九六五）に助演で映画デビューしてから約二年の間、ほとんどの作品の方向性は「裕次郎の後継者」で、実際に裕次郎映画のリメイクもこの時期に四作品作られている。彼を取り巻く映画雑誌や娯楽雑誌の記事も「裕次郎をつぐ男」（『週刊平凡』一九六七年二月二日号）、「裕ちゃん以来の大物新人」（『近代映画』一九六六年四月号）、「裕次郎のあとをつぐ大型スター」（『週刊明星』一九六六年五月二九日号）といった言葉でこの新たなスターを飾り立てた。

だからこそ裕次郎のリメイク映画『星よ嘆くな 勝利の男』(一九六七)の批評では、かつての裕次郎は「当時の日本の青春のチャンピオンというに足るだけの、強烈にして颯爽たるパーソナリティがあった」が、「渡哲也には、一つの時代を背負うだけの個性はない。何年も前に裕次郎のやった役を、さしたる工夫もなく、役をたどっているのでは、彼が可哀そうである」と懸念の声があがり、[*1] やはり同年のリメイク『陽のあたる坂道』の批評でも「ここのところ渡はずっとかつての裕次郎の当り役を演じている」として「かつての奔放で反逆的な青春像を演じていた一代のアイドル裕次郎の斬新なイメージに較べれば、影が薄いのも無理はあるまい」と論じられることになったのだ。[*2] 裕次郎映画とは関係なくとも、この期間「石原裕次郎に往年の爆発的なパンチが期待できない日活にとって、〝第二の裕次郎〟と期待する渡哲也の伸び悩みは頭痛のタネ」[*3] などと記されることは多かった。渡哲也を語る言説の背後には、常に参照項として誰も超えることのできない大スター石原裕次郎の影があった。

後述する『紅の流れ星』(一九六七)や特攻隊くずれのヤクザを演じた『東京市街戦』(一九六七)など数作品を除けば、この時期に彼が演じた多くの役柄は一徹に正義を貫く勧善懲悪の型に嵌まったヒーローである。そこに渡哲也のペルソナとして重要なアウトローの資質、いわば、うらぶれた厭世的な不良性が入り込む余地はなかった。裕次郎を追いかけることをやめ、「後継者」から脱却すること。それによってこの新星は漆黒の輝きを放ち始める。端的にいって、渡哲也のペルソナに必要だったのは「悪」である。

2　不浄なダークヒーローのアクション――「無頼」シリーズ

日活ニューアクションの代表選手は間違いなく「無頼」シリーズの渡哲也であり、やや遅れてそれを支えたのが藤竜也と原田芳雄だろう。本シリーズを日活ニューアクションの第一の系譜とする渡辺武信は、それまでの日活アクションにあった「個」の概念が自立しえなくなって肉体と密着した感覚まで縮小されることで、アクション（暴力）の過程そのものが個＝肉体の確認となると述べる。すなわち以前は「個」を守るためにアクションが生じていたのに対して、もはや暴力は手段ではなくそれ自体が目的化し、暴力描写が視覚的に表現される。それによって、かっこよさというより、かっこ悪さ、惨めさ、生理的苦痛が誇張され、暴力と流血の虚構的リアリティが生まれたというのである。[*4]

確かに同時期に人気を博していた東映任侠映画が組織のために任侠道を貫く仁義の社会を描いていたとすれば、「無頼」シリーズでは暴力それ自体が生々しく、凄惨な描写によって前面に押し出されている。さらにいえば裕次郎や宍戸錠、小林旭のようなキザでかっこいい日活のヒーローに対して、渡哲也は苦悶する表情を湛え、汚い場所でもがき苦しむ「敗者のアンチヒーロー」である。ちょうど全共闘運動が最高潮に過熱し、若者の闘争が権力によって打ち砕かれようとしていた時期であり、泥沼の中で這い回る渡哲也の敗者性は強烈なリアリティをもったのだ。

シリーズ一作目『無頼より 大幹部』を撮ったのは、日活から渡哲也を託された舛田利雄である。渡が演じる五郎は刑務所暮らしを終えて出所、親分を救ったことから水原組にやっかいになり、対立する上野組の嫌がらせを受ける。五郎をきっかけにした抗争がエスカレートし、それを終わらせるために水原親分は手打ちを決意、だが上野組は同日に五郎を慕っていた水原組の一員を殺す。水原親分は五郎と手を切り、一匹狼となった吾郎はドスを片手に一人で上野組へと乗り込んでいく。ドスで上野を突き刺し、傷だらけになった体で足を引きずりながら苦しみ悶える渡哲也の表情を映して映画は終わる。

浜田光夫が駅のホームで殺されるシーンのロングショットを使ったショッキングな場面、キャバレーで青木義朗を追い詰めてゆくクライマックスの、青江三奈の歌とカットバックで決闘を見せていくシーンにおける舛田の演出は冴えわたっている。アクションシーンとして重要なのは、中盤にある土砂降りの雨の中の死闘である。上野の事務所から外に出て、建設途中の複雑な構造の通路を走り抜けながら「一対多」で雨と泥に塗れた汚い斬り合いが始まる。このフォーマットを受け継ぎ、渡哲也の身体を映像の中で見事に昇華させたのが、シリーズ二作目を監督した小澤啓一である。二作目『大幹部 無頼』(一九六六)は舛田の助監督だった小澤のデビュー作であり、映像技法が人斬り五郎の思想を的確に捉えたシリーズ最高傑作といえる。*5

殺された先輩の仇を討つ最後の復讐の場面で小澤啓一は、ヤクザの共同体から抜け出ることを望みながら、その泥沼に足を取られて抜け出すことができない男を、泥の中の死闘として描いた。*6だが、それだけでなく、小澤はカメラワークとモンタージュを使って視覚的＝空間的にも表現してみせた。このラストシーンは、五郎が丘を走る組の車をパンクさせて一人で五人と戦う場面から始まる。男たちはドスを手に、もみ合いながら丘から地上へと移動し、続いて土手を転がって川へと落ちてゆく。川の中でも決闘は続き男たちは水浸しになる。川の中から今度はどんどん下水溝へと進み、次第に無色だった澄んだ水はいつしか泥水へと色彩を変える。暗いドブの汚水の中で決闘は続く【図6-1】。すると血塗れになった男たちを映し出していたカメラが闘いの途中で突如として上昇を始める。カメラが次に捉えるのは、土手の上にある高校でバレーに勤しむ女子高生たちの姿、真っ白な体操着に身を包んで、乾いたボールの音を響かせながら、膨よかな肢体を画面いっぱいに躍らせている【図6－2】。彼女たちはボールを追いかけて男たちと同じく、地面を転がり、飛び上がる。

カメラが男たちの死闘にカットバックすると、片手のドスで体を切りつける鈍い音とともに泥水と血に塗れた男たちの躍動する身体が映される【図6－3】。同じ身体の過剰な運動がまったく異なるコンテクストのもとで成り立っていることが、ショットの衝突によって対照化されるのだ。再び女子高生のバレーボールのモンタージュ。豊満な肉体がスローモーションによって宙を舞う姿が印象づけられる【図6－4】。続いて組長との刺し合いのショット、彼らはさらに川を下降していく【図6－5】。この場面はショットを連続させて男たちの不健全な〈生〉を相対化しているだけではない。小澤がここで試みているのは、丘から地上を経て下水溝まで、ダークヒーローが汚染されながら転落する映画的空間の創出である。最後の場面では、最下部まで堕ちた五郎が女子高生のいる校庭へ這い上がるが、ネットに捕まって倒れ込む【図6－6】。この一連の残酷なショットのモンタージュは「無頼」シリーズ、ひいては渡哲也という孤独なアウトローのペルソナを絶妙に体現した映像だといってよい。

「無頼」の全シリーズにおいて、渡哲也の上昇の力学はまったく働いていない。むしろこの男は泥濘《ぬかるみ》にはまって抜け出せないまま虚無の深淵へと下降していくのだ。多くの東映任侠映画における主人公は運命共同体といえるコミュニティのために死を厭わず斬り込みにいく。対して「無頼」シリーズは、仁義を尽くすべき共同体が不在である。東映調のストイックなヤクザ美学はなく、どうしようもないヤクザの醜悪さと悲哀が描かれるばかりだ。さらにいえば、それまで日活で繰り返されてきた美しく敵を倒す華麗な暴力を否定するかのように地面を這い回り、雨や泥に塗れたかっこよくない惨めなアクションが繰り返される。裕次郎の後追いをやめた渡哲也が辿り着いたのは、スクリーンにおける裕次郎の圧倒的な「明るさ」「包容力」「軽さ」に対する「暗さ」「孤独」「重厚感」である。ここに敗戦直後の『酔いどれ天使』（一九四八）における三船敏郎から渡哲也へと継承された、破滅的なアウトローの肉体に宿る戦後思想の結実を見ることができる。

3　喜劇的なアウトロー――『紅の流れ星』

次に「無頼」シリーズが開始される前年に遡って、渡哲也のスターイメージとは一見真逆にある舛

（上から）図6-1〜6-6　『大幹部 無頼』（小澤啓一、1966）

田利雄の快作『紅の流れ星』（一九六七）を取り上げたい。『無頼より 大幹部』（一九六八）の前作『東京市街戦』（一九六七）もイメージチェンジを狙う企画だったが、その前の作品である『紅の流れ星』はまさにイメージを一新、気だるい空気をまとい女に目がない、コミカルでキザな男を演じた。ストイックで無口な好青年を演じていた渡哲也が役柄を一変させた本作の主人公は、軽薄で饒舌、執拗に女を口説き、退屈な日常を生きる空虚な男で、彼のスターイメージにまったくそぐわない役柄に見える。

一九六五年のデビューから二年後の一九六七年は渡哲也の転換期にあたる。撮影所長だった村上覚が記者会見で裕次郎の跡を追わせるような使い方は適当ではなかったとして売り方を変更する方針を明らかにし、イメージチェンジの新戦略を舛田利雄に依頼して『紅の流れ星』が製作された。[*7] だからこそすでに裕次郎主演で舛田が撮った『赤い波止場』（一九五八）のセルフリメイクであっても、原作を換骨奪胎し、ほとんど別の物語とキャラクターで再映画化されたのである。

よく知られているように裕次郎の『赤い波止場』はフランス映画の巨匠ジュリアン・デュヴィヴィエの『望郷』（一九三七）をイメージして作られた。ヒーローのモデルはジャン・ギャバン、一方『紅の流れ星』はジャン゠リュック・ゴダールの『勝手にしやがれ』（一九六〇）を下敷きにし、渡哲也がモデルとしたのは飄逸《ひょういつ》なヒーローのジャン゠ポール・ベルモンドだ。冒頭から真っ白なスーツにハットをかぶった渡哲也演じる五郎は盗んだオープンカーで高速を走り、ジャズをバックに口笛を吹きながら加島組のボスをピストルで撃つ。それから神戸の組織に預けられた彼は、兄貴分として数名の子分を引き連れ、自由気ままな生活を送ることになる。

五郎が所属する組織と取引していた宝石商が行方不明になり、婚約者の啓子（浅丘ルリ子）が訪ねてくる。彼はその美貌に魅惑され、彼女に付きまとい「あんたと寝たい」と執拗に口説く。加島に雇われた殺し屋の沢井（宍戸錠）を返り討ちにすると五郎は啓子を誘ってマニラに逃亡しようとする。だが『勝手にしやがれ』と同じく女に裏切られて、自死するかのように警察に撃ち殺される。

渡哲也の王道のパターンから逸脱したこの男は、彼の映画史の中でも位置づけにくいヒーローである。実際、公開後の映画評では「作者はそこに現代の空白を示したかったのかもしれないが、それにしては客観性に欠けた。若者の衝動的な行動には確かに魅力があるが、それを再現することと思惟することとでは意味が違う。この映画には思惟がない。カッコいいフーテンやくざ物語のおもしろさがあるだけだ」と手厳しい批判を受けている。[*8]

その一方、本作を「ニュー・アクションへの架橋的な性格をもつ点で歴史的に重要な傑作[*9]」と評したのは日活アクション映画の包括的研究で名高い渡辺武信である。『紅の流れ星』は、五〇年代末から六〇年代初頭の無国籍アクションと日活ニューアクションを架橋する映画史的に重要な作品であると同時に、俳優・渡哲也のありえたかもしれないもう一つの可能性を切り拓いた傑作としても再評価に値する。この作品こそ渡哲也という俳優の資質がもっとも活かされた彼の最高傑作だといえるからである。

一度観れば鮮明に脳裏に焼き付いて忘れられないのが、ゴーゴークラブで宝石商を殴り飛ばして雰囲気が悪くなった瞬間、渡がおもむろに踊り出す鮮烈なダンスシーンだ。気まずい沈黙が続きロングショットで立ちつくす集団が捉えられると、当時、日本でも流行していたフィンランドの民謡「レットキス」がかかり、渡がジェンカ（フィンランドのフォークダンス）のステップを踏み始める。[*10]帽子を目深にかぶり軽快な伴奏に乗って不器用に左右の足を前に出す。顔のクロースアップに切り替わると、頬を赤らめ目を瞑り、陶酔しているような、あるいは恥じているような、にやけた表情で踊り続けるのである。この場面ほど言語化が困難なシーンはない。直接影響を受けているかは定かではないが、一九六五年に日本で公開されたフェデリコ・フェリーニの『8½』（一九六三）で、踊りながらカメラに接近してくるマリオ・ピスのシーンを彷彿とさせる強烈なダンスシーンだ。

本作でのヒーローのイメージは「停滞」という形象としてフィルムに立ち現れる。序盤、深くハットをかぶって一人ロッキングチェアに揺られ、弟分たちが客引きの仕事で外国船に向かって急ぐが、立ち上がろうともせず、気だるそうに遅れてついていく。カンカン帽にはさんだ使われることのない回数券のディテール・ショットが、彼の「停滞」を代弁する。半年のはずが一年が経過、仮住まいの神戸で想定以上の時間を費やしているのである。彼はただ退屈な日常を虚無的に生きるほかない。

こうした作品世界を構成し、主人公を成立させるのに不可欠な要素に触れておこう。美術監督は舛田が全幅の信頼を置く木村威夫である。彼の作り出す美術は神戸でありながらも、どこか無国籍化した観念的な映画空間を巧妙に作り出す。男の空虚さを相乗的に強化するのが浅丘ルリ子の存在感だ。婚約相手が失踪し神戸に来るが、その理由は「退屈していた」のであり、好きで探しにきたのではないと彼女は刑事に話す。このヒロインは具象化した肉体をもつ女性というより、どこか実在しない観念的な存在に感じられる。物語空間から浮遊する存在感を放っているのは、斬新な衣装デザインに依るところが大きい。鮮やかな黄緑に花柄のテキスタイルのワンピース、襟と袖に白いフリルのついたピンクのワンピース、前後に黄色と緑の大きな蝶をあしらった赤色の斬新なワンピース。実はクレジットにはないものの、ひときわ目を引くこの衣装デザインを手掛けたのは世界的デザイナー森英恵だ。[*11] 彼女のデザインによって女は現実味を失い、虚構化は徹底される。

渡哲也の演技も、他の作品では見せたことのないアイデアで溢れている。女の周囲を動き回り、過剰な身振り手振りでユーモアを交えながら懸命に口説くこのアウトローの出で立ちからは、これ以上ないほどの〈空虚さ〉が滲み出す。渡の発話の特徴は音域が狭く抑揚のない重低音の効いた声だが、本作では珍しくふざけて歌う高めの音程と、アフレコで後からつけられた声が、人物から切り離され、画面上の男に実体がないような感覚を与える。演出＝演技、共演者、美術、音声、こうした緊密な細部がアンチヒーローの虚無感を相互的に築き上げているのである。

4 渡哲也のターニングポイント

この無邪気な軽薄さと絶望的な空虚さを同居させたアウトローは、彼以外の男優には演じられなかっただろう。渡哲也が抱える虚無をもっとも活かす演技の手法――それは彼が「無頼」以降の作品で封印した〈喜劇性〉にあるのではないか。そのように考えると、「無頼」シリーズの方向へと渡哲也のペルソナを封じ込めてしまったのはある種、映画史の不幸だったといえるかもしれない。「とっても楽しかったですよ。いままでやった映画の中で楽しかったのはこれ一本くらいだったんじゃないですか。映画そのものも好きな映画の部類なんです[*12]」――『紅の流れ星』を思い返して渡哲也はこう語っている。それが伝わるくらい彼は生き生きと空疎な輝きをスクリーンいっぱいに解き放った。

舛田は『紅の流れ星』を撮り終えた後、続編を撮らせてほしいと会社に申し出たが、却下されてヤクザものを撮るよう指示された。それで製作されたのが『無頼より 大幹部』だ[*13]。これが俳優・渡哲也の運命の別れ道であった。「無頼」シリーズがどれだけ渡哲也の俳優としての人生を規定したかは、七〇年代に日活を離れて東映や東宝、松竹などの他社作品を渡り歩いても、人斬り五郎の亜流かそのヴァリエーションばかり造形されたことからも明白である。

渡哲也が体現した人生の「虚無」と「諦念」は「無頼」シリーズと『紅の流れ星』に通底する渡的主題だった。『紅の流れ星』の「陽」の人物像を「陰」にすれば「無頼」シリーズの人斬り五郎になり、その方向の極地が『仁義の墓場』の石川力夫である（どちらも藤田五郎の小説を原作とする）。まったく真逆のアプローチではあるが、実のところ両作のヒーロー像の本質はかなり近い。「無頼」の五郎は外部を仮構してそれを憧憬するが、常に内部へと引きずりこまれて身動きが取れなくなる。ここでの外部とはヤクザの外側にある「普通の暮らし」だ。泥濘にはまった男は最後には堕ちてゆくしかない。それとは逆に『紅の流れ星』の渡は画面を動き回る開放的なイメージである。この物語での外部とは神戸の外側、すなわち抽象化された都市・東京こそ「停滞」を余儀なくされたアウトローが戻りたいと憧れつつも、回帰できない想像上のトポスである。両作のアウトローはいかに行動したか。そう、渡哲也に残されているのは「堕ちること」、映画的な運動としていえば「下降」である。

『気狂いピエロ』（一九六五）でパリを後にしたベルモンドとアンナ・カリーナが南仏へ颯爽と車で逃避行するのに対して、『紅の流れ星』のカップルは神戸に停滞、クライマックスにいたる終盤のシーンで陸橋の脇にある長すぎる階段を一緒に降り始める。この階段はもはや具体性を欠いた観念的な建造物だ。超ロングショットによる長回しでカメラは異様な長さの階段を下降する二人を収める。この下降の運動は『大幹部 無頼』と響き合うだろう。両作ともアプローチこそ対照的だが、渡哲也に潜む絶望的な虚無が全身から溢れ出る。私見では、この俳優に宿る虚無を喜劇化することによってもっとも活かした作品が『紅の流れ星』であった。一九六七年末、日活が舛田の続編の要望を聞き入れていたら、渡哲也は、まったく異なるもう一つの喜劇的なアウトロー像を映画史に刻印していたかもしれない。

一九五〇年代後半、日本が経済成長に向かって突き進んでいく時期に現れ、強烈な自意識をもったアメリカニズムの体現者としての石原裕次郎、そのヒーローとしてのイメージを一九六五年にデビューした渡哲也は継承しようとした。だが、六〇年安保闘争を経て、政治の季節にスターダムに現れた渡哲也が引き受けていったのは、むしろアンチヒーローとしてのイメージであった。

彼は六〇年代後半の『無頼』シリーズから、一つの到達点ともいえる一九七五年の『仁義の墓場』まで、ダークヒーローとして銀幕で熱狂的に受け入れられ、漆黒の輝きを放っていた。この間、七〇年安保という若者の挫折を徴づける決定的な出来事があった。

渡哲也のペルソナは、大きな野望があって社会を変革できるという希望が潰えた時代を象徴している。公権力の前に為す術もなく堕ちてゆくこと。敗戦という文脈が根底でダークヒーローの存在を規定していた。変えようのない権力社会の中で、渡哲也は自らが属するコミュニティにひたすら「停滞」し、「孤独」を滲ませ、徹底して「虚無」を演じ続けた。その退廃した社会の絶望を湛えた相貌と、敗者としての身体性が、政治の時代に異様なリアリティをもったのである。

註

＊1　田山力哉「日本映画批評」、『キネマ旬報』一九六七年四月上旬号、一〇四―一〇五頁。
＊2　田山力哉「日本映画批評」、『キネマ旬報』一九六七年五月上旬号、七九頁。
＊3　「渡哲也 売り出しの市街戦」、『週刊平凡』一九六七年一一月九日号、五三頁。
＊4　渡辺武信『日活アクションの華麗な世界』（合本）未來社、二〇〇四年、五一〇―五一一頁。初版は上中下巻で一九八一年から一九八二年に出版された。
＊5　『無頼より 大幹部』は大ヒットを記録、会社は舛田に続けて撮ってほしいと頼んだが、彼は「もう嫌だ」といって断り、助監督の小澤啓一に任せた。詳細は、舛田利雄・佐藤利明・高護（編）『映画監督 舛田利雄』シンコーミュージック、二〇〇七年、二〇六頁を参照。
＊6　『大幹部 無頼』のラストシーンの分析は、北村匡平『24フレームの映画学――映像表現を解体する』晃洋書房、二〇二一年、一五三―一五五頁を参照されたい。
＊7　柏木純一『渡哲也 俺』毎日新聞社、一九九七年、二二頁。
＊8　押川義行「日本映画批評」、『キネマ旬報』一九六八年一月下旬号、一一二頁。
＊9　渡辺武信、前掲『日活アクションの華麗な世界』、四九九頁。
＊10　青山ミチの「レットキス」のレコードが一九六五年に発売され、翌年に坂本九が「ジェンカ」（後に「レットキス（ジェンカ）」と曲名を変えて再発売）の曲名でカバー、レコードは大ヒットし、日本各地でジェンカが踊られるようになった。
＊11　大下英治『みんな日活アクションが好きだった』廣済堂出版、一九九九年、二七三頁。あまり知られていないが森英恵は世界的に有名になる前、一九五〇年代後半から六〇年代にかけて、日活と松竹を中心に、主役級の役者のみ衣装デザインを依頼されて手掛けていた。
＊12　植草信和（編）『渡哲也――さすらいの詩』芳賀書店、一九七八年、一六一―一六二頁。
＊13　舛田利雄ほか、前掲『映画監督 舛田利雄』、一九九頁。

第7章　敗北と苦痛の美学
――恐るべき子供としての萩原健一

1　一九七二年の転向――アイドルからアクターへ

グループ・サウンズ（GS）のルーツと目されるザ・スパイダースの弟分的な存在として一九六七年にデビューしたザ・テンプターズは、ヴォーカルである萩原健一のカリスマ的な人気によってすぐにスターダムにのし上がった。彼らは同年に先んじてデビューし、沢田研二の圧倒的な人気で頂点にのぼりつめていたザ・タイガースとともにGSブームを席巻した。

育ちの良さや清潔感のあるタイガースのジュリーこと沢田研二と、不良っぽさや野性的な魅力があるテンプターズのショーケンこと萩原健一――。この二人のヴォーカリストは、マスコミやファンが対照化／対立化させる図式に巻き込まれながら、六〇年代後半のアイドル的なアイコンとして享受され、人気を二分していた。

学生運動が活発化した一九六八年、ショーケンの人気は絶頂にあった。ところが、一九六〇年代後半のGSブームはあっという間に終わりを迎える。ジュリーとショーケンをツインヴォーカルにして一九七一年に結成されたPYGも、翌年の末には自然消滅状態になっていた。そして商業主義に飲み込まれ、やりたいこともできないまま虚像を作り上げられたショーケンは、立ちどころにその磁場を逃れ始める。この頃、萩原はかつて自分がその一翼を担ったGSブームを菌をばらまく「疫病」とまで言い放ち、高らかに「転向宣言」をした。[*1]

彼が実際に歌手から俳優への転身を果たすのは、一九七二年のことである。当時の記事からは、人気の絶頂期にあっても時間さえあれば、映画館に通い詰めていたことが窺える。すでにテンプターズとして歌謡映画にも出ていたし、映画を学ぶ目的で脇役として出演した映画もあったものの、萩原の決定的な俳優への転身を可能にしたのは、斎藤耕一の『約束』(一九七二)への出演だ。ちょうど同時期のインタビューや特集記事では、かつての音楽活動を切り離し、自身を役者へと位置づけ、将来を映画へと捧げようとする姿が認められる。そして、それが認知されていくのが一九七二年から七三年にかけてのことだった。

『約束』が公開された直後、彼はテンプターズでの活動を「メシのたねだと思うからオレも昔はガマンしてきた」と語り、『時計じかけのオレンジ』(一九七二)や『さすらいのカウボーイ』(一九七二)にしびれたこと、アクターズ・スタジオの文献を集めて勉強していることに触れ、「役者になろうっていうには、やっぱり勉強しなくちゃ」と意気込んでいた。[*2]「歌より演技にとりつかれている萩原健一」と紹介されたインタビューでは、いま何が一番したいかを尋ねられ、「オレは映画に惚れてるから映画やりたいね」[*3]と話している。世間もショーケンの転向を称賛し、役者としての彼の才能を評価した。「音の世界から映像の世界への鮮やかな変身」と銘打たれた当時の記事では次のように紹介されている。

かつてGS全盛のころ、プリンスとしてジュリー（沢田研二）と人気を2分していたショーケンが、さらりとサウンドの世界を捨てて俳優に転進、あざやかに成功した姿をいまスクリーンにきらめかせている。最初は46年11月ころ『約束』（松竹）だった。ベテラン岸恵子に位負《くらいま》けしない新鮮な演技が、口うるさいクロウトをも驚かせ、眼をみはらせた。[*4]

若者の熱狂的なアイドルだったショーケンは、五年後には映画俳優として銀幕で再出発を果たした。当時の言説に依拠するならば、萩原の真価が発揮され、名実ともに「スター」になったのは、GS時代ではなく、「むしろ、そのブームが、たあいなく去ってしまい、数年間の〝沈黙〟を余儀なくさせられたあと、今度は一人のユニークな役者」として、「急速に開花」[*5]したときである。もちろんこの時期、彼は映画と並行して伝説的なテレビドラマ『太陽にほえろ!』（一九七二年から一年間の出演）や『傷だらけの天使』（一九七四—七五）において国民的人気を誇っていた。とはいえ同時期、「映画だけでメシが喰えるなら、オレはほんとうにテレビなんて、やりたくないよ」[*6]と語るように、萩原は自分の理想の姿を映画俳優に重ね、映画に並々ならぬ力を注いでいた。

本格的に俳優デビューしてから三年余りの間に、キネマ旬報主演男優賞を始め、さまざまな賞を受賞し、天性の才能を発揮した萩原健一——。彼は長いキャリアのなかでスクリーンにいかなる新しさを刻印していたのか。萩原のスクリーン・イメージを象徴するフィルムの軌跡を辿りながら、映画俳優・萩原健一の独創的なイメージを捉え返していこう。

2　七〇年代の無様な疾走――『約束』

いつか映画を撮りたいという願望とともに、萩原は『約束』の現場にサード助監督として入り、お茶汲みや付き人のような仕事をやることになった。だが、相手役の女優が決まらず怒った中山仁が降板、萩原が代わりに演じることになる。ヒロイン役は岸惠子が承諾し、撮影が開始された。映画は、刑務所から母の墓参りのために仮出所を許された受刑囚の螢子（岸惠子）と、強盗をやって逃亡している若者の中原（萩原健一）が、偶然、列車のなかで居合わせて始まる行きずりの恋を描く。

もともとスチールカメラマン出身で助監督を経ることなく監督になった斎藤耕一の演出の特徴は、シナリオを「たたき台」と見なし、絵コンテもなく、現場で感覚的に撮影していく、いわば即興的なスタイルである。[*7] そのためか、ショットを積み重ねて因果的にドラマを見せていくときよりも、そのようなコンティニュイティ編集の連続からはみ出した瞬間に、目を見張るほどの切れ味を見せるショットが散見される。[*8]

斎藤映画の特徴をあげれば、ロングショットとクロースアップで被写体を捉えることが多く、テレビドラマでよく見られるような、バストショットの対話で物語を説明することはめったにない。すなわち、役者の上半身を映像の中心に据え、切り返しながらドラマを構成することを極力排し、単一のショットで映像を見せていくのである。

したがって、時として斎藤的な人物は、映画の中で、ただの物体と化し、情景の一部にさえなってしまう。言い換えれば、斎藤映画にあって多くのショットに取り込まれた風景は、人物による語り以上に、雄弁に意味を作り出している。ゴダールの影響も強く見受けられる斎藤は、抒情的な伴奏を多用しつつも、説話《ナラティヴ》ではなく、映像と音響が作り上げる絵自体《ショット》が中心となって、詩的で硬質なメロドラマを作り出しているのだ。このような条件が整ったとき、萩原健一はこの上ない存在感を発揮する。後で論じるように、映画における萩原の身体イメージは、フルサイズでこそ活きる俳優だからである。

タイトルバックが終わって物語が始まると、日本海沿いを走る列車のボックス席に螢子と中原が乗り合わせる。彼女の隣には見張り役の女性が険しい表情で付き添う。中原はあどけない表情で執拗に話しかけるが、螢子は無表情なままで、まったく取り合おうとしない。やがて列車は秋田県の羽越へ到着し、二人はホームへと降り立つ。中原はその後も螢子にしつこく話しかけ、彼女の母の墓参りにまで付いていく。次第に日本海の波の音を背景に、雪が舞い始める。このように荒涼とした風景に溶け込んだ岸恵子に対して、萩原健一は、どのように銀幕を動いていただろうか。

この作品は、始まりから終わりまで列車や墓参り、町歩きなど「移動」によって特徴づけられたフィルムである。そのなかにあって、岸恵子の身体だけが、どこか静止したまま風景に同化しているようにも見える。墓参りのシーンで、女は苦労をかけた母の墓を前に、さめざめと泣き出す。それを見て男が慰めの声をかけるとカメラは二人の会話から離れ、墓石や海、寂れた公園など、寒々しい風景を切り取ってゆく。二人のダイアローグが音声として継続するなか、映像だけが切り替わり、ロングショットで静止する岸と横で飛び跳ねる萩原、公園の遊具で遊び、岸のもとへ駆け寄っていく萩原の躍動するイメージを映し出す【図7-1】。「死んでるのよ、私」という岸を、ゆっくりと蘇らせるのは、ケタケタと屈託なく笑う若者の明るい声、そして、それ以上に彼女の周囲をせわしなく動き回る萩

図7-1 『約束』（斎藤耕一、1972）

原の身体による運動だ。
映画評論家の斉藤正治が「岸の静と対照的に身軽に動き、その沈潜する内奥の部分に荒々しく侵入していったとき、私はこれまでの俳優演技と違う、解釈不能な感性表現を見た」[*9]と的確に記すように、この平面的な背景と一体化した冷たく静的な女の心を、スクリーンを絶えず動くことで溶かしてゆく寄る辺ない青年が、この世界を立体化し、映画に奥行きを与えているのである。このシークェンスは、翌日待ち合わせを取り付けた男が、女に腕時計を手渡して橋の上を疾走する姿を映して終わるが、この後も萩原は橋や駅のホームなどスクリーンを駆け抜ける。

要するに、雪が舞い、波が押し寄せる寒々しく閉塞したこの映画の世界に描かれているのは、画面をゆっくりと歩く岸惠子の周囲や画面を駆け回る萩原の運動性である。やがてこの乾いた世界に佇む美しき囚人は、帰りの列車が土砂崩れで停止するや、男とともに車外へと逃亡／疾走し、接吻を交わすだろう。螢子の鼓動を代弁しているかのように、踏切の警報機がけたたましく鳴り響き、女は凍てついた心を溶かされて死の深淵から蘇生する。

映画の終盤、一貫して曇り空や雪景色を映してきた画面は様相を変える。スクリーンに斜めから差し込む柔らかな光と、少しばかりの時間の猶予をもらった男が愛する女に振る舞うラーメンの湯気によって、初めて画面は温もりを湛え、その後のフェンス越しの別れのシーンでは、一気に二人から感情が溢れ出る。このようにスクリーンが「冷たさ」から「温もり」に転じる瞬間に、本作はメロドラマ映画としての本領を発揮する。

萩原はこの作品のすぐ後、『太陽にほえろ！』に出演する。『約束』と同じく、このテレビドラマでもショーケンはひたすら疾走し、顔を歪め、全身で苦痛を演じ、やがて殉職＝犬死する。あるいは同時期の市川崑が撮った『股旅』（一九七三）でも、最後の決闘で「やめたやめた！」といって逃走／疾走する。萩原が本格的に映画俳優としてデビューして最初に印象づけたのは、アナーキーな開放感と無様な「疾走」だったのだ。

『太陽にほえろ！』のプロデューサーである岡田晋吉によれば、それまでの若者に「不可能の文字はなかった」のに対して、『太陽にほえろ！』が制作された頃から「いくら努力してもかなえられないものもある」ということを自覚しなければならない雰囲気が世の中全体に流れ始めていた。曰く、ショーケンは「七〇年安保直後の挫折した若者達の心情をものの見事に代弁」し、「挫折の美学」を体現した。[*10] いささか乱暴なまとめかたではあるが、萩原健一という俳優が、「挫折」を美化してみせた稀有な俳優だったことは疑う余地がない。ここに破天荒なアナーキズムや不条理な若者の挫折を、「疾走」というアクションとともに体現したアウトローが誕生したのである。[*11]

3　八〇年代の堕落——『誘拐報道』と『もどり川』

無様な疾走と美しい挫折をフィルムに焼き付けた一九七〇年代のショーケンだが、八〇年代に入ると演技やフィルムに投じるイメージに変化が見られる。おそらく一九八〇年に『影武者』で黒澤明にしごかれたのが大きかったのではないか。それまでに見られた、ある種の開放感と無秩序なイメージから、次第に自分を追い込む厳格なスタンスが演技にも見えるようになった。言い換えれば、屈託のない表情が消え、疾走によって印象づけられていた運動が取り払われていくのが八〇年代以降のショーケン映画の特徴である。事実、「東映の『誘拐報道』で、黒澤さんから受けた影響を改めて自覚しました」と語る萩原は、「最初からレッドゾーンに入れるクセがついていた」という。[12] そのため『誘拐報道』(一九八二)の現場では一発撮りが多くなった。

奥丹後の漁村出身の古屋(萩原健二)は、宝塚市で喫茶店を営んでいたが経営に失敗、借金に追われて思い詰めたあげく医者を親にもつ少年を誘拐して身代金を要求する。ところが受け渡しの先々で警察が張り込んでいるため失敗に終わる。誘拐犯は何度も「少年を殺す」と脅すものの、子供を傷つけることも、金を受け取ることもできないまま刻々と追い詰められてゆく。本作は公開後の評価も高く、事件に関わる被害者や加害者、記者や警察の人間模様をドキュメンタリータッチで描いた秀作である。

監督の伊藤俊也は、黒澤明の『天国と地獄』(一九六三)をかなり意識していたという。被害者/加害者の家を対照的に描くのではなく、ほとんど差がないように描き、また子供を『天国と地獄』のような「単なる取引材料としてではなく、存在を主張」させ、「物」としての子供が「オシッコ!」と自己主張することで、「ショーケンが無視できなくなったところから、彼のつまずきが始まるという設定」にした。[13] その狙いは見事に成功したといってよいだろう。映画批評家の山根貞男はオープニングシーンや風景描写、犯人とその家族、そして子供との絡み合いを「リアリズム描写」と称賛し、佐藤忠男も誘拐犯の秀逸な描写と寒々した風や冬景色を絶賛している。[14]

誘拐犯である萩原が初めて登場するシーンは、凍てつく寒さを背景にチェーンを巻いた乗用車が雪の上に轍を作り、車から降りて電話ボックスで電話をかけるだけの短い場面である。この間、一連の動作はロングショットで捉えられ、萩原の顔はいっさい見えない。だが、車から降りて電話ボックスで電話をかけ、車に戻るという単純なアクションだけで、この犯人が何かただならぬものを抱えた人間であることが画面から伝わってくる。萩原の歩行と周囲に漂う空気だけで、それは示されるのだ。

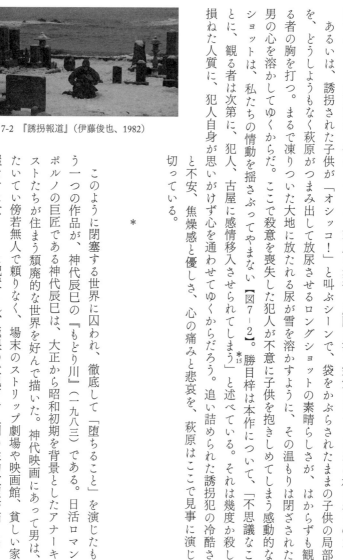

あるいは、誘拐された子供が「オシッコ!」と叫ぶシーンで、袋をかぶらされたままの子供の局部を、どうしようもなく萩原がつまみ出して放尿させるロングショットの素晴らしさが、はからずも観る者の胸を打つ。まるで凍りついた大地に放たれる尿が雪を溶かすように、その温もりは閉ざされた男の心を溶かしてゆくからだ。ここで殺意を喪失した犯人が不意に子供を抱きしめてしまう感動的なショットは、私たちの情動を揺さぶってやまない【図7-2】。勝目梓は本作について、「不思議なことに、観る者は次第に、犯人、古屋に感情移入させられてしまう」[*15]と述べている。それは幾度か殺し損ねた人質に、犯人自身が思いがけず心を通わせてゆくからだろう。追い詰められた誘拐犯の冷酷さと不安、焦燥感と優しさ、心の痛みと悲哀を、萩原はここで見事に演じ切っている。

図7-2 『誘拐報道』(伊藤俊也、1982)

*

このように閉塞する世界に囚われ、徹底して「堕ちること」を演じたもう一つの作品が、神代辰巳の『もどり川』(一九八三)である。日活ロマンポルノの巨匠である神代辰巳は、大正から昭和初期を背景としたアナーキストたちが住まう頽廃的な世界を好んで描いた。神代映画にあって男は、たいてい傍若無人で頼りなく、場末のストリップ劇場や映画館、貧しい家屋などに女とともに配置され、極限の状況下で人間の性的欲望が描き出される。映画評論家の田山力哉の言葉を借りれば、神代映画においては、「生活自体があまりにもわびしいから、それだけにセックスの歓喜だけが、生きる上の最高の悦楽であるといった、つまりはごみために咲く花といったおもむきさえある[16]」。『もどり川』は、神代がカンヌで賞が欲しいといって入れ込んだ映画であり、端々で性表現の多様な描写が見られる。そこに萩原の創造的なアイディアと、「撮影している間、ずっと大麻とコカインを吸っていました[17]」と自ら語る萩原の常軌を逸した表情が組み合わさって類を見ない映像が作り出されている。本作は、萩原が大麻取締法違反で逮捕されたことによって不当に扱われてしまったが、映画という芸術に耽溺した最上のコンビ、萩原と神代の相乗効果によって創られた凄絶な映像は見事というほかない。

売れない歌人の苑田岳葉（萩原健一）は、結核を患う妻のミネ（藤真利子）がいながら、浅草の遊郭に通いつめ、千恵（池波志乃）のもとに入り浸っている。師匠の村上秋峯に破門された岳葉は、その夜、かねてから惹かれていた秋峯の妻・琴江（樋口可南子）のもとに忍び込んで関係をもつ。岳葉は姦通罪で刑務所に入った後、首を吊ろうとしたところで遭遇した音楽学校の女学生・文緒（蜷川有紀）と心中未遂、それを詠った歌で有名になる。やがて彼は友人の妻・朱子（原田美枝子）とも関係をもって心中をもちかける。歌のために次々と女と交わって心中を繰り返し、最後に自ら命を断って物語が終わる。

荒井晴彦のシナリオを読んだ神代は、実力だけでは閉塞した状況から抜け出せない歌人が、上を見てあがくが負けてしまうところに魅了されたと語っている[18]。萩原は、それを汲み取り、女と死によってどん底まで堕ちていく歌人を体現した。健全な社会や日常からはじき出された神代的主人公に、萩原健一ほどふさわしい俳優はいないだろう。俳優として円熟期を迎えた八〇年代、女と麻薬、酒に溺れる彼の実生活は、神代映画の主人公とぴったり一致していたからである。神代映画を支えているアナーキズムとエロティシズムは、不思議な色気を放つショーケンの肉体をもって見事に具現化される。そして神代による性交シーンの長回しは、徹底して人物の心情を空疎にすることによって本能的な肉体の運動のみを徴づけるのである。

たとえば、藤真利子が吐血し、萩原が口の中の血を吸い上げるシーンや、樋口可南子と障子を介して結ばれる卓抜なシーン、あるいは娼婦になった彼女の陰部から他の客の精液を吸い取るグロテスクなシーン、萩原にしかできないやり方で、想像を絶する凄まじいショットが生み出される。

この時代における「挫折」は、もはや美化されることなく、救いようのない「敗北」として刻まれている。とはいえ、すでに『約束』を経て、この時期に改めて実感できるのは、『誘拐報道』における電話ボックスの登場シーン一つを取ってもわかるように、萩原健一がロングショット／ロングテイクによってもっとも活かされる俳優だということである。萩原という稀有な俳優においては、表情以上に、つま先から指先まで含めた全身から放たれるアウラ、いわば画面を突き抜けるようなスケールとボリュームが、言葉よりも饒舌に観る者に語りかけているのだ。

近代化から取り残された山窩《さんか》を描いた秀作『瀬降り物語』（一九八五）における、ギラついたまなざしで静観する佇まいに代表されるように、萩原は八〇年代に入ると多動性をスクリーンに印象づけることは少なくなる。むしろ見えない縄で縛られ、動きを封じられているかのようでさえある。そのようなイメージで彼は、『誘拐報道』や『もどり川』、『恋文』（一九八五）、『カポネ大いに泣く』（一九八五）、『瀬降り物語』（一九八五）などの八〇年代の作品群において、既成の社会のモラルに組み込まれることを拒絶し、管理社会からはみ出したアウトローを演じ続けた。この時期にあって、『もどり川』や『極道の妻たち 三代目姐』(一九八九)などに代表される映画で、彼が反‐倫理、すなわち徹底的に「堕ちること」を演じていたことは注目に値する。重厚な身体イメージを獲得し、どうにもならない状況に封じ込められた萩原は、「堕落」をより強固に表現するようになっていったのである。

4 九〇年代の無垢なる情熱――『いつかギラギラする日』

東映実録路線の旗手であった深作欣二が久しぶりにアクション映画のメガフォンを取った『いつかギラギラする日』(一九九二)は、萩原がかねてから尊敬していた深作と組んだ初めての映画で、ハリウッドのような本格的なアクション映画の誕生として受け入れられた。本作は、徹底して悪党のみを描いた「ピカレスク・アクション映画」といってもいいだろう。

『いつかギラギラする日』は、中年ギャングである神崎(萩原健一)と柴(千葉真一)、井村(石橋蓮司)が、若いカップルである角町(木村一八)と麻衣(荻野目慶子)に翻弄される物語である。自分のライブハウスをもつという夢のために五千万円が必要な角町は、神崎たちを巻き込み、リゾートホテルの売上金二億円を運ぶ現金輸送車を襲撃する。ところが、奪った金はたったの五千万円、当初は山分けする予定だったが、角町は銃で三人を撃って井村は即死、柴は重傷を負って後に死亡、かすり傷の神崎が現場からかろうじて逃げ去り、角町を追い詰めていく。

この映画では明確に二つの集団が描かれる。すなわち、自分の惚れ込んだバンドに好きなだけロックをやらせたいと願う角町とクレイジーな麻衣による若者世代、そして夢や希望を喪失した神崎たちの老いた中年世代である。若者たちは欲望のままに生き、その瞬間を生きている。彼らの派手で奇抜なファッションに対置されるように、すでに輝きを失った中年ギャングたちは、暗さとともに演出される。

角町と麻衣が神崎を海に沈めて警察から逃げるカーチェイスのシーンでは、ハードロックのナンバーとともに若者たちの瞳のギラつきがとらえられ、生死の狭間でスリルを全身で感じる彼らは生きしている。パトカーを振り切ると、麻衣は唐突に裸になり、二人は車でセックスに興じる。ここで対照的につながれるのが、瀕死の状態の柴と傷だらけになった神崎たちがいる静かで淀んだ空気に満ちた部屋のシーンである。やがて柴が息絶え、鼻と目の上に絆創膏を貼り付けた萩原の顔に翳《かげ》りが浮かび、暗さが部屋に充満する。この二つのシーンは明確に若者の煌めきと生命力、老いた中年男の虚無を描き出す。

最後はヤクザも巻き込んだ三つ巴のカーチェイスと銃撃戦が延々と続く。麻衣は銃を乱射して殺される。神崎は角町を追い詰め、刺殺して復讐を果たすが、警察から逃走する神崎は車ごと海へ落下、奪い返した金は無惨にも水面に浮かぶ。

ラストシーンの萩原は、仲間を失い、全身包帯姿でボロボロになった状態で恋人とバスに乗っている。虚無としかいいようのない空気に包まれる。そこでバスの車窓から不意に銀行の看板が目に入る。その瞬間、年老いたギャングは、瞳に輝きを取り戻す。「大人」になりきれない、傷だらけになったアウトローは、突如として目をギラつかせ、情熱や衝動を取り戻すのである。

映画のタイトルが、「いつかギラギラした日」ではないことに注意しよう。老いた男がギラギラしていた若い頃を思い返すのではなく「ギラギラする日」、すなわち、この映画のギラつきは、未来へと向けられているのである。銀行の看板を目にした彼がここで欲するのは、決して「金」でも「仲間」でもない。すべてを喪失した萩原は、ギラギラした瞳で幼児的な表情を浮かべ、純真無垢なる情熱を、生命力を手にするのだ。このようにして八〇年代にどん底まで「堕ちた」萩原は、まるで弧を描くように「子供」として生き返る。とはいえ、このショットは、萩原健一がスクリーンで見せた最後の輝きだったかもしれない。

5　アウトローを生きた映画俳優

フランシス・フォード・コッポラは自身の映画理論を語ったその著書で、映画の基本単位はショットであり、テレビは被写体を捉えうる領域やイベント（出来事）、演劇においてはシーン（場）であると述べている。*[19] これを私なりに咀嚼するならば、テレビはある一連のシーンを描くための空間と語り、映画はショットそれ自体が基盤であり、誤解を恐れずにいえば、テレビはバストアップによる語りの場面シーンによって構成され、映画は、フルサイズを捉えた一つの絵自体《ショット》でも成立してしまう。

この違いを意図しているかのように、テレビドラマについて聞かれた萩原は、「緊張感は映画的システムのままでね。やっぱり今のテレビはフルサイズがない。みんな上の半身だけ。僕は本当は、頭の先からつま先まで芝居して欲しい方ですね*[20]」と語っている。

だから私はここで、「萩原健一は映画俳優である」と断言したい。彼自身がそう望んだからではない。映画の萩原を活かすのは、彼を全身で捉えるフルサイズのロングショット／ロングテイクであって、バストアップと素早いカッテング（編集）ではない――テレビドラマでこの俳優が活きるのはクロースアップの表情だろう。[*21] だからこそ萩原は、長回しでしつこく被写体を追い込む神代辰巳と、ロングショットで風景に身体を同一化させた斎藤耕一と映画で絶妙なコンビネーションを見せたのではないだろうか。

*

高度経済成長を続けた上昇志向の時代に映画俳優として生きた萩原健一は、コースから取り残され、あるいは排除された人びとを受け取めた。そしてそのような無様な挫折や敗北に「美」を与えた。彼に先立ち任侠映画でアウトローを演じた高倉健とは異なり、萩原はフィクションの外部（実生活）でもアウトローを生き、それによって強化されたスクリーン・イメージは、観客にとってよりいっそうリアリティをもった。銀幕で絶望と苦痛を誰よりも体現した萩原は、自伝で次のように記している。

世間には、さぞかし好き勝手に生きていると思われているかもしれない。でも、私には私なりの、哲学みたいなものがあります。

要するに、人生というのは八割が苦痛です。大半は泣いたりわめいたり、ぼやいたり愚痴ったりしてばかりで、面白くも何ともない。女に溺れたり酒や麻薬に走ったりしたのも、人生において絶え間なく続く辛さ、苦しさをまぎらわせるためでした。[*22]

日本映画史が産み落とした恐るべき子供——。この俳優にふさわしいのは幸福なハッピーエンドではない。陳腐な感傷や消費されるだけの娯楽でもない。萩原ほどバッドエンドで幅広い人びとを圧倒し、魅了した俳優は他にいなかった。映画俳優・萩原健一は、社会の規範や倫理を逸脱し、あるいは人生の不条理を全身で抱え込み、虚無的な翳りと破滅的な衝動を、暴力とエロティシズムを、私たちの抱える苦痛を、これ以上ないほどに美しく輝かせたのである。

渡哲也が政治の季節において、社会の構造に飲み込まれていくダークヒーローとして銀幕で敗者の身体を担ったとすれば、萩原健一の映画俳優としてのキャリアのピークは、七〇年代から八〇年代という日本が高度経済成長からくるバブルを謳歌していた消費社会的な時代と重なっている。七〇年安保の挫折、政治の季節の終焉、敗戦という文脈はいっそう希薄化し、権力構造が覆い隠された消費社会の中で、萩原健一は表層の記号として消費されまいとする最後の抵抗の主体であった。萩原健一は、軽薄で空疎な時代に、肉体をもった苦痛をスクリーンに刻印した最後のアウトローだったのである。

註

＊1　萩原健一「G・Sブームは疫病。もう菌をばらまくのは、ごめんだ」、『週刊平凡』一九七二年四月一三日号、一六七頁。
＊2　「萩原健一のドッキリ発言集」、『明星』一九七二年八月号、一三六頁。
＊3　萩原健一［インタビュー］（聞き手＝木元教子）「おしゃべりジャーナル　ああ、やっぱり、あの女性が忘れられ

ない」、『週刊平凡』一九七二年九月二八日号、六八頁。
＊4 「たくましく生まれ変わった！ 音の世界から映像の世界への鮮やかな変身　萩原健一」、『週刊明星』一九七三年四月二二日号、グラフ特集NO. 308。
＊5 池田信一「石坂浩二と萩原健一」、『現代の眼』一九七五年二月号、一四二頁。
＊6 萩原健一［インタビュー］（聞き手＝福岡翼）「萩原健一 自己と映画についての総てを語る…」、『キネマ旬報』一九七五年三月上旬号、一一四頁。
＊7 高沢瑛一「斎藤耕一と歌謡映画の世界」、斎藤耕一・神代辰巳（編）『世界の映画作家27』キネマ旬報社、一九八四年、四三―四五頁。
＊8 斎藤自身、「僕が指向しているのはアンチ・ドラマ」で、「通常の起承転結のドラマ構成をさけようとしているんです」（斎藤耕一「自作を語る」、同前、八一頁）と語っている。
＊9 斉藤正治「現代の俳優 萩原健一」、『シナリオ』一九七三年九月号、一〇〇頁。
＊10 岡田晋吉『太陽にほえろ！伝説――疾走15年 私が愛した七曲署』日本テレビ、一九九六年、五五―五六頁。
＊11 『太陽にほえろ！』の早見刑事の依頼が来たとき、石原裕次郎との共演にもかかわらず、オファーを一度断ったのは、もっと人間臭い汚れた役がやりたかったからだといわれている。
＊12 萩原健一『ショーケン』講談社、二〇〇八年、一四五頁。
＊13 山口猛「特集 誘拐報道3 伊藤俊也監督インタビュー」、『キネマ旬報』一九八二年九月上旬号、六一頁。
＊14 その一方、山根貞男は報道陣と警察、被害者家族の描写を、紋切り型で「見苦しい空転」とし（山根貞男「日本映画批評 誘拐報道」、『キネマ旬報』一九八二年一一月下旬号、一五五頁）、佐藤忠男は新聞記者たちをステレオタイプな誇張と酷評している（佐藤忠男「特集 誘拐報道1 誘拐犯の悲哀をリアルに描いた力作」、『キネマ旬報』一九八二年九月上旬号、五四頁）。
＊15 勝目梓「秀作『誘拐報道』」、『小説CLUB』一九八二年一〇月号、四三頁。
＊16 田山力哉「神代辰巳――あるいはセックスの天才についてのエッセイ」、斎藤耕一・神代辰巳（編）、前掲『世界の映画作家27』、一四五頁。

＊17　萩原健一、前掲『ショーケン』、一五一頁。
＊18　神代辰巳・萩原健一［インタビュー］（聞き手＝八森稔）「もどり川を語る」、『キネマ旬報』一九八三年五月上旬号、一〇〇頁。
＊19　フランシス・フォード・コッポラ『フランシス・フォード・コッポラ、映画を語る――ライブ・シネマ、そして映画の未来』南波克行訳、フィルムアート社、二〇一八年、二〇―二一頁。
＊20　萩原健一・絓秀実『日本映画［監督・俳優］論――黒澤明、神代辰巳、そして多くの名監督・名優たちの素顔』ワニブックス【PLUS】新書、一三六頁。
＊21　萩原本人も「編集マジック」といわれる市川崑の映画の手法を「いつも細かいテレビのカット割り」だと批判的に見ている（同前、一〇八頁）。萩原が出演した『股旅』のラストシーンの決闘場面でも、市川が得意とする凄まじいカット割りが見られる。
＊22　萩原健一、前掲『ショーケン』、九頁。

第8章　善悪の彼岸を演じる
――山田孝之のまなざし

1　瞳に宿る寂寥感

『白夜行』（二〇〇六）でいまでも鮮明に記憶に残っているのは、サンタクロースの格好をして歩道橋から落下した血塗れの山田孝之が、振り向いて近づこうとする綾瀬はるかを制し、向こう側へと歩いていく彼女の後ろ姿を捉えるときのまなざしだ。

私たちが彼の瞳を通して見るその光景は、あまりにも美しく、優しく、そして悲哀に満ちている。いつの間にか降り始めていた雪は、それが作り物であることをまったく隠そうとはしない。むしろ、嘘を嘘としてあからさまに呈示する画面の構成要素が、嘘を嘘で塗り固めていく二人の悲劇の物語と見事なまでに共鳴し合っている。ブティックから出てきた彼女が着飾ったエレガントな洋服、その場には似つかわしくない真っ赤なサンタの衣装、そこに突如として降りしきる偽物の雪（ドラマでは第一話から偽物の蓮の花が重要なモチーフになっていた）。このドラマのラストシーンは、紛い物としての「太陽」を引き受けた男が、偽物ばかりで構成された虚構空間《フィクション》に身を置くからこそ観る者の心を打つほど美しいのである。愛する者を見送る彼のまなざしには独特の〈寂寥感〉が宿り、それまで行使してきた「悪」はほとんど「正義」と同義にすらなっている。

＊

なぜ数ある映像作品から『白夜行』に言及したのかというと、それはこの作品が俳優・山田孝之の出演作のなかで、彼のパフォーマンスにおける重要な起点となっているように思われるからだ。このドラマを通じて見せていた演技は、醜さを崇高な美しさに、嘘や欺瞞を唯一の真理に、汚さを純潔なものにすり替えてしまうような圧倒的な強度がある。

いまでこそ何にでも変身してみせる「カメレオン俳優」としての評価を確立した山田孝之だが、彼が初期から呈示して『凶悪』(二〇一三)で頂点をきわめる善／悪を綜合するような特有の演技は、はからずも確固たる善や正義が描けなくなった現代映画——視点を少し変えれば善／悪が反転してしまう善悪二元論の不可能性の時代——の潮流と響き合っていた。ここでは、正義と悪を宙吊りにしたり、その両義性を引き受けたりする固有の存在が、演技者としていかにスクリーン上で成立しているのかを彼のパフォーマンスに即して細かく分析していきたい。

2 〈暴力的なるもの〉と〈喜劇的なるもの〉を超えて

『ちゅらさん』(二〇〇一)で注目を浴び、『WATER BOYS』(二〇〇三)で一挙に知名度を高めた山田孝之は、その後、『世界の中心で、愛をさけぶ』(二〇〇四)や『H2～君といた日々』(二〇〇五)といった青春恋愛ドラマで爽やかな好青年を演じ、順調にキャリアを積み重ねた。

そんな山田が同年代の俳優たちと一線を画すように、演じる役の幅広さを見せつけたのは(おそらく二〇〇五年の『電車男』ではなく)『クローズZERO』シリーズ(二〇〇七―)を契機とする『闇金ウシジマくん』シリーズ(二〇一〇―)、『新宿スワン』(二〇一五)、『信長協奏曲』(二〇一六)などにおける敵/悪役、あるいはダークヒーロー路線と、『鴨川ホルモー』(二〇〇九)や『大洗にも星はふるなり』(二〇〇九)、『勇者ヨシヒコ』シリーズ(二〇一一―)などの喜劇俳優路線だろう。一九九九年にデビューし、純真な好青年のイメージを固定化しつつあった山田孝之は、二〇〇〇年代後半にそれを引き離すかのように多様な役柄を演じ分けていった。この〈暴力的なるもの〉と〈喜劇的なるもの〉を兼ね備えた彼のパフォーマンスの到達点が『ミロクローゼ』(二〇一二)である。それぞれの作品の世界へと溶け込んで豹変するその怪演ぶりに私たちはただ言葉を失うしかない。

けれども彼は、いわゆる憑依型の俳優ではない。本人も「いつも理詰めで考え抜きます」(『読売新聞』二〇一三年九月一八日夕刊)と語るように、緻密に役柄を構築していく繊細な俳優だ。顔の筋肉の柔軟性から皮膚感覚で役柄を作り込む造形力、細部まで計算された身振りによる表現力が、カメラの前に立つだけで彼を現実の山田孝之とは違った姿に変身させる。

ストイックに役柄を創り上げていくプロセスは、たとえば『闇金ウシジマくん』の丑嶋馨を「何十ものルールを本当に細かく作って磨き上げていった」という言葉に端的に表れている。彼は丑嶋を演じるにあたって、振り返り方、歩き方、首の角度、座るときの尻の位置、まばたきのタイミングを練り上げた。それだけではなく、相手役を腕一本で押し返すときに微妙に体が動いてしまうのを、本当に腕だけで倒したように「カットの割り方で見せてください」と監督に頼み、刑事に輪ゴムをあてられるシーンではCGでまばたきしていないように処理してもらったという。*1 徹底してどう見えるかにこだわる山田孝之は、「いま、ここ」を生きる演劇的アクターというよりも、自分を客体化して眺める映像クリエイターに近く、完全に映像の世界の住人である。このような役作りへの徹底した執着心が、個性的で強烈なキャラクターを生み出し、確固たる地位を確立させたのだ。だが、そのようなキャラクターに魅了され、彼の演技に脱帽すると同時に、私は違和感を抱くことがある。アクションを基盤とする〈暴力的なるもの〉であれ、ファンタジックな〈喜劇的なるもの〉であれ、彼が役柄を対象化し掌握しているとき、そこにはある種の「完全性」が見られるからだ。映像と観客との間に生まれる「余裕」といってもいい。要するに、映画やドラマの世界で起こっていることがまったく関係のない別世界の出来事であるかのような閉鎖的で完結した世界が創り出され、安心して見ていられる感覚に陥るのである。けれども、ある映画を観たとき、私にとっての山田孝之の魅力の本質はもっと別のところにあると気づかされた。それが『凶悪』である。そして私はこの映画を媒介にして初期の作品『白夜行』、さらには『手紙』（二〇〇六）や『その夜の侍』（二〇一二）を「再発見」することになる。

山田孝之の演技を特徴づけるこのような物語においては、ある共通項が見られる。そこは加害者／被害者に簡単に分別できない、正義／悪、罪／罰という主題が横たわっている世界、あたかも私たち自身の問題であるかのように、こちら側の日常が揺さぶられる、そんな世界だ。以下では、観客である私たちが「余裕」をもって観られないような「リアリティ」が生じる瞬間の山田孝之のパフォーマンスについて考えてみたい。

3 『凶悪』に描かれた「凶悪」

俳優・山田孝之のキャリアにとって『凶悪』は間違いなく一つの到達点である。原作は、獄中の死刑囚による余罪事件とその首謀者の告発を受けた『新潮45』の記者が、闇に埋もれた殺人事件を暴き出し、犯人逮捕まで導いた経緯を綴ったノンフィクション。当時、この事件の経緯は大きく報道され、死刑囚と面会を重ね事件を掘り起こしていった敏腕記者による前代未聞の取材劇は、ジャーナリズムの正義として讃えられた。

映画『凶悪』の物語を確認しておこう。死刑囚である須藤（ピエール瀧）からの手紙を受け取った雑誌編集部の記者が次第に取材にのめり込んでいき、「先生」と呼ばれる不動産ブローカー木村（リリー・フランキー）による保険金目当ての凶悪犯罪を突き止める。自分は死刑が確定しているのに首謀者がのうのうと生きているのが許せない、そう告発する須藤との長期にわたる面会、取材を重ね、ついに誌面に事件の記事が掲載され、それがきっかけで木村は逮捕される。この記者・藤井を演じたのが山田孝之である。

本作は記者を主人公に据えて、彼の視点から非情な殺人犯を描写し「人間の凶悪」を見せていく。二人の対照的な凶悪犯を媒介に映画は、人間に潜む本質的な悪を非日常的な風景から（見世物化しながら）描き出していくのである。とはいえ、そのような表層を呈しながら、基層では、日常的な「凶悪」が山田孝之を通して描かれている。それは映画を観ている私たち自身の日常に遍在する「悪」にほかならない。どういうことだろうか。

映画はあくまでも原作をもとにしたフィクションであり、実際の事件の事実関係や殺人現場の風景などは忠実に再現されているものの、主人公の設定には大きな脚色が加えられた。それが原作にはいっさい描かれていなかった記者の家族関係の描写である。先取りしていえば、悪の権化である凶悪犯が自分たちの家族や仲間を大事にする一方で、藤井は家庭を顧みない非情な男として造形されているのだ。こうした倒錯は、物語に描かれた家族の関係を基軸に考えるとより鮮明に見えてくる。

映画では事件の取材に没頭する藤井の自宅に認知症を患う母がいて、妻（池脇千鶴）がその世話を押し付けられている。藤井は母による妻への暴力を知っても、その場をやり過ごし、解決を先送りにすることしかできない。社会に向けて正義を貫くことを免罪符にして家庭をなおざりにするこの男の身振りは、妻にとって「凶悪」そのものである。凡庸な商業映画ならば、凶悪犯の猟奇殺人をスペクタクル化しながら、図式的に主人公を配置し、彼の勇猛果敢な行動に感情移入させるように物語を進めていくのが常套手段だろう。だが、この作品は徹底して主人公のヒロイズムを拒んでいる。すなわち、この映画で肝要なのは、正義を追及し悪を暴く主人公のヒロイズムに賛同する感情が、最終的に覆されることだ。

『凶悪』で恐ろしいのが、悪事を愉しんでいる凶悪犯の本質がまったく変化しないのに対して、事件を通して二人への殺意を増幅させていく藤井が、明白に変質していく点である。すなわち、映画製作者はシナリオに藤井の変質の物語を組み込んだのだ。使命感に燃えた彼の行為＝正義は、物語の終盤「楽しかったんでしょ。こんな狂った事件、必死に追いかけて。あなたは楽しくて楽しくて仕方がなかったのよ」という妻の言葉によって暴かれ、空転してしまう――気づかないうちに宿していた藤井自身の狂気はもはや抑制できないほどに膨れ上がっているのだ。[*2] 正義を追求していたかに見えた主人公は、最後に首謀者である木村にも心の深層を見透かされる。事件を追いかけるうちに憎悪が芽生え「凶悪」の本質がむき出しになっている様を「凶悪犯」に指摘されるのである。「私を殺したいと一番強く願っているのは、被害者でも、おそらく須藤でもない」と遮断ガラスの向こう側から指をさされる藤井の正義は、私的な「正義」への欲望＝自己愛《ナルシズム》と化してしまっているのだ。

母親の介護の現実から目を背け、仕事を大義名分として日常を犠牲にしながら、非日常の世界に没入していく。自分の「正義」に基づく行動と法の権力によって犯人の死刑を欲望する彼もまた、違う水準で「凶悪」なのであった。この映画が記者の視点を取りつつ描いたのは、凶悪犯と対照させた「正義と悪」ではまったくない。むしろ「正義」を追い求め凶悪犯を吊るし上げることに執着するなかで、事件の当事者と同じく精神が崩壊し、変質してゆく記者自身が狂気を宿してしまっているということ。いうまでもなくここには、猟奇殺人を好奇のまなざしで追い求める私たち自身の姿が重ね合わされている。つまり映画製作者の実践は、実際に取材を重ねて警察を動かし、悪を暴いたヒーロー（記者）への強烈なアンチテーゼとなると同時に、残虐な事件を前に好奇心に駆られる私たち自身の問題をも組み込んでいるのだ。ここにこそ観客にとってのリアリティがある。

4 『凶悪』における「誤算」

映画『凶悪』にあって、非日常的な凶悪犯罪を繰り返す須藤と木村は、日常的で本質的な「凶悪」を見返す媒体《メディウム》である。監督・脚本の白石和彌は「あまりにも出来過ぎている」と感じた原作を脚本にするとき、記者をヒーローとして描くことだけはしたくなかったと述べている。「ニュースや雑誌や本の中で知る事件をどこかで、〝面白い〟と感じていた自分に無性に腹が立った」と語る白石は、非道な犯罪者の凶悪を描くよりも、それを自分自身の問題に引き寄せてシナリオを書き、「人間にとっての〝凶悪〟とは何か」という普遍的な問題を提起することになる。[*3] つまり、映画で焦点化されているのは無慈悲な「凶悪犯」の恐ろしさではなく、「凶悪罪のスペクタクルに魅了された藤井がいかに壊れていくか」なのである。この崩壊は、善悪に引き裂かれ、その境界線で苦悩しながら悲痛な表情を差し出し続けてきた山田孝之の〈顔〉に結実する。

凶悪犯の告発にも、さして興奮したり感情を揺さぶられたりしなかった藤井が事件に取り憑かれ、次第に人格が変貌していくのを山田孝之は一一段階にわけて表現したと話している。[*4] 興味深いことに、キャラクターを完全に自分のものにしてしまう山田が、この映画の藤井に関しては、その役柄を捉え損なってしまう。関係者向けの試写を観た山田は、映画の宣伝で「とにかく自分の芝居がダメだった」と酷評してしまったのだ。もっとも、詳述すれば感情の動きが激しい藤井の「感情の流れに大きなばらつきが見えたから」というのがその理由である。[*5] 撮影期間は三週間、むろん「順撮り」ではなかった。すなわち、ロケーションごとに時系列がばらばらに撮影されたため、「映画の流れ」に「感情の流れ」を合わせるのが困難だったのだ——この問題は試写から公開までの期間に、監督が藤井の変貌に合わせて、後半のシーンを入れ替えることによって対処された。

具体的に見てみよう。この操作が行われたのは、シナリオにおける長い回想（過去の犯罪描写）が終わった直後から法廷の直前までの場面——監督はシーン79〜90を、シーン79、83、80、81、82、(84)、85、87、88、89、86、90という順番に並べ替えた。[*6] ここで鍵となるのは、前にもってこられたシーン83ではなく、シーン82——取材中に警察官を突き飛ばして拘留された藤井に妻が面会する場面における、妻とのやり取りの演技にある。

泣き出す妻を前に、藤井は罪悪感と正義の間で引き裂かれている。カメラは藤井の横顔を極端に右側に配置したクロースアップで捉え、彼の前には大きな空白が広がっている【図8－1】。そこにはただ静かな時間が漂う。だが、家庭問題からいつも逃避する彼は、「お義母さんをホームに入れて罪悪感を感じるのが嫌なんでしょ？」と妻に責め立てられると、ゆっくり前のめりになり、「この記事を出せれば殺人犯を死刑にすることができるかもしれないんだよ。死んでいった人たちの魂を救えるんだよ！」と狂気じみた眼光で言い放つ【図8－2】。「あたしにだけお義母さんを押し付けて、きれいごと並べないでよ！」と妻にいわれた後の切り返しの表情も、「正義」に猛進するまったく迷いのない狂気じみた顔である。この場面の起伏の激しさから、シーン82はシーン83よりも後になくてはならなかった。

図8-1　『凶悪』（白石和彌、2013）

図8-2　同上

もう一つ重要なのは、編集で後ろに移動されたシーン86——告発人・須藤との面会の場面である。「木村はこれでおしまいです。もう娑婆には出られません」と嬉しそうにいう須藤に向かって、藤井は詰問し始める。木村は保険金殺人以外での立件はほぼ不可能だ、それを考えたら無期懲役がいいところだ、それであなたは許せるんですか、と。須藤は、でも俺なんかのために藤井さんや警察が動いてくれた、それで十分だ、そう応答する。

シナリオでは藤井は「須藤さん、それではダメです。木村はそれ相応の罰を受けるべきでしょう？」と問いかけることになっていた。だが、実際の場面で山田はまたしても前のめりになりながら「須藤さん、それではダメです。木村はそれ

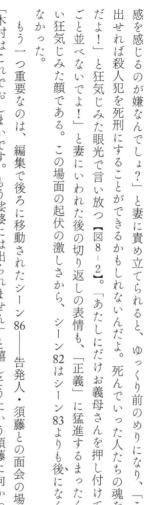

相応の罰を受けるべきです」と自らが罰の執行人であるかのように断定したのである。[*7] こうして藤井は「あなたの復讐はこれからでしょ」と毅然とした強い口調で死刑囚に断言する。この場面における遮断ガラスを隔てた死刑囚と記者は、まるで立場が反転しているかのように見える。つまり、自分のために動いてくれたことに感謝を示す「人間的」な須藤に対して、木村に罰を行使すべく復讐を促す藤井には「怪物的」な表象が与えられているのだ（だからここもシーン87〜89の後でなければならなかった）。

むろん一番の見所は、晴れ晴れとした表情で「残された人生を償い、歩いていきたいと思います」と法廷で語った須藤に対して、突如として怒りをぶちまける証言台のシーンである。

藤井「須藤っ！　この世で喜びなんか感じるなっ！　生きてる実感なんか感じるなっ！　なあ、須藤っ！　わかってるのかよっ！」

この法廷での〈狂気の表出〉を特徴づけているのは、実はその直前の山田孝之に流れる独特な時間だ。彼の〈顔〉に狂気が宿る直前には、ある種の静寂が漂う。そこには深い闇が、虚空が、〈寂寥感〉がある。そしてそのような「静」から「動」への極端な変化、その瞬発力や振れ幅の大きさこそが彼特有の〈狂気の表出〉を可能にしているのである（シーン82の妻との対話にも通底する法則）。それはシークェンスにおける感情の流れを断ち切ってしまうほど、逸脱し、おそらく俳優の意図を超えて強烈な印象を残している。

5　善悪の倒錯——『白夜行』における「正義」

こうした演技をもっとも活かす題材が、善／悪や加害者／被害者の狭間でもがき、正義と悪が渾然一体となった物語である。このような映画にあって、絶望の淵に沈む山田孝之は救済されることはない。再び『白夜行』を取り上げてみよう。東野圭吾の小説のドラマ化である同作は、幼少期、初恋相手であった雪穂（綾瀬はるか）に性的行為を強要していた自分の父親を殺す亮司（山田孝之）と、彼を庇うために自分の母親の命を奪った雪穂が、時効を迎えるまで罪を重ねながら生き延びようとする姿を描いた物語だ。

『凶悪』で罪が正当化されるように、『白夜行』でも不公平な人生を背負わされた女性の幸福のために罪は正当化される。過去の罪による共犯意識は二人を拘束し、互いに必要とする愛（憎）のルールを形づくる。そのバランスが崩れてしまうのが、雪穂が大学に入って出会ったサークルの先輩に恋をしてしまうシークェンスだ（第四話）。

ホテルの一室に呼び出した亮司は突然、彼女に掴みかかってベッドに押し倒す。馬乗りになった彼は、狂気に憑かれた眼で「許さねえからな！　自分だけ都合よく一抜けなんて」と怒りを露わにすると、今度は弱々しく「俺しかいないっていったじゃない…」と寄る辺ない悲愴を呈し、続いて「人にこんだけさしといて、そんな話ありえねぇだろっ！」と再び激昂する。そんなこと私が一番わかってるよ、理屈じゃないんだもん、なんとかしてよ、と泣き叫ぶ雪穂を前に立ちつくす彼は再び静寂をまとい、ただ悲痛なまなざしで彼女を見つめ続ける。このような愛憎の間で引き裂かれたパフォーマンスは、家庭に対する罪と正義の間で引き裂かれる『凶悪』にそのまま直結する。

あるいは「私の都合のいいように転がってくれてれば、それでいい」と言い放った雪穂に絶望するシーン（第五話）。相手を傷つける言葉を次々と浴びせる雪穂を、沈痛な面持ちで見つめ返す亮司の周囲には引き締まった空気が流れ、静寂が漂っている。続いて「騙されるほうがバカなのよ」と吐き捨て部屋から出て行こうとする雪穂に向かって鉢植えを投げつけるときの彼の〈顔〉は、まさに『凶悪』の法廷の場面と同じく、昂揚感とともに殺気が眼に結晶し、狂気が最高潮に達している。この二つの場面の山田孝之は倫理をはるかに超えた「凶悪」そのものである。

そして、ずっと二人を追いかけていた元刑事の笹垣（武田鉄矢）をハサミで突き刺した亮司が、自分の腹部を突き刺し、橋の上から飛び降りてしまうラストシーン。彼女を想う悲哀に満ちた、それでいてこの上なく優しく、力強いまなざしに私たちはただ立ちつくすしかない。善悪の彼岸から向けられたまっすぐな瞳を前に、私たちは彼が繰り返してきた罪を肯定し、赦してしまうだろう。路上から雪穂を見上げる彼の汚れないまなざしが、たった一人の女性を守るために犯してきた行為を、これ以上ないやり方で完璧に納得させてしまうからだ。事実、正義の体現者であったはずの笹垣を「悪役」と見なす声は多かった──読者投稿でも「何も間違ったことはしていないはずなのに、悪役にみえてしまうところが気の毒」（『読売新聞』二〇〇六年三月二日朝刊）といわれている。その決定的な要因こそ、悪を「正義」と名指すことができる山田孝之の表象の力だったのではないか。

6　善悪の彼岸──山田孝之の反‐倫理

山田孝之には、観る者をスクリーンへと惹きつけるような特有の空気感《アウラ》があり、おそらくそれは彼のまなざしが創出する静謐な映像的時間によって生み出されている。したがって、まず張りつめた場面を成立させているのは、彼が周囲にまとう静寂であり、すぐにそのまなざしから発散される〈寂寥感〉が画面の虚空に侵食し始める。ここでは沈黙こそが何よりも雄弁に語っている。

やがて画面を構成していた秩序は、漏出する狂気によって完全に喪われるだろう。ともすればシーンの流れを断ち切ってしまいかねない怒りや狂気が、統御から解放され、あたかも箍《たが》が外れたかのように繰り出される。だからこそ、山田孝之が怒りや悲しみに駆られて情動をむき出しにするときには決まって、その偏差から固有のダイナミズムが生まれるのだ。画面がいっぱいに熱を帯びたかと思えば、すぐに静寂を取り戻すようなエネルギーの放出と消失、その過剰な振幅の間に表現される静寂や悲壮、あるいは狂気や憤怒こそ、彼を唯一無二の存在にしているものにほかならない。

このような表現が最初に最適な条件で活かされたのが『白夜行』だった。だから二〇〇六年を境に、いわゆる「恋愛もの」が極端に減っていくのは必然だったのだ。この作品を機に、山田孝之は「善悪の彼岸」という業を引き受けたからだ。そしてそれは繰り返し彼の映像で重要な位置を占め続けている。彼が演じてきた役柄は、裕福で教養が高い満ち足りたキャラクターではなかっただろう。むしろ、絶望的で頽廃的な世界に住まい、社会階層は高くなく、不幸な境遇が与えられ、喪失感を抱く孤独な男が多かったはずだ。山田孝之は、昼ではなく――「深夜ドラマの俳優」とは異なる意味で――夜、日向よりも日陰、光よりも闇、勝利よりも敗北がもっとも似つかわしい俳優なのだ。

絶望の深淵に突き落とされ、善と悪、正義と悪の狭間で引き裂かれること。山田孝之は幾度となくその境界線上のアナーキーな世界で苦悶する表情を映し出してきた。このような主題のもとで、受難の〈顔〉を刻印してきたこの俳優は、決して救われることはなかった。「絶望」を演じさせて輝きを放つのは、彼が直截的に「絶望」を体現するからではない。むしろ、絶望の深淵に身を置く彼の眼に宿る優しさと脆さ、美しさと虚無、悲壮と狂気、そういったほとんど対立する感情をほぼ同時に表現してしまうこと、それが彼の演じる人物と物語に名伏しがたい奥行きを与えているからなのである。

もっというならば、山田孝之の映像の異質な間隙と情動の発露を通して見出されるのは、善悪の境界線を無効化し、正義と悪をおよそ宙吊りにしてしまうという規則性なのであり、重大なことは、彼の瞳から繰り出される倒錯性が翻って観客である私たちの日常をも揺さぶってしまうという事態であろう。まさに彼の演技は、映像の身体を媒介にして、既存の価値観を転倒させてしまう強度をもっている。その固有の存在が、正義や善が絶対的なものとしてもはや信じられず、善悪が相対的でしかない二一世紀の映像文化でアクチュアルな身体イメージを形づくったのである。悪を正義に見せること、善悪のコードを組み替えてしまうこと、山田孝之のパフォーマンスには生の倫理を転覆させるような圧倒的な力が宿っているのだ。

註

＊1　「Interview山田孝之［丑嶋馨］」、『キネマ旬報NEXT』Vol.11、二〇一六年、九〇―九四頁。

＊2　原作を執筆した宮本太一は、映画を観て初めて「自分がこの凄惨な事件を「楽しんでいた」という確かな事実」を認識したと語っている（宮本太一「映画『凶悪』が描いた「狂気」」、『新潮45』二〇一三年一〇月号、一三六頁）。

＊3　白石和彌「あまりに出来過ぎている」、『キネマ旬報』二〇一三年九月下旬号、六三頁。
＊4　山田孝之・リリー・フランキー・ピエール瀧「ワルに魅入られて出演した映画「凶悪」の〝三悪人〟鼎談」、『週刊新潮』二〇一三年九月二六日号、一五一頁。
＊5　『凶悪』の製作過程に関しては、山田孝之『実録山田』、ワニブックス、二〇一六年、六一―六五頁。
＊6　本書で使用した脚本は、『シナリオ』二〇一三年一〇月号、五五―八五頁に掲載された決定稿である。なお、シーン84はカットされているため（84）と表記した。
＊7　監督である白石和彌は細かい演出はせず出演者に任せたと以下で語っている。高橋泉・白石和彌「インタビュー」（聞き手＝井上紀州）「映画『凶悪』脚本家インタビュー　社会派ではなく、エンターテインメントを目指した――ルポルタージュの脚色」、『シナリオ』二〇一三年一〇月号、五一頁。また、最後の面会の場面で一番恐ろしく見えるよう「その場で芝居の方向を決めました」と山田自身が述べるように、演技は俳優陣にかなり委ねられていたと推測される（山田孝之・リリー・フランキー・ピエール瀧、前掲「ワルに魅入られて出演した映画「凶悪」の〝三悪人〟鼎談」、一五二頁）。

Sequence C
転覆する身体——イメージをかきかえる

第9章　『転校生』における身体の喪失と共感

――大林宣彦のセルフリメイク

1　身体の不在

大林映画に頻繁に現れるのは「身体の喪失」である。大林宣彦にとって映画は虚構でしかなく、光学的に処理されたアヴァンギャルドな映像は、大地に根ざした重厚感というものがいっさい消失している。物質的な身体の不在――それは大林が初期から一貫して「幽霊」や「死者」を生者と同一画面上に配置し、登場人物に平然と時空間や物理的な限界を超えさせることによっても強化されてきた。トリック撮影を多用した商業映画デビュー作『HOUSE／ハウス』（一九七七）では、人間の身体がキッチュな表現によってバラバラになり、オプチカル処理を使用した自然の法則ではありえない運動を画面に刻印する。他にも未来の少年と恋をする『時をかける少女』（一九八三）、少女時代の母の「想い」が人間の形象となった空想的な「存在」と対話する『さびしんぼう』（一九八五）、死んだ両親に会いに行き、幽霊と抱き合う『異人たちとの夏』（一九八八）……あげればきりがないほど大林作品では非‐身体的存在ばかりが画面に浮かび上がる。だからこそ、抽象化され、純化されたエモーションが前面に押し出されるのだ。

こうした身体の喪失＝置換がもっとも具体的に描かれたのが『転校生』（一九八二）である。商業映画デビュー五作目の本作では、トリック撮影やオプチカル処理を施した映像から一変、ＳＦＸはほとんど使用されない。大林自身もこの作品から「ジャーナリスティックな刺激剤としての商品づくりを止め、より個人的に作品を作る方向に転じた」[*1]と記している。

尾道三部作の一作、ジュブナイルＳＦドラマである『転校生』は、一夫（尾美としのり）のクラスに転校してきた幼馴染の一美（小林聡美）と肉体が入れ替わってしまう奇想天外な物語だ。サトウ・ハチローの「あべこべ玉」（一九三四）に着想を得たと思われる山中恒の『おれがあいつであいつがおれで』（一九七九―八〇）を原作とする性転換ストーリーである。[*2]苦難の末、二人は最後に元通りになり、今度は一夫が転校することになる。映画は尾道を去ってゆく一夫と一美の別れを描いて終幕となる。

物議を醸し、批評家の批判を浴びたデビュー作と違って『転校生』は観客にも批評家にも幅広く好意的に受け入れられた。そしてこの初期の大林作品は二五年の時を経て「セルフリメイク」される。[*3]大林宣彦が後期作品で何を表現しようとしたのか。原作が同じオリジナル／リメイク作品を比較するからこそ、その偏差から、より作家の思想が捉えやすくなるはずだ。これから論じられるのは、四半世紀が経過したリメイクをオリジナルと比較することによって見えてくる、大林の映像実践である。

2　大林映画の作家的特性

まずは大林宣彦の作家的エッセンスを捉えておこう。四つの言葉でそれを強引に言い表すならば、①「少女愛」②「技巧的遊戯」③「映画的引用」④「追憶」ということになる。

少女愛に関しては今更いうまでもない。大林自身「僕は、お婆ちゃんを見ても、そのなかの少女的な部分を見ちゃう人だから。逆にいうと、肉体的な意味での少女は描いていないかもしれないですね。むしろ、永遠の少女的なものという少女の感性……」[*4]と語るように、彼の映像には肉感的なエロスを醸し出す女優はほとんど登場しないし、若い女優の裸体を映し出すことはあっても、その生々しい肉体をフィルムに焼き付けることに興味はないかのように見える。むしろ裸体は純粋な少女の情感を放出するための供給源にすぎない。

「映像の魔術師」という呼称からもわかるように、大林の創り出す映画は、それが作り物であることを包み隠さず呈示する露悪的な面がある。特に初期の作品は、技巧的な処理を自然に見せるのではなく、『HOUSE／ハウス』や『ねらわれた学園』（一九八一）に顕著なように継ぎ目を暴くことで人工性を強調するアマチュアリズムの「遊戯」で溢れている。

「映画的引用」に関しても改めて指摘するまでもないが、大林映画では作品内部に堂々と映画が引用される。たとえば『異人たちとの夏』では主人公が木下惠介の『カルメン故郷に帰る』（一九五一）を視聴し、『転校生』ではジョン・フォードの『駅馬車』（一九三九）のポスターが映し出される。『時をかける少女』はヴィクター・フレミングの『オズの魔法使』（一九三九）、『転校生』はハワード・ホークスの『赤い河』（一九四八）の冒頭が馬車をトラックに置き換えて引用される。[*5]『転校生』の終盤、家出して旅館に辿り着き、蛍光灯をはさんで添い寝する二人は、小津安二郎の『晩春』（一九四九）における壺を媒介にした父と娘の近親相姦的な禁断の愛を彷彿とさせる。大林映画では常に映画史が参照され、過去が重ね合わされるのだ。[*6]こうした映画史への目配せは大林映画の重要な特性である「追憶」にもつながってゆく。

「ぼくの故郷ということを超えて、尾道が高度経済成長に乗り遅れ、過疎の町になったおかげで、ぼくが映画にも求めているものがそこにあるんですよね」[*7]――このように語る大林にとって時代に取り残された場所や風景は物語に必要不可欠な要素となる。だからこそ過去の映画史が参照され、テクストに時間的奥行きが挿入されるのだ。

大林映画で創り出されるノスタルジーは何も現代の観客である私たちにのみ感受されるものではない。同時代の批評言説も「その坂道と石段と入江で形成された風景は、いかにもこの青春の郷愁《ノスタルジイ》をあおる。日本経済の急成長からとり残されたような静かな地方都市の自然美は、この奇抜な発想との対比の中で、ひときわ強烈な個性と情緒を発揮する」[*8]と称賛している。大林はローカルな場所を誰もがどこかで見たような記憶の風景に摺り替える。こうした大林独自の映画の「奥行き」はどのような表現によって作り出されているのだろうか。そのために導入されるのが歴史的な〈距離〉を感じさせるメディア的効果だ。まずはそれを『転校生』から分析していこう。

3　『転校生』におけるメディアと〈距離〉

大林宣彦のフィルムに対するノスタルジーという言葉は紋切り型の批評用語として使い古されている感がある。もちろん大林が本作を撮る際に求めたのは、ロラン・バルトが写真についていうような「かつて＝そこに＝あった」失われた景色である。

尾道を撮るときも、観光絵葉書のような絵ではなくて、ぼくが子供のころさびしんぼう少年でひとりさまよった路地裏、坂道、石段、崩れかけた土塀、ひび割れた屋根瓦のある風景、そこの角を曲がれば日差しがあったり、階段に立ち止まれば涼しい風が吹いたりした、そこにあった日差しのぬくもり、風のそよぎ、ふと遠くから聞こえてきた音、角を曲がったらいるんじゃないかなと思った少女の気配、そういうものだけを撮ろうと思ったのです。[*9]

大林映画に見出される「既視感」、いつか見たような懐かしさに関してはつとに指摘されてきた。四方田犬彦が「大林宣彦のフィルムが、本質的に過去の時間にベクトルをむけ、その甘美な体験を額縁のうちに閉じこめようとする意志にもとづいている」[*10]と論じるように、大林が描出する映像は、幼年期の記憶を手繰り寄せるような「追憶」の身振りに満ちている。同じ尾道を舞台にした『時をかける少女』を評した佐藤忠男は、地方都市の佇まいに「惚れ惚れするような眺め」だと述べた上で、しかし同時にそれが「多彩なテクニックで洗いあげられた末に、奇妙に実在感の欠けた、遠い記憶の彼方のもののように見えてくる」と論じている。[*11] 確かに尾道という町はローカルな場所でありながら、映像として観ると日本人の心のどこかにある心象風景のような虚構性を帯び始める。だが、大林的なノスタルジーは誰もが見たような光景を映像に閉じ込めるテクニックからだけではなく、きわめてメディア効果的に構築されている。

『転校生』におけるノスタルジーの創出——大林独特の〈距離〉の遠近法はいかにして演出されるのか。まずは冒頭の画面に注意しよう。カタカタと映写機が回る音とともに美しい旋律にのせて、スクリーンよりも一回り小さな四角形に尾道の風景が映し出される。大林は製作が開始されると、娘に「フィルム一〇本買ってあげるから、それであなたの好きな尾道をあなたの目で撮っておいで」といったという。[*12]「僕が付き合うと僕の尾道になっちゃう」ということで、妻の恭子と娘の千茱萸が大林抜きで撮りに行ったのが冒頭の8ミリの映像である。こうして個人の記憶のイメージは複数の主観的な風景へと変貌する。

撮影監督の阪本善尚によれば、冒頭のシーンは、この8ミリの映像を白の厚紙に映写し、白黒フィルムを使用して35ミリのカメラで再撮している。[*13]また最後の映像は、35ミリのモノクロ撮影のフィルムを16ミリプリントに縮小して、再び白い厚紙に映写したものを再撮し、ズームバックしてさらに小さく見せる手法で「青春の最初の丘を越えた和夫の心情を描く事」を目指したのだと阪本は述べている。[*14]

最初と最後だけではない。序盤にある一美が転校してきて帰り際に幼少期の思い出を語る場面。一美の祖母が死んだ時のフラッシュバックは、再び冒頭のようにズームバックした一回り小さな画面でカタカタという映写機の音とともに活写される。動きのみで台詞はなく、突然、字幕で「その日――一夫と一美が、幼稚園から帰ってくると――」というインタータイトルが挿入され、スクリーンは一転してサイレント映画の雰囲気を湛える。インサートされた映像の画像の乱れや画質の荒さから、誰もが無声映画時代へと遠いまなざしを注ぐだろう。

この途方もない映画史の〈距離〉にとどまらず、ラストシーンではきわめて個人的な歴史が密やかに挿入される。入れ替わった体が元通りになり、引越し屋のトラックに乗って出発する一夫を、一美が追いかけるクライマックスの場面である。カメラは「サヨナラ、あたし」「サヨナラ、俺」と車で去ってゆく一夫と疾走する一美を切り返す。途中までその映像は、被写体からスピードをあげて離れていくことから、お互いの主観ショットと見てよい。だが助手席から顔を出す一夫は突然8ミリカメラを構えて一美を撮影し始める。すると先述したようにズームバックして小さな画面になり、スキップする一美が振り向いた途端、フィルムが切れて暗転する。すなわち、冒頭で一夫が映写機を回して映像を投影していたように、リアルタイムで進んでいたドラマは突如として「かつて＝そこに＝あった」過去の光景になるのだ。この過去の映像を観ている一夫が青年なのか中年なのかを知る術はない。だが、唐突に挿入される歴史＝「過ぎ去った時間」が遠近感を狂わせて、途方もない〈距離〉を観る者に体感させるのである。

4 『転校生』から『転校生 さよなら あなた』へ

それではセルフリメイクされた『転校生 さよなら あなた』（二〇〇七）と比較するためにも物語の内容に踏み込んでいこう。体が入れ替わる直前と元に戻る直前、二人は踏み切りを通過する【図9－1】【図9－2】。異性の身体を経験することが成長するのに不可欠な通過儀礼であるかのように未知なる体験＝世界へと二人は誘われる。「女／男」の身体の置換によって前景化するのは、ジェンダー・セクシュアリティの問題である。それを捉えるためにもオリジナル版の製作過程に触れておきたい。

先述したように『転校生』の原作は一九七九年から一年間『小6時代』に連載された山中恒の『おれがあ

図9-1 『転校生』（大林宣彦、1982）

図9-2 同上

いつであいつがおれで』だ。この児童小説に目をつけたシナリオライターの剣持亘が大林のもとにもっていって映画化を打診、原作に共感した大林はすぐにシナリオを剣持に依頼して映画化を決意した。許諾をもらおうと原作者に会いに行って「この原作は純文学です。男らしさ、女らしさの再確認をするんです」と伝えると、山中が「要するにウーマンリブ反対の映画ね」というので大林は「そうです」と答えた。「僕と山中さんは世代的に共通していたから一気に通じ合った」とそのときのことを回想し、大林は次のように語る。

やがて日本の女性たちが選挙権を得て社会に進出したとき、僕たちは期待していたんです。戦争の時代に家を、家族を守ってくれた女性たちが社会の主導者になれば、きっと平和な時代をつくってくれる。まさに憲法九条にふさわしい、戦争をしない国になると、かなり本気で期待していたんですよ。ところが出てきたのはウーマンリブで、「山中さん、僕たちの期待は違ったね、ナチスだって女のほうが残酷だよ。日本は変なことになるかもしれない」と話した。真実の男らしさとはなにか、女らしさとはなにかということを、きちんと皆に実感してほしい。[*15]

一九六〇年年代後半にアメリカを中心にウーマンリブ運動（女性解放運動）が起こり、日本でも七〇年代に展開されて一定の流れを形成した。いわゆる第二波フェミニズムにおいて、「女／男」の差異は存在しないというリベラル・フェミニストたちは「両性具有」の理念のもと性差のない公的領域での「平等」を訴えた。[*16] 一方、ラディカル・フェミニズムは異性愛中心主義のフェミニズムに挑むかたちでより私的な領分におけるアイデンティティやセクシュアリティの権力構造に目を向けた。異性愛主義を女性抑圧の根源と捉えて女性たちの「連帯」を主張するレズビアン・フェミニズムも登場した。

当時の日本における女性解放運動に関するマスコミの報道が、偏見に満ちて歪曲されたものだったことは広く知られている。大林と山中がどのような報道を通じてウーマンリブ運動に接していたかは定かではないが、いずれにせよ「女らしさ／男らしさ」の規範が社会的に大きく揺らいだ時期において製作が開始されたのであり、そこに同世代の保守的な意識の一致、表現されたテクストにおける性差の再確認というイデオロギーがあったことは間違いないだろう。

原作の設定では小学六年生だが、映画では中学生に引き上げられ、よりジェンダーやセクシュアリティが強調されている。[*17] 映画の序盤では、男子生徒たちが女子更衣室に侵入してスカートやブラウスを身につける行為や冷やかされたクラスメイトに「俺は男だぞ！」と凄む姿が描かれている。これらの場面は原作には見られない描写だ。

一美の体になった一夫［以下、一美（一夫）と表記］がSF好きの彼女の兄に、女と男の心と体が入れ替わったということを信じるか尋ねる場面がある。それを聞いた兄は「女の子にSFは無理なんだよ。発想が飛躍しないからさ。ママを見てりゃあわかるじゃないか」と一蹴するが、こうした台詞もまた、原作にも剣持のシナリオにもなく現場で改変されたもので、より性差別が強調されているのがわかる。[*18] また、原作で一美の母親は「いいおむこさんを見つけて、いいえ、いいおむこさんに見つけてもらって、しあわせな花嫁さんになるのよ」と娘にいう。この台詞は脚本でもほぼ同じで、映画でも「見つけ……見つけられて」と言い直すことで女性の「受動性」が強調されている。

このように細部のいたるところで男性作家たちのジェンダー・セクシュアリティへの意識や同時代の規範が透けて見えてくる。それは大林が一九九二年に記した「物語というのはひとりでは出発しないわけで、必ずだれかとだれかの物語になる。それをつきつめれば、この世の中には男と女しかいないから、男と女の話になる」[*19]という言葉に端的に現れている。はたして二五年後のリメイクで、こうした点はどのように再設計されているだろうか。

物語の再解釈――セルフリメイクとは自ら生み出した創造物への自己批評にほかならない。結論を先取りすれば、大林は体が入れ替わることによって浮上するジェンダー・セクシュアリティにほとんど関心を示していない。もちろん私たちは、家父長的に構築されたジェンダー規範や受動的な女性性の意識が後景化したことを容易に見出すことができる。あるいは原作やオリジナル版にはない、ホモセクシュアルな欲望を受け取ることもできる。クラスメイトで一美の彼氏に設定を変更された弘が、外見が一夫で中身が一美であることを見抜いた上で一夫（一美）にきつく抱擁するシーンがあるからである。公開年に書かれた批評では、管見の限り男同士の抱擁への言及はない。もちろん意味的な次元では異性愛表現に違いないが、視覚的には男同士の肉体による表現のため、ここにホモエロティックな愛情を見出すことは可能である。[*20]

ところが、この中盤の一夫（一美）と弘による男同士の抱擁と、その合間に挿入される一美（一夫）によるピアノの独唱を境目として、後半は『転校生』とはまったく異なる物語へと突き進んでゆく。死ぬ運命を与えられた少女と少年は「性差の問題」を忘却し、「生／死の問題」に辿り着くのである。

5　「転落」から「回転」へ

『転校生』のリメイク版が製作された経緯を確認しておこう。まず二〇〇五年の秋、大林が長野市民から「50年後の長野の子供たちに見せたい映画を作ってほしい」と頼まれたことに始まり、同じく長野での講演会で四四歳の父親から「10代の頃に観た『転校生』のような映画的幸福を今の子供たちにも与えてほしい」と懇願されたこと、さらに二〇〇六年に製作予定だった映画の一本が中止になり別のものを用意する必要に迫られたことが主たる要因である。そして、その後、本作のプロデューサーの一人である妻・恭子に「信州長野でやろう」と提案されて大林は納得したという。[*21]

舞台は「海」の町である尾道から「山」の町の長野へ。大林は『なごり雪』(二〇〇二)を撮った頃から「海」よりも「山」へカメラが向きだしたと語る――「海の夏の『転校生』を25年後に秋から冬の山の里・信州で撮るというのは、僕にとって非常に意味のあることだったんです」。[*22] 登場人物もピアノ少年の一夫、物語少女の一美、彼女のクラスメイトで彼氏の弘が哲学少年と設定が大幅に変更された。アケミは一夫が転校する前の学校のガールフレンドということになっている。

リメイク版で改変されたのは舞台やキャラクターの設定だけではない。新たに加わった重要な要素が「死」だ。一美(一夫)が突然、余命二、三カ月と「死」を宣告されるのである。つまりオリジナル版における「女/男」という「性」の交換だけではなく、そこに「生/死」の交換を加えることで、リメイク版は「自分の死を相手のこととして考える」ことを主人公たちに課す。自分が生きることは相手が死ぬこと……相手が生きるということは自分が死ぬこと。リメイク版はそういう状況を作り出す。大林曰く、生と死をいかに考えるか、それが「今の時代に一番問われていることではないか」。[*23] 異性の身体を通過=体験することで自己を相対化する成長の物語を描く前作が「自己のアイデンティティ」の確認だったのに対し、リメイク版は他者の「死」を身体として引き受けることで「他者のアイデンティティ」を想像するのだ。

それを図像として的確に表しているのが入れ替わりの「回転」のアクションである。小説でもリメイク版でもほとんど見られない、オリジナル映画においてもっとも印象づけられる登場人物の視覚的運動は「転落」だった。原作小説での入れ替わりの場面は、地蔵堂に近づいてきた一美に体当たりをした一夫が地蔵堂の縁で脳天を打ち、気がつくと一美の体になった一夫が彼女の部屋で目覚めることになっている。小説における「落下」は校長先生と階段で衝突して転げ落ちるくらいだ。

原作では森野市という架空の町が舞台となっているが、大林によれば、山中は自分の出身地である小樽をイメージして書いた。[*24] それをパーソナルな映画として立ち上げようと大林は舞台を瀬戸内の海に面した風情豊かな尾道へと移す。町に流れる水道は山を背景に海沿いに細長く伸びた町並、細長い

図9-3 『転校生』(大林宣彦、1982)

図9-4 同上

図9-5 同上

急勾配の石段が家々の間を通っていく。原作では坂道や石段も特に何度も出てくるわけではないが、尾道を舞台にした『転校生』では石段が伸びる家々の高低を映像的な効果として使っている。

すでに序盤、男子学生たちで体育館の屋上に梯子でのぼって女子更衣室に潜り込み、逃げ遅れた一夫が「落下」するアクションが捉えられている【図9－3】。下校時には坂道を下り、急勾配の石段を降りる二人。続いて急な坂道を駆け上り、走り抜けてゆく。軽やかにスキップで画面を横切る一美が印象的だ（このスキップはラストシーンでも繰り返される）。カメラは高低から二人の上下の運動を捉え続ける。神社の高い階段で立ち止まる一美。ハイアングルからその高さが強調される【図9－4】。後ろから空缶を蹴飛ばしたことが原因で、二人はその長い階段を激しく転がり落ちる【図9－5】。この「転落」のアクションこそ『転校生』で異性の身体を引き受けなければならない悲劇をもっとも思想的に映像化している。

図9-6　『転校生』（大林宣彦、1982）

図9-7　同上

一美と体が入れ替わった一夫は二階から階段を駆け下り、石段を駆け上って一美の家に行く。翌朝、シナリオでは「ベッドから落ちそうになって眠っている」とト書きにあるが、映画ではベッドから「転落」している【図9－6】。また原作と脚本では階段にいた校長先生を一美（一夫）が「飛び越す（原作）＝ジャンプ（脚本）」する場面

図9-8　『転校生 さよなら あなた』（大林宣彦、2007）

図9-9　同上

があるが、映画では屋上と校舎をつなぐ通路から、下にいた校長先生に向かって一美（一夫）が「落下」し、頭から落ちて転がるシーンになっている【図9-7】。こうした表現からも、大林が映画化に際して主人公に「落下」の運動を課していると見てよいだろう。

一方、リメイク版で転校してくるのは一美ではなく一夫のほうで、尾道から一美の住む長野へ引っ越してくる。続編と位置づけられるリメイク版で、入れ替わりのシーンの舞台となるのは、自然の水が湧いている「さびしらの水場」と呼ばれる場所である。柄杓をもって水を飲ませようとして水場に落ちた後、カメラをクルクル回した映像がモンタージュされ【図9-8】、続いて二人が水中で「回転」する様子が映し出される【図9-9】。そして終盤、死を覚悟した二人が再びこの水場に戻ってきて、序盤と同じく水中で「回転」する。それは輪廻転生といえるような生／死の運動である。

こうした「回転」に通ずる映画の形態はリメイク版の細部にちりばめられている。本作はオリジナルと異なり、カメラをずっと斜めに傾けて撮影されている。映画においてカメラを斜めに傾ける構図で有名なのは『第三の男』（一九四九）や『エデンの東』（一九五五）だろう。これらの作品が適切なシーンで斜めの構図を効果的に使っているのに対して、本作は全編にわたってかなりの頻度で使用されている。こうした例は一般の映画でほとんどない――木下恵介の『カルメン純情す』（一九五二）が有名である。リメイク版のこの斜めからのアングルはしかし、シーンごとにおよそ交互に左右へとカメラが傾けられる。「回転」という主題から考えると、弧を描くように進む本作は、やはり「輪廻」と結びついているように思われる。

他にも「回転」に関連づけられる重要な映像技法がある。設定が大幅に変更されて尾道から転校してきた一夫が教室で挨拶をするシークェンス。一美のクラスメイトであり彼氏でもある弘と彼女が教室で会話する序盤のシーンで、多くの観客は違和感を覚えるだろう。教室の窓際を歩いて弘に話しかける一美がカメラ目線のミディアム・クロースアップで捉えられる。カメラは二人を移動撮影で追っていく。カメラから見て左から右へ向かう一美の背景は、当然右から左へと流れる。だが、続いて切り返したカメラが対話相手の弘を捉えると、同じく教室の窓際を歩く人物が左から右へ、背景は右から左へ流れているのだ。そして教卓の前を通り過ぎる二人の切り返しも、同じ技法で撮影され、背景の黒板に書かれた文字や記号もまったく同じである。そのまま廊下に出て並んで歩く二人の切り返しも、不自然なつなぎで、窓際を歩いていく人物の背景は、どちらも左から右に流れていく。

二人が並んで歩いている映像を自然に切り返すには、本来ならば背景を変えて、しかも逆向きに流さなければならない。ところが大林は同じ側の背景を選び、切り返しショットにもかかわらず、同じ方向に背景を流す。そうすることで、観客にとって二人が同じ場所を「旋回」している印象をもたらすのだ。

6 過去から未来へ

リメイク版で大林は他にも興味深い実験をしている。オリジナル版にあった「情緒的映像」の要素を抜き落とすため、バラバラのリズムやテンポで動く画面内の人物たちが一つの意志をもつように、ワンカットずつコマを細かく変えて撮影したというのである。

大林は中盤のピアノ演奏のシーン以外は正回転ではなく、スピードを微妙に変化させて映像的エモーションを統一させた[*25]。自身で述べるように、撮影も編集も仕上げも全部フィルムで「任意のコマ数を選んで20・18・22・19コマなどと撮影」することで「個人個人の演技のバラツキが一斉に一つの映画的な意志に纏められる[*26]」。

実際、リメイク版の映像にはノスタルジックな情緒が雲散霧消している。斜めにフレーミングされた構図をシーソーのように交互に使い、初期から濃厚に映像に見られた、メディアを使った〈距離〉の導入も退ける。ノスタルジー効果を禁じているといってもよいだろう。この作品での大林の視線はむしろ未来へと注がれている。それは決して七〇歳になろうとする尾道の前衛作家が「死」を意識したからだけではないだろう。物語の最後には「未来の子供たちよ、——今も元気で暮らしていますか？」という問いかけが記録されている。

ラストシーン、元に戻った一美が車椅子に乗り、それを後ろで支える一夫が肩に手をかける。死を前にした一美の肩で、彼はピアノを演奏する。指先で他者の確かな身体を感じること。異性の身体を通過して自己を確かめる成長の物語『転校生』から、他者の身体を通して他者の生／死を引き受ける物語『転校生 さよなら あなた』へ。オリジナル版における身体とは「女らしさ／男らしさ」を相対化する装置にすぎなかった。リメイク版で取り戻されるのは自己の身体ばかりではない。映画による「祈り」――私には大林宣彦がむしろ他者の身体を感じることに未来を賭け、その想いを永遠にフィルムに焼き付けてこの世を去ったように思えてならない。

註

＊1　石原良太・野村正昭（編）『A MOVIE・大林宣彦』芳賀書店、一九八六年、二〇四頁。
＊2　もちろん「女／男」が入れ替わる物語は平安時代後期の『とりかへばや物語』まで歴史を遡ることができる。
＊3　リメイク映画に関する研究は以下を参照されたい。Constantine Verevis, *Film Remakes*, Edinburgh University Press, 2006.
＊4　大林宣彦「インタビュー」「大林ワールドと昭和ロマンチシズム」、『シナリオ』一九八六年一月号、七頁。
＊5　ハワード・ホークスの引用については以下で大林自身が答えている。大林宣彦「過ぎてゆく時間への眼差――〈私〉映画の普遍性」、『ユリイカ』一九八五年二月号、一五三頁。
＊6　ただしすべてが大林宣彦によるものではなく、『転校生』のポスターは美術監督の薩谷和夫のアイデアである。
＊7　大林宣彦「インタビュー」（聞き手＝西村智弘）「映画の実験精神――揺れる境界線の上で」、『美術手帖』一九九五年一〇月号、四二頁。大林宣彦「インタビュー」「未知の〝私〟との出会い」、『シナリオ』一九八五年五月号、八頁。
＊8　浜野優「日本映画 転校生」、『キネマ旬報』一九八二年五月上旬号、一六四頁。
＊9　大林宣彦『映画監督 大林宣彦』実業之日本社、一九九二年、一四二頁。

＊10　四方田犬彦「いつか見た光景――大林宣彦論」、『ユリイカ』一九八三年一二月号、七四―七五頁。
＊11　佐藤忠男「日本映画月評 時をかける少女」、『シナリオ』一九八三年一二月号、九一頁。
＊12　大林恭子・大林千茱萸・大林宣彦「家族で映画ばかり撮ってきた」、『文藝別冊 大林宣彦』河出書房新社、二〇一七年、三八頁。
＊13　阪本善尚「撮影報告「転校生」」、『映画撮影』No.78、一九八二年、一六頁。
＊14　同前、一七頁。
＊15　大林恭子ほか、前掲「家族で映画ばかり撮ってきた」、三六―三七頁。
＊16　当然、第二波フェミニズムは一枚岩ではない。詳しくは以下を参照されたい。Judith Evans, *Feminist Theory Today: An Introduction to Second-Wave Feminism*, Sage Publications, 1995.
＊17　以下、小説は山中亘『おれがあいつであいつがおれで』角川書店、［一九八〇］二〇一七を参照。
＊18　剣持亘による『転校生』のシナリオ決定稿を参照（『キネマ旬報』一九八二年四月下旬号、八六―一〇五頁）。以下、脚本の引用は決定稿を参照する。大林組におけるシナリオ作りのプロセスは脚色者と潤色者にわかれている場合が多く、大林が述べるように「潤色版は、現場の条件の中でどんどん生き物のように変貌していく」。したがって、大林作品ではシナリオの決定稿と撮影台本ではかなり違いが見られる（大林宣彦「時空を超えた映画への〝想い〟――シナリオと撮影台本の違い」、『シナリオ』一九八七年八月号、一一頁）。また『転校生』で初めてコンビを組んだ剣持との関係は、本作ではまだ役割としては不明だったものの『時をかける少女』以降、「脚色者と潤色者に、はっきり分れている」と大林は話している（大林宣彦、前掲「未知の〝私〟との出会い」、六頁）。『転校生』での決定稿と実際の映画ではかなりの違いがある。
＊19　大林宣彦、前掲『映画監督 大林宣彦』、一三四頁［傍点引用者］。
＊20　初期近代イングランドの演劇において女性役を少年俳優が演じる慣習があり、意味的には異性愛だが視覚的には男性同士のため、ホモエロティックな欲望を引き出していた可能性が論じられている。Marie Helena Loughlin ed., *Same-Sex Desire in Early Modern England, 1550-1735: An Anthology of Literary Texts and Contexts*, Manchester University Press, 2013.

＊21　増當竜也「ロングインタビュー大林宣彦監督」、『キネマ旬報』二〇〇七年七月上旬号、一三三頁。
＊22　同前。
＊23　同前、一三四頁。
＊24　大林宣彦ほか［座談会］「かつての8ミリ少年の純粋に映画的な想いを込めて」、『キネマ旬報』一九八二年四月下旬号、八〇頁。
＊25　増當竜也、前掲「ロングインタビュー大林宣彦監督」、一三四頁。
＊26　大林宣彦「何があっても面白く、観客をもてなせれば。」、『シナリオ』二〇〇七年七月号、二九頁。

第10章　女たちの連帯と共闘
――韓国映画『ハウスメイド』とチョン・ドヨン

1　物語は「階段」で生起する

韓国映画『ハウスメイド』(二〇一〇)の冒頭の場面。若い女性が繁華街にあるビルの高層階から飛び降りようとしている。柵の手前に配置されたカメラは街を見下ろす女性の後ろ姿を映し出す。そしてその街で労働に従事し、遊びに興じる女性たち、続いてガラス張りになったビルの一室でマイクやタンバリンを片手に歌って踊る女性グループを下からのアングルで捉える。座って働く中年女性を狙った地面すれすれのショットが終わると、冒頭の女性が突如ビルから落下する。ドキュメンタリーのようなカメラワークで街の女性たちが描き出された後、この物語のヒロインはスクーターから降りて、自殺した死体を縁取った白線と血痕を前に立ちつくす。ゆっくりとその姿を捉えながら上昇するクレーン・ショット。続くクロースアップで、彼女は空を仰ぎ見る――。

オープニングのシークェンスで映像化されているのは、女性、労働、廃棄物、死の連想である。だが、開始五分足らずで描出されるのは働き遊ぶ女性たちの姿だけではない。そこで強調されるのはカメラの動きやアングル、人物の視線が創り出す上下／高低の空間構造、そして垂直の落下運動である。

冒頭の導入が終わるとすぐに、高いビルの屋上から街を見下ろすヒロインの後ろ姿のショットになる。顔が映されない構図の反復は、まるで飛び降り自殺した女性と置換可能であるかのような印象を与える。自死を決意するしかなかった女性の死の痕跡を前に、彼女はそれが自分であったかもしれないと途方に暮れていたのだろうか。住み込みのメイドとして上流階級の豪邸で働くことになるヒロイン。その家の主人と関係をもってから物語は悲劇的な結末へと急降下してゆく。そして上下の空間を媒介する「階段」を舞台に、本作は凄絶な大団円を迎える。

韓国映画のサスペンスはしばしば「階段」で生起する。あるいは高低を形づくる場所でドラマが展開する。おそらく韓国映画ほど「階段」を始め、地下／半地下、ビルの屋上、エレベーターなど特定の場所をジェンダーや階級闘争の場として特権化しているフィルムはない。パク・チャヌクの『オールド・ボーイ』(二〇〇三)における高層ビルや橋の上、エレベーターで繰り返される落下のイメージ。イム・サンスの『浮気な家族』(二〇〇三)で廃墟になったビルの屋上に続く、長い階段と放り投げられ墜落する子供。ナ・ホンジンの『チェイサー』(二〇〇八)で上下の空間を構成する地下／半地下／高所。ポン・ジュノの『母なる証明』(二〇〇九)で屋上に展示された女子高生の遺体と廃屋の窓から見える階段。キム・ギドクの『嘆きのピエタ』(二〇一二)の高所から見下ろす俯瞰ショット、登り降りされる階段、廃墟となった高いビルからの落下。そして『パラサイト 半地下の家族』(二〇一九)の高低の空間と地下に通じる階段でのアクション……。優れた韓国映画では、カメラや場所が創出する上下の視点や高低の空間構造、人物の縦の運動に政治的表現が賭けられているのだ。

これから語られようとしているのは、女性表象の視点から見たときに立ち現れる新しいイメージとしての女優、そして上下の空間によって階級／ジェンダーが意味づけられる映像テクストにおいて生起する凄惨なドラマである。現代韓国の映画女優を見渡したとき、まず俎上に載せるべきは、韓国映画界を二〇年以上リードしてきたチョン・ドヨン以外に考えられない。「カンヌの女王」と称される彼女がスクリーンで体現したものは何か。この映画女優が担った女性像を韓国の歴史的視座から浮かび上がらせること。それによって家父長性がきわめて根強く残る韓国映画の現代性が見えてくるはずである。

2 ポストフェミニズムのヒロイン——『ハッピーエンド』の女性像

まず簡単にチョン・ドヨンのキャリアを振り返っておこう。一九九二年にテレビドラマに初出演した彼女は、ハン・ソッキュと共演した『接続 ザ・コンタクト』（一九九七）で映画デビュー、インターネットを通じて恋に落ちてゆく二人を描いた同作は、この年の最大のヒット作となり、「韓国のアカデミー賞」と称される大鐘賞や権威ある青龍映画賞で新人女優賞を授かった。続いて出演した切ない悲恋物語『約束』（一九九八）も女性観客にアピールして大ヒットを記録。出演作にも恵まれた彼女は、九〇年代後半の恋愛映画ブームの立役者の一人となると同時に、女優としての評価も確立した。その天賦の才は初期の数作品を見比べただけでも一目瞭然である。

『我が心のオルガン』（一九九九）で遅れて小学校に入学した一七歳の無垢な少女を演じる一方、『ハッピーエンド』（一九九九）では亭主と子供がいながら恋人との不倫に溺れる大人の女性の性を生々しく演じ、再び多くの主演女優賞を獲得した。『私にも妻がいたらいいのに』（二〇〇一）で片思いする純情な塾教師を演じたと思えば、『血も涙もなく』（二〇〇二）では裏社会で生きる深い傷を負った情婦を好演、ペ・ヨンジュンと共演した大ヒット作『スキャンダル』(二〇〇三)では貞操を守り続ける淑やかな未亡人を演じ、作品ごとに異なる顔を見せた。こうしたまったく違う顔を使い分けるカメレオン女優の天賦の才は、都会の洗練された娘と、田舎の若き日の母を一人二役で見事に演じ分けた『初恋のアルバム〜人魚姫のいた島〜』(二〇〇四)を観れば誰もが納得するだろう。ＨＩＶに冒された娼婦を演じ、純朴な青年との純愛を描いた『ユア・マイ・サンシャイン』(二〇〇五)では、相手を突き放しながらも次第に惹かれていく繊細な感情の機微を、卓抜な表現力で演じ切った。そして最愛の息子を誘拐され、殺された母親を演じたイ・チャンドンの『シークレット・サンシャイン』(二〇〇七)では、怪演というにふさわしい演技で韓国人として初めてカンヌ国際映画祭主演女優賞を受賞、「ワールドスター」として韓国映画界の頂点をきわめた。

彼女がスターダムに登場した一九九〇年代の韓国はどのような時代だったのか。それは女性史において重要な変革の時代だったといえる。韓国映画における女性像の系譜のなかでこの女優を眺めたとき、九〇年代のもっとも重要な作品はチョン・ジウの『ハッピーエンド』である。この時期、韓国はジェンダーや封建的価値観の転換期にあった。[*1] 一九九〇年の韓国家族法改正は、男女平等や夫婦平等の理念の実現に大きく寄与し、家族の生活における当事者の意思がより尊重されるようになったのだ。社会で女性の声が高まり『サイの角のように一人で行け』(一九九五)や『ママに恋人ができたよ』(一九九五)など女性の生き方や性差別による苦しみをフェミニズムの視点から描いた映画が九〇年代から登場してきた。[*2] 当然、「女性映画」と呼びうる映画は古くから作られてはいたが、かつての作品での女性は儒教的な慣習と家父長制に抑圧され、犠牲を強いられる悲劇的な結末を迎えるしかなかった。こうした女性表象に大きな変化が現れたのが九〇年代なのだ。[*3]「伝統的な性の役割の変化と転移が可能な現在の韓国社会の変化を盛り込んでいるように見える」[*4]と論じられる『ハッピーエンド』は、こうした韓国映画の文脈のなかで生まれた「ポストフェミニズム」状況下のフィルムである。[*5]

『ハッピーエンド』は人妻であるチョン・ドヨンと不倫相手との濃厚なベッドシーンで始まる。チェ・ミンシク演じる真面目な夫は失業中の身で、古本屋に通いつめ小説を立ち読みしている。次のシーンで彼は赤ん坊を保育園に迎えに行き、帰宅するとミルクを作る。翌日、妻が昨夜は取引先の接待があったと嘘をつき、料理をする夫に謝る。夫がスーパーで買い物をし、妻は自分の洋服を買う。会社から帰宅する妻に対して、ゴミ出しと洗濯をし、家でメロドラマを見ながら涙を浮かべる夫。いうまでもなく、従来の典型的な映画の描写では、ここまで書いた「妻」と「夫」の役割は逆だった。たとえば本作において家庭内でのやり取りからも性別役割分業への批評的精神が見てとれる。連続ドラマに夢中の夫に「主婦のつもり?」といって泣いている子供の世話をするようにいう妻。「君が見ればいいだろ」と夫が返すと、「仕事してるの」と妻は怒りを露わにする。「家に仕事を持ち込むな」と放言する夫は、「忙しいのよ」と激怒されて何もいい返すことができない。

端的にこの夫婦は新自由主義下の競争原理が生み出した勝者と敗者である。英語塾を経営するキャリアウーマンの妻と失業して家事・育児に追われる夫。図式的ではあるものの、性別役割分業が反転した描写、そして主体的に夫以外の男に溺れてゆく女性の実存を深く掘り下げた点は、当時、新時代を生きる主体的な女性像を感じさせたに違いない。実際、この映画は大ヒットし、チョン・ドヨンが主演する映画で見れば、一九九九年の『約束』の興行成績が第三位、『ハッピーエンド』はそれに次ぐ第六位だった。

メロドラマ映画を論じたキム・チソクによれば、一九八〇年代の女性のアイデンティティを扱った作品、たとえば『愛馬婦人』(一九八二)や『キム・マリーと呼ばれる婦人』(一九八三)、『結婚した女』(一九八一)などでは、結婚した女性にとって若い男性との不貞関係は儒教的な道徳観から難しく、不貞行為を正当化するために次のような段階が必要だとしている。①ヒロインは映画の冒頭では貞節な女性。②ヒロインに対する観客の同情を引くため、夫の不貞行為やエゴイズムを強調する必要性。③ヒロインの若い恋人は、夫に比べて純粋な人物。④夫が自分の行為に後悔し、そのことによって妻の一時的な過ちが正当化される。[*6]

すでに見てきたように『ハッピーエンド』のヒロインは、冒頭から貞節ではなく不倫関係に溺れ、それに対して夫は不貞行為などすることのない真面目な人間である。したがって妻の過ちが「正当化」されることもない。多くの男性映画監督によって描かれてきたのは、ファンタスムとして類型化された純潔/悪女型の女性像である。だが、九〇年代にいたる女性表象の変化のなかで、チョン・ドヨンは、男性視点の想像の産物でしかなかった女性像に実体をともなうリアルな実存的身体を投影したのだ。

この作品でも絶賛されたが、彼女は最愛の息子を殺されるシングルマザーを演じ切った『シークレット・サンシャイン』で世界的評価まで獲得する。そして二〇一〇年、古典的名作をリメイクした『ハウスメイド』に出演、二〇一〇年代の幕開けを飾るフィルムで彼女はどのような女性像を作り上げたのか。まずは原作となったキム・ギヨンの『下女』(一九六〇)を確認していこう。

3　周縁化される女性──『下女』のファム・ファタール

「怪物《ケルム》」という異名で知られ、韓国映画史上もっとも畸形的なフィルムを残したキム・ギヨンは、男を破滅させる女の物語を繰り返し撮り続けた。彼が好んだのは閉鎖空間に閉じ込められた人間がむき出しにする憎悪や欲望である。キム・ギヨンは実話をモチーフにした『下女』を作ると、『火女』（一九七一）、『虫女』（一九七二）、『火女'82』（一九八二）とセルフリメイク、類似するテーマの『蟲女』（一九七二）や『肉食動物』（一九八四）などの作品も撮った。階級格差を攪乱し、家父長制の秩序を破壊する主題に取り憑かれた作家である。その中でも『下女』は表現派としての彼の地位を決定づけた記念碑的フィルムであった。*7

『下女』は音楽教師の男と良妻賢母の妻、息子と娘の家で展開される上昇志向の中流家族の物語。主人が一生懸命働き、家族で二階建ての新しい家に住み始めると、二階の部屋でピアノレッスンが開始される。だが、その家に住み込みで雇われた下女の誘惑に負けて主人は性的な関係をもってしまう。それからというもの下女の態度は一変、妊娠も発覚し、自分と一緒に寝てくれないと関係を暴露すると脅して「妻」の座を奪う。反抗的な息子を毒殺し、下女は主人と毒を飲んで心中する。だが、そこで現実に戻り、だらしない男を破滅させる「悪女」の物語だったという劇中劇となって終わる。

キム・ギヨンは悲惨な現実社会の主題を、閉塞空間である「二階建ての家」で建築学的に表現してみせた。言い換えれば、上下の空間とそれをつなぐ「階段」を効果的に使って階級闘争のドラマを組み立てたのである。たとえば作中、妊娠の事実を知った主人が絶望的な表情を浮かべて階段を下降する。あるいは階段の上から中流家族を見下ろすメイド。毒を飲まされた息子の階段からの転落。下女のように階段を上がって主人と下女に食事を運ぶ妻。脅迫して二階の部屋で主人と一緒に寝る下女——。四方田犬彦は『下女』の空間構造に着目して、階段が妻と子供の領分である一階と、ピアノが置かれた芸術の領分である二階とを隔てる境界であるとともに、その二つの領域を自由に登り降りできる下女の「階級的上昇の隠喩」について指摘している。[*8] 実際、主人は二階のピアノには触らせないようにするが、秩序が破壊されると下女は勝手に芸術の領分に入り込んでピアノを弾き始める。

『下女』に登場する中流階級の妻と下層労働者の下女は、男性的視点から投影されるファンタスムとしての女性像である。つまり、妻は夫と子供を愛する良妻賢母型の「聖女」、その家庭を脅かす下女は「悪女」として典型的な二項対立で造形されているのだ。キム・ソヨンは、「下女三部作」(『下女』『火女』『虫女』)のステレオタイプな二人の人物の対立について「下層階級出身の女——典型的には下女か売春婦である——は、非合理的なもの、制度的なもの、そして生物学的なものと結びつけられる一方で、男の方は西洋の商品に囲まれた新興中産階級に属している」とし、ポストコロニアル期の再建のなかで、高度に進化した資本主義と村の生活を支配する父権的権力の二重の搾取にあう貧しい女性たちが、「抑制できない力をもった誘惑者として回帰してくる」と論じている。[*9] キム・ギヨン映画では、近代化に取り残された女性が、「女ならば持っているとされる生物学的な本能を呼び覚まし、それに頼りつつ社会的移動を達成」する。「労働者階級出身の女たちは、自分たちの支配者を自分とともに地獄へと引きずり込む」のである。[*10]

とはいえ、『下女』は女性を〈他者〉として周縁化しつつ男性を中心へと位置づける男性中心主義的なテクストであることは間違いない。要するに、上流/下層階級にかかわらず、分け隔てなく与えられた本能=性欲が境界を攪乱する最大の武器となるが、それは〈彼女たち〉の物語ではなく、男性の近代的理性が、女性の非理性＝本能によって脅かされるという〈彼ら〉の物語、すなわち男性主体の物語なのである。*11

家の主人が幻想から現実に戻って、秩序を再確認し、安堵する「夢オチ」の結末が、それを強化している。付言すれば、安定した中流家庭の生活が娼婦的な女性によって揺さぶられ、その不安を「妄想」ということにしてカタルシスを得る女性嫌悪《ミソジニー》が、女性を媒介としたジェンダーと階級の共犯的問題の根深さを物語っている。下層の女性労働者は、欲望とセクシュアリティをむき出しにして上昇し、家父長的家庭を混乱に陥れた結果、サンクションが与えられ、「魔女」として排除されるのだ。こうして導き出される下女の不幸と男性の理性＝秩序の回復は表裏一体である。それでは半世紀を経た二一世紀のリメイク版はどのようなテクストに書き換えられているだろうか。

4　リメイク映画の創造力――『ハウスメイド』の視覚的ダイナミズム

イム・サンスの『ハウスメイド』は『下女』のリメイクだが、テクストを厳密に再現したものではなく、現代映画として大幅に改変されている。とはいえそれは、オリジナリティが欠如した劣化版ではなく、時代や社会に応じたリメイク固有の創造性を内包している。*12 とりわけ冒頭で述べたように、上下の空間を多分に使って階級の問題を視覚的に表現するカメラワークや人物の配置、画面内の運動は特筆すべき点である。リメイク版がグローバル資本主義の時代における階級とジェンダーの問題にフォーカスしていることは、繁華街で労働に従事する女性労働者たちを撮り続ける映像、飛び降り自殺に好奇のまなざしを注ぐ白人男性たちの視線、原作の中流家庭を飛び抜けた富裕層にし、二階建ての家が豪邸へと変化していることからも明らかだ。

韓国は社会格差が大きく階級が構造化された社会であり、上流階級への憧れと下層の貧困に対する忌避は繰り返し映画で描かれてきた。とりわけ新自由主義の時代になって、貧富の格差に焦点化した作品が多く製作されている。サッチャーとレーガンによって導入され、冷戦終結でいっそう加速した新自由主義的資本主義は存続可能な唯一の制度であり、もはや「オルタナティヴ」を構想することができない。マーク・フィッシャーが、その強固なイデオロギーを「資本主義リアリズム」[*13]と表現した時代、ＩＭＦが介入した一九九七年の通貨危機は、金融システムの麻痺、相次ぐ企業の倒産、職を失い路頭に迷う人びとを生み出し、韓国の生活を一変させた。したがって出口のないネオリベラリズムに根差した格差社会は、韓国において喫緊のテーマなのである。韓国社会の中産層が没落し、貧富の差がより顕在化した時代だからこそ、階級／ジェンダーの格差やセクシュアリティの問題を含む『下女』が、現代にリメイクされる意義があるのだ。

映画の序盤、仕事に出かける家の主人＝男、玄関でそれを見送る主婦と子供という伝統的家父長制の家族が図式化される。さらに主人に頭を下げて見送る二人のメイドがいることで、ジェンダーの格差に加えて階級差も視覚化されている。先取りしていえば、この強固に分断された二重の権力を転覆させようとするのがメイドを演じるチョン・ドヨンである。

リメイク版でもオリジナルと同じく、上下の空間を使った人物の垂直運動が描出される。たとえばチョン・ドヨンが同行する別荘への旅行のシーン。主人が階段を降りてきて無抵抗な彼女にキスをし、体を触って欲情させる。ペニスを咥えさせ、立ったまま拳を上げて支配者のように快楽に浸る男、下にしゃがんだ状態でひたすら奉仕する女。その直前に妻にも同じ行為を求めたときの二人の身体が水平に並んでいたのに対して、跪《ひざまず》くメイドと直立する主人は縦の関係として垂直に配置されている。後日、夜遅く帰宅した主人が寝室から出てきて一階を見下ろす。彼はメイドの寝室へと潜り込んで体を求め、性欲を発散させる。メイドは妻のような水平的関係をもったかと勘違いするが、妊娠でお腹の大きい妻の代わりでしかない。主人の熱烈な欲望を体で受けたメイドは翌日、ピアノを演奏する彼の前に濃い口紅を塗って食事を運ぶが、一枚の小切手を渡され、性の奉仕は簡単に金へと変換される。彼女は垂直の上下関係へと突き落とされ、「娼婦」という烙印を押されるのである。やがてメイドの妊娠が発覚、妻の母がシャンデリアの掃除をしていた彼女を、偶然を装って二階から突き落とす。妊娠した子供を始末するためだ。だが、うまくいかず一億ウォンの小切手が手渡され、中絶を要求される。絶望的な表情で家の階段を降りてゆくメイド。金のためではなく、宿した子供を産む決意をするも、妻に気づかないうちに薬を飲まされて流産した彼女は、絶望の果てに復讐を決意する。

豪邸に住む家族の豪華な食事、労働に疲弊した者たちの睡眠、そして上流／下流階級を越境する性愛——。『ハウスメイド』では全篇にわたって普遍的な欲求が映像化される。冒頭では、何度も食べ物のゴミを捨てる映像が繰り返され、労働から解放されたチョン・ドヨンが疲れて眠る姿や路上で放尿するシーンまで挿入されている。食べること、寝ること、セックスすること、排泄すること。欲求を満たし、快楽を求める〈生／性〉のサイクルをこの映画は描き続ける。生まれた環境が決定する垂直関係にある高低の構造を、本能的欲求によって水平関係にする階級闘争こそ、上下の空間を巧みに使って描かれる本作の主題である。*14 衣食住は人間を差異化する一方、排泄やセックスは労働者階級であれ富裕層であれ、人間を平等に視覚化する。生物学的な水平化する根源的力学と、階級／ジェンダーが垂直化する文化的力学、二つのダイナミズムがこの物語のメロドラマ的展開を駆動させるのだ。

5　チョン・ドヨン――秩序を攪乱／転覆するヒロイン

　ここでオリジナルと違う点を確認しておこう。新たに家政婦として雇われるチョン・ドヨンの他に、古株の老年メイドがいること。上流家族には娘が一人、妻は双子を宿し、妻の母が物語に深く関与してくる点も原作と大きく違う。決定的な違いは原作が家父長的家庭の秩序を回復するハッピーエンドであるのに対して、『ハウスメイド』は流産させられたメイドが首を吊り、自ら炎に包まれて豪邸を燃やすバッドエンドになっている点だろう。だが、この悲劇的ヒロインは密やかに復讐の物語を遂行する。どういうことか。

　エンディングにいたるクライマックスの場面。階段の下のリビングでソファに座っている上流家族を「見下ろす」位置に立つチョン・ドヨンが二階から落下する。といってもそれは単なる自殺ではなく、シャンデリアで首を吊って自分の体に火を放った彼女は、空中に宙吊りになったまま一家を恐怖に陥れる。つまり彼女の下降運動は、自死するものの富裕家族より上にとどまっている。もちろんこれは、一人の下層労働者の女性が〈生／性〉を収奪された悲劇的な死でもある。だが、『ハウスメイド』では『下女』のように家族の秩序は回復されることはない。

　焼身自殺とともに豪邸に放火した後、上流家族は山中にある別荘の外にソファを並べ、リビングを仮設している。この反復と差異が見られるラストシーンは、代わりに三人のメイドが配置され、家族は一見、幸福そうに見える。だが、この最後のシーンは奇妙かつ異様である。『下女』とは一転、戯画として描かれた富裕層の家族の光景からわかるのは、メイドの死はなかったことにはなっていないということだ。ロボットのように無表情な夫人は、おかしくなってマイクスタンドを片手に娘にバースデーソングを歌う。ヘラヘラと笑いながら終始英語で娘に話しかける主人はシャンパンをあけると、妻だけでなく娘のグラスにも注ぐ。娘はそれを飲まずにカメラのほうへ向かって進み、静止した状態で、斜め上の方向を見上げてエンドクレジットとなる。チョン・ドヨンを慕っていたこの娘ナミは、自分の祖母が彼女を故意に突き落としたことを見抜き、死ぬ前に彼女に謝っていた。心を通わせていた娘が斜め上を「見上げる」ラストショット。これは何を表しているのだろうか。

図10-1　『ハウスメイド』（イム・サンス、2010）

図10-2　同上

画面右上に向けられたこのまなざしは、豪邸の二階から飛び降りる直前、一階の家族を見下ろしていたメイドを、娘が「見上げる」視線の反復である【図10－1】。ここでナミに「お腹の子は？」と聞かれたメイドは「死んだわ」と答える。飛び降りる直前、彼女は「ナミには感謝してるけど」と語りかける。死ぬ前の最後の台詞は「私のこと忘れないで」だった。焼身自殺を目の前にし、邸宅から外に脱出しても、最後まで娘は燃え上がるメイドの死体を見上げて凝視している。そして最後のシーンでは、不安定な運動を持続させながら一家を捉えるカメラの前に娘が歩いてくると唐突に画面右上を「見上げる」のだ【図10－2】。家が燃える前、娘の視線の先にはメイドがいたが、ラストシーンでフレーム外に召喚されているのは明らかに死者としてのメイドである。なぜならほとんど同じ構図で、はっきりと娘の対話相手が亡霊としてそこに描出されているからだ。

メイドは自分がこの富裕層にとって代替可能な存在であ

ることを自覚していた。したがってただの自殺がこの家族にとって何の復讐にもならないことはわかっていた。だからこそ唯一自分を純粋な心で慕ってくれた夫婦の最愛の娘の目に、あえて惨憺《さんたん》たる死を焼き付けたのだ。大好きなメイドが自宅のシャンデリアで首を吊って黒焦げになるほどの衝撃はない。それは豪邸を放火する以上のトラウマを与えるだろう。おそらくこの家族は、いくら金があっても、もうあの場所で再び暮らすことはできない。だからか最後の場面の娘の誕生日パーティーは家（別荘）の外に家族の憩いの場である「リビング」を仮装するほかなかった。

さらにジェンダーの問題やフェミニズムの観点に焦点化すれば、『下女』が下層の女性を恐怖の客体として描く「女性嫌悪《ミソジニー》」の物語なら『ハウスメイド』は、女性たちによる「男性嫌悪《ミサンドリー》」の物語だといえる。*15『下女』の妻が裏切られても夫を愛し、家族を守ろうとしたのに対し、『ハウスメイド』の妻は最後に「あなたは不潔」という言葉を吐き捨てる。妻の母親は「御曹司の浮気には目をつぶりなさい」と繰り返し、主人を金としてしか見なしていない。チョン・ドヨンは主人に誘惑されて性的関係を結ぶが、自分の家に帰ると親友の女性といつも一つのベッドで抱きしめ合って寝ている（彼女のセクシュアリティは曖昧に表現されている）【図10－3】。最初は辛辣な老年メイドも、純粋な新米メイドを次第に受け入れ、ヒロインの自殺の日、長年奉公した主人の家族に「もう手伝わないから自分のことは自分でして」と初めて反抗し、見捨てて出て行く。ここから浮かび上がってくるのは女性たちの「連帯」である。この上流家族に残されるのは、揺るぎない家族の愛ではない。夫の資本によってかろうじて持続するしかない家族の「空虚さ」である。老年メイドに私と出て行こうといわれるが、ヒロインはそれを断って自殺を選ぶ。もしそこから出て行けば、この上流家族には『下女』同様、何の変化もない安定した秩序が回復されるだけだからだ。いや、むしろ家父長的家族の結束力を高め、男の機能を強化することにもなるだろう。『ハウスメイド』のヒロインは、『下女』のようにサンクションを受けて社会規範から排除されるのではない。そうではなく、自死と引き換えにして、裕福で傲慢な上流階級の家族にこれしかないというやり方でサンクションを与えるのである。

*

韓国映画のスペクタクルは、深い絶望や憎しみ、それを表現する過剰な愛や暴力、いわば徹底的に激情を追求しようとするメロドラマ的な急降下と急上昇によって支えられてきた。だが、その物語の急激な運動を体現してきたのは男性俳優たちである。韓国映画で女性が強力な主体性を発揮するには、現実的なレベルにおいて家父長的な秩序が根深すぎるのかもしれない。「黄金期を謳歌する韓国映画において、女性登場人物とその生き方は、依然として量的にも質的にもマイノリティーとして辺境に位置している」[*16]からだ。

図10-3 『ハウスメイド』（イム・サンス、2010）

韓国映画には軍隊や警察などの軍事文化と、家族規範に根強く作用する儒教文化から見出されるホモソーシャルな欲望が蔓延している。韓国映画のルネサンスを牽引することになった『シュリ』（一九九九）や『ＪＳＡ』（二〇〇〇）を代表とする政治的映画の女性の位置は、ほとんど外部＝〈他者〉である。金素栄もまた、グローバル資本主義の韓国型ブロックバスター映画で構築される「韓国人男性の集団的アイデンティティの強化」と「韓国人女性の削除」を問題視している。[*17]

そのような状況のなかで映画女優チョン・ドヨンが体現してきたのは、女性の実存であり、これまでの女性像に欠落していた主体性にほかならない。『ハウスメイド』の下女は、男性の視線に類型化されてきた規範を脅かすだけの「悪女」ではない。[*18]チョン・ドヨンはステレオタイプ化した女性――淑女／悪女として表象されるのではなく、どちらにも揺れ動き、どちらの要素も持ち合わせたリアルな存在である。『ハッピーエンド』や『ハウスメイド』だけでなく、出演するほとんどの作品においてチョン・ドヨンは、かつて男性作家のファンタスムとして作られてきた女性像を、実存的身体として描き直しているのだ。

註

*1　韓国の中学・高校における女性・男性の別学の文化、徴兵制において分離される「女／男」の役割、儒教文化における女性観と男性観は、徹底してホモソーシャルな絆を強化する。日本の植民地時代に導入され、戦後も継承された女性差別を温存する戸主制度（子供は自動的に父親の姓を名乗る）の廃止が決定されたのは二〇〇五年。姦通罪は二〇一五年まで存続した。韓国において女性蔑視と家父長制がいかに強固かは想像に難くない。

*2　扈賢贊『わがシネマの旅――韓国映画を振りかえる』根本理恵訳、凱風社、二〇〇一年、四〇四頁。

*3　ただし男性のイメージを投影したステレオタイプな女性像だけではない作品も一九八〇年代から作られ始めていた。たとえば『チケット』（一九八六）などで描かれる女性は、ホステス映画の見世物としての女性とは異なり、

下流社会の日常を生きる女性の悲哀をありのままに映し出そうとしている。

＊4　ユ・ジナ「韓国映画における女性像」、キム・ミヒョン（編）『韓国映画史——開化期から開花期まで』根本理恵訳、キネマ旬報社、二〇一〇年、二八六頁。

＊5　ポストフェミニズムと表象の関係については、たとえば三浦玲一「ポストフェミニズムと第三波フェミニズムの可能性——『プリキュア』、『タイタニック』、AKB48」、三浦玲一・早坂静（編）『ジェンダーと「自由」——理論、リベラリズム、クィア』彩流社、二〇一三年、五九—七九頁が参考になる。

＊6　キム・チソク「恋愛・家族・女性などを描いたメロドラマは社会環境をどう反映しているか——韓国映画におけるメロドラマの過去と現在」編集部訳、『cinema101』三号、一九九六年、三八頁。

＊7　一連のリメイク作品に関しては、四方田犬彦「自然主義者 金綺泳」、『アジア映画の大衆的想像力』青土社、二〇〇三年、三三一—三五六頁において詳細に比較分析されている。

＊8　同前、三三一—三三二頁。

＊9　キム・ソヨン「宙づりの近代——韓国映画におけるフェティシズムの論理」齋藤一訳、『トレイシーズ』一号、岩波書店、二〇〇〇年、三〇三—三〇四頁。

＊10　同前、三〇四—三〇五頁。

＊11　キム・ギヨン映画における女性像に関して、ユ・ジナは「性的な強さで武装し、誘惑する女の悪さによって懲罰を受ける男性のファンタジーの一面で終わっている」と述べている（ユ・ジナ、前掲「韓国映画における女性像」、二八三頁）。

＊12　リメイク映画に見られる固有の創造性に関しては、北村匡平「リメイク映画論序説——再映画化される物語」、北村匡平・志村三代子（編）『リメイク映画の創造力』水声社、二〇一七年、九—三七頁。

＊13　マーク・フィッシャー『資本主義リアリズム』セバスチャン・ブロイ／河南瑠莉訳、堀之内出版、二〇一八年。

＊14　北小路隆志「富める者も貧しき者も全ては下半身が支配する」、『韓国映画 この容赦なき人生——骨太コリアンムービー熱狂読本』鉄人社、二〇一一年、八三頁。

＊15　主人の妻がボーヴォワールの『第二の性』を読んでいることからも、本作がフェミニズムに関心があるのは明ら

かだろう。

＊16　ユ・ジナ、前掲「韓国映画における女性像」、二八八頁。

＊17　金素栄「消えゆく韓国人女性たち——グローバル資本主義体制下の韓国型ブロックバスター映画にみる無意識の視覚とジェンダー・ポリティクス」波潟剛訳、『ユリイカ』二〇〇一年一一月号、青土社、九八—一〇五頁。

＊18　『下女』の使用人が「実質的な存在」ではなく、本質が「空虚な存在」であるとする四方田犬彦は、下女がもとから主人に愛情を抱いていたわけではなく、紹介者の女性の情愛の模倣であり、妊娠や毒殺も誰か先行者の反復でしかないと論じている（四方田、前掲「自然主義者 金綺泳」、三三三頁）。

第11章　神と化す男たち、戦闘する女たち
――インド映画『バーフバリ』の筋肉

1　映画の純粋な運動性

ベンガルの大地が生んだ世界的名匠サタジット・レイは、自身が著した映画論のなかで、映画監督として稼ぎ続けたければ、次のような踏襲すべき道があると述べている。

神話に題材を取った映画を作るか、「献身的」な愛を描くか、あるいは、社会的な作品（むしろ、メロドラマと言ったほうがよいかもしれないが）を作ることである。こうした作品は、最近の人気スターチームで飾りたてなければならない。そしてこれら三つの制作方法には、あのいつもの歌や踊りが伴わなければならず、長さも二時間半を下ってはならない。*1

現代の「インド映画」において、こうした断定は必ずしも適切ではない。近年は、欧米諸国での同時封切りやシネマコンプレックスの普及によって、二時間強の作品も作られているし、歌と踊りを極力排して丁寧にドラマを組み立てる作品も少しずつ増えているからである。*2 そもそも「インド映画」

という呼称に実体はなく、実際には数ある言語・地域で製作される映画群――ヒンディー語映画、タミル語映画、テルグ語映画、マラヤーラム語映画、カンナダ語映画、ベンガル語映画、マラーティー語映画ほか多数の言語の映画――の総体を指す言葉にすぎない。[*3]

とはいえ、いわゆる「ボリウッド」として認識されているヒンディー語映画やその他の主流言語の商業映画に、レイが述べたような傾向がいまでも見られるのも事実である。インドでは総じて歌と踊りに満ちた現実逃避型のメロドラマやコメディを作り続けている。シークェンス同士を違和感なく結びつける意識を欠き、観客の情動に訴求するように寄せ集められたショット群。時にMTVで流れるような「ミュージック・ビデオ」になり、時にカメラ目線で踊り出す「ミュージカル」になり、コメディ映画のワンシーンが始まったかと思えば、すぐさまメロドラマ調になりもする。

異種混淆的に接続されるシークェンス――「インド映画」を観る者が感じる困惑はまずここにある。そしてステレオタイプ化された表現を繰り返し生産してきたインドの娯楽映画は、国内外問わず識者の批判にさらされてきたのだ。だがそれは、たとえば、映画以外のカラオケ動画やMV、パソコンのSNSの画面に次々と切り替わっていく大根仁の『モテキ』(テレビドラマ：二〇一〇／映画：二〇一一)や、物語が進行していたかと思えば唐突にMVになる新海誠のアニメーションのように、ポストメディウム映画としての「現代性」を先駆的に担っていたことになる。[*4]

＊

歌と踊りによる物語の中断。だが、はたしてこうした特徴をもつ「インド映画」は大衆に迎合した未熟で劣った映画なのだろうか。ハリウッド映画を中心とした物語映画は、シームレスかつリニアにショットを連結させ、違和感なく視聴することを目指してきた。すなわち、物語世界に観客を没入させるための様式を長い歴史のなかで作り上げてきたのである。しかし、改めて立ち止まってみれば、「歌と踊りのシークェンスが物語を中断する」という意識そのものが、ハリウッド映画に代表される線的な物語の進行とリアリズムのモードを暗黙のうちに優れた作品だと認識していることの証左なのではないだろうか。

ひとまずこうした固定観念から解放されて「インド映画」を眺めたとき、そこに立ち現れるのは、スクリーンを高密度化しながら、絶え間なく観る者の視覚を刺激し続けようとする、俳優の身体の純粋な運動の生々しさと美しさである。そしてそれは、初期映画のスクリーンが表層に湛えていたような、説話とはまったく異なる次元で作動する、あの輝きと喜びにもどこか似ている。『バーフバリ』において、こうした身体の運動性は、音楽が前景化する間のみならず、全篇にわたって過剰といえるだろう。

映画を身体の運動性という側面から捉え返してみれば、古典芸能においてもナンバの所作が基底にある日本映画にあって、時代劇で重厚感と迫力を兼ね備えた三船敏郎や勝新太郎、あるいは衝動に駆られて切り込む任侠映画の高倉健の殺陣におけるアクションの運動は、横の移動が圧倒的に優位であった。アジア映画圏でこうした身体の運動に亀裂を入れたのは、縦の運動を志向した香港映画だろう。ブルース・リーは己の肉体の限界まで上へ上へと高く飛び跳ねて「上昇」することを志向し、ジャッキー・チェンは等身大の傷ついた肉体を「落下」することに使用した。

「インド映画」を強引にまとめてしまえば、音楽と同期してリズムを感じる身体、いわば快楽を感じられる「身体の躍動」を求めた。日本映画や香港映画のアクションにある「静止」の時間が、インドの商業映画にはほとんどない（むろんサタジット・レイなどの芸術映画はここに含まない）。つまり、インドの主流映画のスクリーンは、せわしなく動きを取り込み、観る者を「運動」の世界へと誘うのである。

かつての典型的なヒンディー語映画における歌や踊りを捉えるカメラは、固定ショットがほとんどで、動いてもゆるやかなドリーやパンによって対象を映すことが多かった。カメラワークや編集ではなく、活き活きとした俳優たちの躍動それ自体をカメラに収めることが何よりも重要だったからだ。だが、小型化したカメラはアクションに合わせた素早い動きを可能にし、最先端のデジタル技術が入ってくることで、視点もかなり自由に設計されるようになった。

空前の大ヒット映画『バーフバリ 伝説誕生』（二〇一五）と『バーフバリ 王の凱旋』（二〇一七）で構成されるダイナミズムは、俳優の躍動感だけではなく、自由な視点をもったカメラワークと緻密なカット割り（編集）による、さらなる〈動き〉が加えられたことも大きな要因である。カメラは動き続け、カッティングもアクションの躍動感を強調し、被写体も常に運動をやめることはない。背景もまた、黒澤映画のごとく砂埃が舞い、風が吹き、炎が燃え上がる。めまぐるしく動く視点とテンポよくつながれるカッティング・オン・アクション、そして画面の中を縦横無尽に動き回る俳優たち。すべての要素がスクリーンに運動の相をもたらしているのだ。

ここで私が考えてみたいのは、『バーフバリ』における俳優の運動性とその身体表現が担うジェンダー・イメージの古典性と革新性についてである。同作の俳優たちが画面にいかなる運動を与え、それは映像技術や物語とどのような関わりをもっているのか。いうなれば、この記念碑的なスペクタクル史劇の新しさの本質を、俳優の肉体から捉え返してみたいのである。そのためには、インド映画史の文脈も踏まえて『バーフバリ』が何を継承し、どのような表現を実践したのかを問わなければならないだろう。

2 「フィルム・ソング」における分離

『バーフバリ』が爆発的ヒットを記録したのは、やはりテルグ語映画の王道路線を踏襲していた点も大きかったように思う。山下博司と岡光信子によれば、テルグ語映画は基本的に村落部の教育レベルがそれほど高くない観客に向けて製作されるため、物語はシンプルでメロドラマ性が顕著、復讐系のバイオレンスが好まれる傾向にあり、悪役との暴力シーンも多く描かれている。[*5] またテルグ語圏では社会改革のようなレジスタンス映画が受け、共産主義的な政治性をもつ映画がヒットするという。[*6] インドの地方には階級意識が根強く残存しているため、階層の境界線を越えるバーフバリと奴隷カッタッパの交流、あるいは王国を追放されたバーフバリが民衆と共に暮らす描写は、端的に胸を打つシークェンスだ。はからずもネオリベラリズムによる経済格差が広がり、イギリスがEUから離脱(ブレグジット)、トランプ政権による白人至上主義(エスノセントリズム)と象徴的な出来事が重なった時期だからこそ、この作品はインドを超えて世界へと拡散されたのだと思われる。

また、ほかの地域の映画と比べて特にテルグ語映画に顕著なのは強い女性キャラクターの造形だろう。[*7] 女戦士アヴァンティカを演じたタマンナーは、アクションをこなす女優としてインド映画界を席巻したテルグ語映画のスター女優ヴィジャヤシャンティを彷彿とさせる身体能力で、切れ味のある剣劇を見せる。またタマンナーだけでなく、強い自己をもった王妃デーヴァセーナを演じたアヌシュカ・シェッティ、国母シヴァガミを怪演したラムヤ・クリシュナの強烈なパフォーマンスは観る者を圧倒する。『バーフバリ』の女たちは、インドの娯楽映画が好んで描いてきた美貌と肢体をさらすスター女優、いわば物語の飾りとしてのイメージとは一線を画す設定である。これも強靭な女性像を求める現代映画と通底する点でもあり、世界的ヒットの要因の一つだろう。

『バーフバリ』にも伝統的な「ミュージカル・シーン」がある。ヒンディー語映画において「歌は、典型的な商業映画の要素」だといわれるように、歌と踊りのシークェンスによるナラティヴの中断は、他国の映画にはない、インドの商業映画を特徴づける慣習と見なされてきた。[*8] 歌と踊りに満ちた娯楽映画を発展させてきた「インド映画」の直接の祖は、豊富な資金をもって最新の技術や贅沢なセット、舞台設計、衣装、あるいは西洋のヴォードヴィルなども組み込み、「歌―踊り―アクション」が一体となったパールシー劇場の芝居だといわれている。[*9] インド伝統演劇の様式をそのまま受けて発展したインド映画は、演劇・音楽・舞踊の要素が分かち難く結びついており、今日にいたっても「ミュージカル」の要素を多分にもっているのは、当然のことなのである。[*10]

表面的にはハリウッドのミュージカルのような方法で物語の流れを遮断する六曲（かそれ以上）の歌が挿入され、あたかも「ミュージック・ビデオ」が突如として挿入されたかのようにスクリーンを覆う。[*11] 厳密には、「フィルム・ミュージック」（filmi sangit）と「フィルム・ソング」（filmi git）は、別のカテゴリーに分類すべき地域特有の概念である。「フィルム・ミュージック」は、映像に付随する背景音楽（BGM）であり、基本的に歌詞はなく、シーンの基調となる文脈やムードを生み出す手助けをするのに対して、「フィルム・ソング」は、明確に「歌」の形式をとり、歌詞をともなう歌手による

「音楽」が説話の中で前景化するものを指す。[*12] むろん例外もあるが、基本的に「フィルム・ソング」は、サウンドトラックとして映画の封切り前に市場へ売り出され、映像化された「ミュージック・ビデオ」もテレビや動画共有サービスで公開されることで、映画をプロモートする役割を担っているのである。

ここにインド映画産業の文脈において形成されてきた観客と映画との独特な関係性が見出せる。すなわち、多くの観客は「フィルム・ソング」をすでに視聴した上で映画を観るという特異な経験をしているのだ。それは新しいものとの遭遇ではなく、馴染みある音楽を反復するような快楽である。だが、それ以上に特徴的なのは、プレイバックシンガーの声に合わせて俳優がリップ・シンクをする慣習だろう。[*13] 特に唐突にインサートされる歌と踊りのシークェンスにおいては、俳優から発せられていた肉声が、明らかに異なる外部からの歌声に切り替わることで、俳優の身体をより注視するように促される。つまり、私たちの意識は、まさに活動弁士が媒介する映画スターや声優が声を吹き込むアニメのキャラクターに直面するように、俳優の身体とは分離した声を聞くという攪乱を引き受けざるをえないのである。具体的な場面を見てみよう。

求愛するシヴドゥ（後のバーフバリ）を、女戦士であるアヴァンティカが剣で切りつけるところから始まるシークェンスでは、「フィルム・ソング」の間、甘美な決闘と恋の成就が表現される。こうした恋愛のプロセスの省略は何もこの作品に特別なことではない。インドでは、映画検定局の条項で厳しく規制されているため、女と男が性的に絡む描写はほとんど作ることができない。そのために発展させてきたのが、歌と踊りのシークェンスを使った隠喩表現だ。厳しい検閲制度のもとで、作り手は露骨な性描写を避けるために、「水」などの象徴的なものを使って隠喩的な技法を発展させてきた。

「インド人は、映画のなかで親密になった男女が水辺で戯れるシーンや、波が岩に砕けるシーンを見ると、ベッドシーンが現れなくとも二人が性的に結ばれたことを暗黙に了解する」[*14]のである。このシーンでもストリップショーのごとくヒロインは肌を露出していく。性的な行為をほのめかす踊り、大量の「水」がヒロインの肌を濡らし、瑞々しくはじけるショットも挿入される。これこそが、インド国民に共有された表象コードであり、登場人物が性的に結ばれたことを物語る表現なのだ。

泥に塗れた褐色の女戦士が、水で浄化され、漂白される。男に化粧を施され、次々と衣服を脱がされるアヴァンティカは「女性化」されるのである。そして、カメラは水がはじける彼女の肉体の肌理や律動を、超クロースアップとスローモーションを組み合わせて克明に映し出す。プレイバックシンガーによる声と身体の分離の機能によって、観客は発話による感情表現ではなく、音楽や声に合わせて身体表現を実践している俳優の、身体そのものの細やかな動きを凝視するのだ。肉体自体が愛を表現すること。私たちの視覚は、支配的な物語映画とは異なる感性を引き出されるのである。

3　叙事詩と「インド映画」

次に「ミュージカル・シーン」以外の場面における俳優の身体について考えていきたい。その運動性を読み解く鍵となるのが叙事詩と映画の強固な連関だ。まずはその関係性について確認しておく。「インド映画」を考えるときに重要なのが、叙事詩の存在によって多層化されるテクストの存在である。インドではサイレント期に、大衆演劇として人気を博していたパールシー演劇の多くの演目が映画化され、同劇場で特有だった歌舞シーンもそのまま劇中に取り込まれた。[*15]神話や歴史劇などお馴染みの物語を、人びとは映画という新しいテクノロジーで楽しんだのである。
神話的モチーフが好まれるテルグ語映画のみならず、ヒンディー語映画でもそのような題材は繰り返し描かれてきた。ヒンディー語映画と伝統的な神話には間テクスト性が見出されるが、神話は大体において、主要なテクストというよりも二次的もしくは隠喩的なサブテクストを形づくっている。[*16] 実際、神話や叙事詩などにおける伝統的な人物と、映画のキャラクターの間テクスト的な理解を観客に委ねることもあり、たとえば広く知られた叙事詩のアイコンのポーズを登場人物にさせ、関連性を強調することで、その人物がヒーローであるか否かに言及する場合もあるという。[*17]
インドにおける創作物を考えたとき、ヒンドゥー教の二大叙事詩である『マハーバーラタ』と『ラーマーヤナ』の存在は決して無視できるものではない。前川輝光がいうように、両叙事詩がインド文化に定着すると、それぞれに着想を得た文学や美術作品が絶え間なく生み出されたからである。前川によれば、八〇年代末に相次いで両叙事詩は連続テレビドラマ化され、『マハーバーラタ』の放送中、インドのテレビ視聴率は約九二パーセントを記録、国民の熱狂的支持を集めた。[*18] その後も、繰り返しこれらを題材としたテレビシリーズが制作され、近年においても圧倒的な存在感を示しているのだ。
テルグ語映画の特徴として、「神話や民話が娯楽映画のひとつのジャンルとして確立し、かつ大衆的な人気を得ている」[*19] ことがあげられる。事実、監督のS・S・ラージャマウリ自身、インド神話の数々に魅了され、「『バーフバリ』二部作の登場人物の多くは、『マハーバーラタ』の何人かの登場人物の性格や特徴を受け継いでいます」と作品に対する神話の影響の大きさについて語っている。[*20] また、「ヒーローではなく、叙事詩的な悪役を演じた」とするバラーラデーヴァ役のラーナー・ダッグバーティは、キャラクター造形に関して、二大叙事詩である『マハーバーラタ』のドゥルヨーダナと『ラーマーヤナ』の破壊と滅亡を司る羅刹王ラーヴァナに似せたと述べている。[*21] パーンダヴァ家の五王子を憎み、彼らに次々と姦計を仕掛けた『マハーバーラタ』のドゥルヨーダナは、「棍棒術において比類なき戦士」といわれた。『バーフバリ』で先端が球体状のメイスをもつバラーラデーヴァは、神話に精通している多くの観客にドゥルヨーダナの図像を想起させるだろう。

『ラーマーヤナ』の主人公ラーマ王は、賢く謙虚で正直な理想的君主である。彼の妃であるシータは羅刹王ラーヴァナに森でさらわれてしまう。明らかにバラーラデーヴァに幽閉されるデーヴァセーナは『ラーマーヤナ』のシータ妃に、デーヴァセーナと結婚して後に王国を追放されるバーフバリは、カイケーイー妃の策略で森に追放されてしまうラーマ王にあてがわれている。ちなみに映画の中でバーフバリが何度も弓を放つ場面があるが、ラーマも弓の名手であり、その図像イメージでは、常に弓がアトリビュート（描かれている人物が誰かを示すアイテム）として描かれている。

叙事詩における人間関係も映画のナラティヴに借用され、三角関係の構造は、主人公が乗り越えなければならない感情的葛藤をもたらす。[*22] 要するに、神話における三角関係は、物語を構成するためのプロトタイプとなっており、性格の対照的な二人の男と、彼らを行動に駆り立てる一人の女が基本的なプロットを形づくっているのだ。『バーフバリ』においては、対照的なバーフバリとバラーラデーヴァ、そして彼らを争いに導く女デーヴァセーナ、さらには彼らの確執の決定的要因となる国母シヴァガミという「二重の三角関係」が物語を駆動させるために機能している。すなわち、神話における関係性は、（叙事詩に精通しているインド国民にとって）映画の物語を強化するサブテクストとなっているのである。テルグ語映画はこのような神話的モチーフを好んで描き、叙事詩と映画は、重層的に経験される間テクスト性を観客に提供するのだ。問題は、こうした映像技法を継承しつつ、表現レベルでどのように演出されているかである。

4　俳優の身体と「神話的想像力」

ここ二〇年ほどの間にグローバル資本主義のもとで飛躍的な経済成長を遂げたインドは、IT大国ならではの最先端のデジタル技術の導入によって、ポテンシャルを開花させたといってよい。九〇年代以降、SFX（特殊効果）からVFX（視覚効果）が主流になるにつれ、映画は撮影時だけではなく、よりいっそうポストプロダクションに時間と予算をかけるようになった。CGや合成技術を駆使して固定観念に囚われずにVFXを作り出す「インド映画」は、常識に縛られない娯楽性を追求し、作品をきわめて個性的にしているのだ。ラージャマウリが豊かなイマジネーションを具現化した前作『マッキー』（二〇一二）に参加したマクタVFX制作会社が『バーフバリ』にも携わっているが、重要なことは、CGやVFX技術がふんだんに使われるようになった「インド映画」が、世界的な趨勢とはまったく異なるベクトルへ向かっている点である。

空へ飛び跳ねたり、相手をなぎ倒したりするときに、ハリウッドのアクション映画では、より自然に見えるようにデジタル技術を駆使するのに対して、「インド映画」ではその技術を、現実にありえない表現を可能にするために使っている。つまり、新しい技術は、インド映画史的な文脈——もともとスクリーンに異世界のファンタジーを欲望する歴史——をより豊かに表現することになるのだ。

『バーフバリ』においてデジタル技術がどのように使用されているか、いかに異質な表現になっているかを具体的なシーンから確認していこう。『バーフバリ 伝説誕生』の序盤で印象づけられるのは、滝の下に住むシヴドゥの滝登りのシークェンスにおける「上昇」と「落下」、そして崖から崖へと水平に跳躍する、人間の身体能力をはるかに超えた運動である。森を駆け抜けるショットでもおよそ人間には不可能な水平移動、さらに木をバネにしてありえない高さまでジャンプする。ほとんどのショットでVFXが使用されているが、ここで前景化しているのは、ファンタジーの世界としか思えない人間の身体の限界を超越した〈動き〉である。

『バーフバリ』でもっとも画面が過密化するのは、マヒシュマティ王国を攻めてくるカーラケーヤ族との決戦だろう。ここでもCGやVFXが力を発揮し、身体は上から下、右から左に飛び交い、奥から手前、あるいは斜めにも縦横無尽に躍動する。この合戦で部族の長は、辺りに転がっていた者たちを抱えて次々とバーフバリに向かって投げつける。一体一体を投げているにもかかわらず、二〇体近い肉体の塊が一気にバーフバリにのしかかる。次々と身体が投げつけられるショット、そしてそれを一瞬にして振り払い、彼らが四方八方へ一瞬で飛び散るショットでは、スローモーションが使用されている【図11-1】。物理的法則を無視して時間を操作しながら決定的なショットを提示するあたり、実写というよりも、マンガの「決めゴマ」——読者の注意を引くために通常より大きくしたコマ——の描写に近い。あるいは、アニメにおいて立体感を出したり、ドラマティックに演出したりするための表現技法である「止め絵」のようなショットが要所要所で見られる。『バーフバリ』は、スローモーション／クロースアップを駆使した「決めゴマ」／「止め絵」ショットがいたるところで効果的に使用されているのである。

さらに、『バーフバリ 王の凱旋』でクンタラ王国のデーヴァセーナが盗賊団に襲撃される場にバーフバリが遭遇する場面。迎え撃つ彼女が剣を一振りすると、四人の盗賊たちが宙返りをして突き飛ばされるのがスローモーションで描かれる【図11-2】。このショットは、バーフバリのまなざしのカットバックになっており、強さと美しさをあわせもつデーヴァセーナは、目の前でリアルな戦いを繰り広げているというよりも、バーフバリの想像上のイメージとして視覚化されているといったほうがいいだろう。ここでもマンガ／アニメ的なメディア表現との親和性が見出される。このように女性の強さが技術と編集によっていっそう引き出されたジェンダー・イメージの現代性が随所に見られるのだ。『バーフバリ』におけるアクション（とりわけ暴力描写）は、韓国映画のように、私たちの身体感覚に痛みを引き起こすものではない。『バーフバリ』のアクションシーンでは、主要人物たちはダンスをするように戦っている。換言すれば、スローモーションの効果を活かした戦いのシーンは、リアルな殺陣というより、登場人物から重力を奪った美しい〈舞踏〉そのものなのである。

図11-1 『バーフバリ 伝説誕生』（S・S・ラージャマウリ、2015）

図11-2 『バーフバリ 王の凱旋』（S・S・ラージャマウリ、2017）

　私たちがこの映画で直面しているのは、親子二代にわたる客観的な伝記の物語ではない。ポストプロダクションで仕上げられた幻想的な風景、クロースアップで都合よく吹く「風」、デーヴァセーナを乗せて雲の上を走る船（周囲には雲が馬のかたちになって並走している）――この世界のあらゆる「自然」は、神の化身であるバーフバリのために存在しているのである。むしろ次のように言い換えるべきかもしれない。壮大なる叙事詩としての『バーフバリ』は、バーフバリが創造した世界、つまり意識がそのまま映像化されているのだ、と。そのように考えると、幾度となくシーンの間に挿入される俯瞰ショットの意味がわかってくる。むろんこのショットは、壮大なスケールで物語を描くための要素の一つである。だが遠景で浮遊しながら大地や王国を何度も捉えるカメラには、もう一つの重要な意味が込められているように思われる。

神の化身であるバーフバリにとって、人間の身体は単なる入れ物にすぎない。だからバーフバリは、王と同時に、神としても存在している。そもそも父と子という二代にわたるバーフバリがまったく同じ人物であることは、現実主義的な見方をすれば端的にいってありえない。その超越性を体現しているのが、何度も広大なる大地や王国を高い位置から見下ろす鳥瞰の視点ショットなのである。この遍在的かつ超越的なショットこそ、神としてのバーフバリの視点にほかならない。

神話だからこそ許される現実にはありえない身体の運動、「フィルム・ソング」における愛の心象風景の映像化、痛みを感じさせないゲーム的アクションとマンガ／アニメ的な「決めゴマ」／「止め絵」のショット。すべてはバーフバリの創造の世界として視覚化されているのであり、ＣＧやＶＦＸといったデジタル技術が、創造的イメージの世界をそのまま提示することを可能にしているのだ。このような叙事詩とデジタル技術の融合こそ、インドというヴァナキュラーな場所が可能にした「神話的想像力」なのである。ハリウッドの多くの作品がデジタル技術を駆使して、それを感じさせないようにリアリティを設計するのに対して、「インド映画」はＣＧやＶＦＸが表現するファンタジーとしての虚構性を、まったく隠そうとはしないのだ。

5　筋肉映画としての『バーフバリ』

だが、最後に改めて考えてみたい。これまで私は、「ミュージック・シーン」にせよ、アクションの場面にせよ、『バーフバリ』が目指しているのは「神話的想像力」であり、それを可能にした技術が最先端のCGやVFXであったと主張してきた。そしてインドでは、虚構性をあえて暴露することこそが、神話を神話たらしめているのだと。

しかしながら、ほとんどのショットがCGやVFXの技術で加工され、突き抜けた世界観が構築されているにもかかわらず、それでもなぜか『バーフバリ』という壮大な神話にリアリティを感じてしまう。この作品には、虚構性の世界の瀬戸際まで連れて行き、そのぎりぎりのところでファンタジーの世界からリアルな世界へと引き戻す力学があるように感じられるのだ。

それがモノとしての〈筋肉〉である。微動する肉体がクロースアップで映し出されるとき、あるいはスローモーションで質感が捉えられるとき、そこには物質としての確かな〈肉〉がある。バーフバリもバラーラデーヴァも、戦う場面になるとほとんど上半身をさらした状態で画面に登場している。その効果は、実のところきわめて大きい。

露出する褐色の筋肉が映画序盤で強烈に印象づけられるのが、シヴァ神のご神体の石像をシヴドゥが地面から掲げるとき、そして、バラーラデーヴァが野牛と闘う瞬間である。[*23] この二つの肉体／筋肉が激突するのが『バーフバリ 王の凱旋』の最後の決闘シーンだ。バラーラデーヴァが鎧を脱ぎ捨て、鍛え抜かれた大胸筋と三角筋、上腕二頭筋から浮き上がる血管をさらす。クロースアップで映された彼の上腕二頭筋や頬が鉄拳を受けた瞬間の超スローモーション。傷ついて血が流れても隆起するバーフバリの美しく強靱な筋肉。『バーフバリ』では、その衝突が何度も捉えられ、神話であるがゆえに、筋肉の強度が生々しい〈生〉をスクリーンに刻印するのである。

神話を視覚化した幻想的な世界に、唯一存在を許された確かな物質として、筋肉がリアリティを与えている。遠景のファンタジーと近景のリアリティ、あるいは神話的フィクションに宿る肉体のリアリズム――。私たちは人間の身体の限界を超越するという欲望を技術によって補いながら、人間をポストヒューマン(神的なるもの)へと接近させつつ、筋肉が虚構性を食い破るその瞬間にマテリアルな物質性を感じることによって、確かなリアリティを感受しているのかもしれない。

註

＊1　サタジット・レイ『わが映画インドに始まる――世界シネマへの旅』森本素世子訳、第三文明社、一九九三年、五五―五六頁。

＊2　『キネマ旬報』二〇一四年八月下旬号では、「踊らなくてもインド映画!」という特集が組まれている。これまでの芸術映画/娯楽映画の二分法では捉えられない、明らかに異なる作品として『めぐり逢わせのお弁当』(二〇一三)、『女神は二度微笑む』(二〇一五)などがあげられる。特に新人の女性監督による『マダム・イン・ニューヨーク』(二〇一二)以来顕著になってきたが、男性観客の欲望の対象としての受動的なヒロインではなく、能動的に行動する強い女性を描く作品が人気を博している。

＊3　これまでのインド映画研究の書物は「ボリウッド」が中心だったが、近年、ヒンディー語映画以外の研究も行わ

れてきている。南インド映画に焦点をあてた研究として、タミル語映画の文化表象をジェンダー・宗教・階級・ジャンル・ディアスポラなど多角的視点から分析したものに以下のものがある。Selvaraj Velayutham ed., *Tamil Cinema: The Cultural Politics of India's other Film Industry*, Routledge, 2008.

＊4　現代の映像文化における映画やテレビドラマの技法や特徴は、北村匡平『24フレームの映画学――映像表現を解体する』晃洋書房、二〇二一年、二六五―二七二頁で詳しく論じている。

＊5　山本博司・岡光信子『アジアのハリウッド――グローバリゼーションとインド映画』東京堂出版、二〇一〇年、九八―一〇三頁。

＊6　「松沢靖インタビュー」、野火杏子『インド映画にゾッコン』出帆新社、二〇〇〇年、八六頁。

＊7　松沢靖「最多映画製作本数を誇った――テルグ語映画界」、『インド映画娯楽玉手箱』キネマ旬報社、二〇〇〇年、六二―六三頁。

＊8　Tejaswini Ganti, *Bollywood: A Guidebook to Popular Hindi Cinema*, Routledge, 2004, p. 79.

＊9　詳しい歴史的関係については、Gregory D. Booth, "Traditional Content and Narrative Structure in the Hindi Commercial Cinema," *Asian Folklore Studies*, Vol. 54, No. 2, 1995, p.172. または、杉本良男『インド映画への招待状』青弓社、二〇〇二年、六二―六三頁を参照のこと。

＊10　松岡環「栄光のインド映画史」、前掲『インド映画娯楽玉手箱』、四二頁。ヒンディー語で製作された初のトーキー『世界の美』（一九三一）でも一〇曲の歌が挿入されていた。

＊11　しばしば「インド映画」において、途中で物語の進行を遮るように挿入される歌付きの音楽「フィルム・ソング」は、「ミュージック・ビデオ」との類似性が指摘されてきた。とはいえ、「フィルム・ソング」を「ミュージック・シーン」と換言しながら「ミュージック・ビデオ」との違いを強調するグレゴリー・ブースによれば、前者は「大きな物語構造の要素として入念に組み立てられており、特定の説話と感情またはそのどちらかを強調する」慣習的な文化的コードであるとされている。Gregory Booth, "Religion, Gossip, Narrative Conventions and the Construction of Meaning in Hindi Film Songs," *Popular Music*, Vol. 19, No. 2, Apr., 2000, p. 127.

＊12　Jayson Beaster-Jones, "Violence, Reconciliation, and Memory: A.R. Rahman's "Bombay Theme"," Jayson Beaster-Jones and

Natalie Sarrazi eds., *Music in Contemporary Indian Film: Memory, Voice, Identity*, Routledge, 2017, p. 108; Jayson Beaster-Jones, "Evergreens to Remixes: Hindi Film Songs and India's Popular Music Heritage," *Ethnomusicology*, Vol. 53, No. 3, 2009, p. 427.

＊13 「インド映画」でプレイバックが使用され始めたのは一九三〇年代半ばからだが、インド独立とともに本流となり、スターシンガーの登場などで吹き替えが定着、役者と歌手の分業が進んでいった。詳しくは、杉本良男、前掲『インド映画への招待状』、一〇五―一一三頁。

＊14 山本博司・岡光信子、前掲『アジアのハリウッド』、一八四頁。

＊15 松岡環「インド映画100年の歩み」、『キネマ旬報』二〇一三年一二月上旬号、五六頁。

＊16 Gregory D. Booth, op.cit., p.173.

＊17 Ibid., p.174.

＊18 前川輝光『マハーバーラタとラーマーヤナ』春風社、二〇一三年、一八二―一八四頁。

＊19 山田桂子「南インド映画 テルグ語映画のいま」、松岡環（監修）『インド映画完全ガイド――マサラムービーから新感覚インド映画へ』世界文化社、二〇一五年、一二〇―一二一頁。

＊20 S・S・ラージャマウリ「『バーフバリ 王の凱旋』S・S・ラージャマウリ監督インタビュー」、『MOVIE Collection』二〇一七年一二月二九日。［二〇二一年七月二〇日取得：https://www.moviecollection.jp/interview/26381/］。

＊21 Subramanian Harikumar, "Rana Daggubati: My character in Bahubali is as mean as Duryodhana in Mahabharat and Ravana in Ramayan!," Bollywoodlife. com, May 15, 2015.［二〇二一年七月二〇日取得: http://www.bollywoodlife.com/south-gossip/rana-daggubati-my-character-in-bahubali-is-as-mean-as-duryodhana-in-mahabharat-and-ravana-in-ramayan/］

＊22 Booth, op.cit., p.181.

＊23 もちろん、筋肉のクロースアップでもVFXなどで多少の加工は施されているだろう。しかし重要なことは、それがリアリティを感じさせる点である。

第12章　包摂する〈ハリウッド〉
――スーパーヒーロー映画の身体性

1　〈多様性＝配慮〉の時代のハリウッド映画

SNS社会に突入して第四波フェミニズムが広がり、ツイッター・フェミニズム、ハッシュタグ・フェミニズムなど、受け手の声がかつてないほど可視化されるようになった二〇一〇年代のハリウッド映画は、封建的なジェンダーの表象を是正し、エスニック／セクシュアル・マイノリティを積極的に物語に組み込むようになる。総じて二〇一〇年代（とりわけ後半）、ハリウッドは〈多様性＝配慮〉の時代に合わせた物語を量産した。ハリウッド映画は人種や性別などに対する差別的な表現や認識を改めるポリティカル・コレクトネス（政治的正当性）の配慮から、またこのような配慮の行き届いた作品が批評的な成功を収めるコンテクストからも、こうした潮流へ意識的に照準を定めるようになったのである。

もともと世界的なヘゲモニー（覇権）をもったハリウッド映画には、黒人やアジア人をステレオタイプに満ちた誇張表現で白人俳優が演じるブラックフェイス／イエローフェイスなど長い差別の歴史がある。かねてから批判は多くあったが、SNS時代に入ると、白人以外の役柄に白人が配役され、雇用の機会を奪ってしまう「ホワイトウォッシング」への批判がより顕在化した。もっといえば、ここで批判の的となったのは「白人中心主義」である。興行収入の上位を占め続けたスーパーヒーロー映画は、子供から大人まで幅広い観客層をもつ、公共性の高いコンテンツであるため、他のジャンル以上にこうした時代の要請に応じる必要があった。

近年の〈多様性＝配慮〉の時代の映画を諸手をあげて歓迎するのは早計である。なぜならフィクションと現実にはかなりのギャップがあり、いまだ制度に不満を覚え、差別に苦しむ多くの人が存在しているからである。また映画会社の意識も映画祭や批評言説での成功、新たな市場の発見という営利目的の側面があることは拭い切れない。とはいえ、こうしたブロックバスターの〈多様性＝配慮〉の映画が批評的にも評価され、興行的にも熱狂されるということは、幅広い客層に受け入れられていることの証左でもあり、ポジティヴな影響も少なからずある。

だが、なぜここでスーパーヒーロー映画を取り上げるのか。それは、CGなどの技術を駆使して人間の身体性＝運動を誇張して描く、理想化されたイメージを投影し続けてきたジャンルだからである。技術が人間の身体を拡張する。テクノロジーは、生身の人間の境界線を揺さぶることで同時代の大衆の集合的意識をフィクションとしてスクリーンに仮構するのである。

近年のスーパーヒーロー映画から、従来のジェンダー・セクシュアリティの規範を転覆させる可能性を見出すこと。こうした視点から二〇一〇年代後半のスーパーヒーロー映画を見ると、女性ヒーローを主人公にしたDCエクステンデッド・ユニバース（DCEU）の『ワンダーウーマン』（二〇一七）とマーベル・シネマティック・ユニバース（MCU）の『キャプテン・マーベル』（二〇一九）がまず女性表象に関する歴史的な傑作としてあげられる。

同じくMCU作品で黒人監督による黒人ヒーローを描いた『ブラックパンサー』(二〇一八)もきわめて高い評価と興行成績を獲得し、ソニー・ピクチャーズ・ユニバース・オブ・マーベル・キャラクター(SPUMC)のスーパーヴィラン=ダークヒーローである『ヴェノム』(二〇一八)は、既存のジェンダーの秩序を攪乱させ、セクシュアリティを無効化する。「人間」がいまほど「非-人間」として描写された時代はない。技術と人間の境界線はかつてなく曖昧化し、『ヴェノム』はポストヒューマンとしての新たな可能性を感じさせるだろう。こうした人間の理想をテクノロジーによって極限まで拡張するスーパーヒーロー映画は、本書の視座である「身体」と「ジェンダー」の観点から二〇一〇年代という文脈の中で思考されなければならない。

2 コミックスのアダプテーション

作品分析に入る前にスーパーヒーロー映画の歴史的変遷について簡単に振り返っておきたい。アメリカン・コミックスの最初のヒーローであるスーパーマンはDCコミックス社の『アクション・コミックス』一九三八年六月号に登場した。アメコミは一九三〇年代以降、何度か映画化されているが、本格的なスーパーヒーロー映画のブームを巻き起こしたのは一九七八年に公開されたリチャード・ドナーの『スーパーマン』である。この作品には明確な悪役は存在せず、「敵」は自然災害で、次々に起こるカタストロフィからスーパーマンは人びとを救出していく。無名だったクリストファー・リーヴが起用され、時代が求めたヒーロー像にぴったりと一致した彼は一躍時の人となった。この作品の大ヒットを受けて、シリーズ化が目指されたものの、結局一〇年も満たない間に幕を閉じてしまう。

むしろDCコミックスで高い人気を誇り続けてきたのはバットマンである。コミックスにおける登場はスーパーマンの翌年の一九三九年、法律の手を借りることなく自ら悪を裁くダークなヒーローとして現れた。ただしバットマンは時代とともにそのキャラクター像が大きく変容したヒーローで、アダム・ウェストが演じたテレビドラマ版『怪鳥バットマン』(一九六六—六八)にはダークな雰囲気は微塵もなく、コミックスのようにアクションシーンで効果音が文字として画面に浮かび上がる。このコメディタッチの明るいヒーローは、社会現象を巻き起こすほど人気を博した。

そして一九八〇年代中頃、DCコミックス『クライシス・オン・インフィニット・アース』(一九八五—八六)の刊行によるクロスオーバーイベントで、DCコミックスのすべてのコミックスの共通の舞台であるDCユニバースの歴史はリセット、すなわち全作品をリブートするという重大な決断が下される。[*1]現代のシリアスなバットマン像の源流となるのが、フランク・ミラーのコミックス『バットマン:ダークナイト・リターンズ』(一九八六)である。ヒーローを引退したバットマンがゴッサム・シティに再び秩序を取り戻そうと立ち上がる。アメリカ政府に違法なヴィジランテと認定されたバットマンは、公認されたスーパーマンと対決する。二つの正義が激突する作品はもはや子供向けの枠組みを逸脱し、リアルな暴力描写や葛藤は幅広い層を惹きつけた。

この大ヒットしたコミックスを実写化したティム・バートンの『バットマン』(一九八九)は、『バットマン:ダークナイト・リターンズ』以降のシリアスでダークなバットマンのエッセンスを抽出し、現代に通ずるダークヒーローとして見事に映像化した。しばしばいわれるように「正義」を懐疑する視点や「正義」のためのヒーローの戦いがジョーカーという「怪物=悪」を生み出してしまう点、すなわち「善/悪」=「バットマン/ジョーカー」が表裏一体であることのリアリティを物語ったのである。それまでの映画／テレビドラマとは一線を画すアクションシーンも、格段に暴力的で刺激的なものとなり、その迫力も含めてスーパーヒーロー映画を異なる次元に押し上げた作品であった。二作目『バットマン リターンズ』（一九九二）のヴィランは、偶然不幸な境遇に置かれたペンギンとキャットウーマンで、彼女たちを幼少期のトラウマから正義に取り憑かれ、実業家で社会的強者でもあるブルース・ウェイン（バットマン）が倒すという倒錯した設定が、これまでの勧善懲悪なヒーロー像に批評的な視点をもたらした。本作ではバットマン／ブルース・ウェインの間で葛藤するヒーローの精神的苦悩が濃密に描かれており、新たなステージへと移行したことを感じさせる物語になっている。その後、ジョエル・シュマッカーを監督に迎えて撮られた『バットマン フォーエヴァー』（一九九五）は興行的には成功したものの作風を大きく変え、バットマンを明るく軽いファミリー向けのエンターテインメント路線に差し戻した。コメディ路線を推し進めた次の『バットマン&ロビン／Mr.シリーズの逆襲』（一九九七）は酷評され、大ヒットしたバットマン人気はいったん収束に向かう。

同時期にマーベル・コミックスの映画化でどのようなことが起こっていたかもここで確認しておこう。マーベルは競合相手のDCコミックスが成功させた『スーパーマン』や『バットマン』のような映画のヒット作はなく、好調だったコミックスの売り上げも九〇年代中頃に下落、九六年には破産を申し立てる事態にまでなった。低予算映画も不発が続いていたが、一九九八年に『ブレイド』が予想を超えるヒット作になり、二〇〇〇年から公開された『X-MEN』シリーズも大ヒット、さらにサム・ライミの『スパイダーマン』（二〇〇二）が拍車をかける。一方、九〇年代後半から人気が途絶えたバットマンを、バートン版を継承して現代に復活させたのが、クリストファー・ノーランの「ダークナイト トリロジー」シリーズ（二〇〇五―二〇一二）だった。二〇〇一年のアメリカ同時多発テロ事件がもたらした歴史的トラウマが、正義を描き続けてきたスーパーヒーロー映画へ大きな影響を与えることになった。こうした流れにあって、二〇世紀的な善悪二元論が成立しなくなった「9・11」後の映画の中でも、ノーラン版『バットマン』三部作は物語レベルで特筆すべき作品である。

『バットマン ビギンズ』(二〇〇五)はクリスチャン・ベールを主演に迎えて、バットマンの孤独や苦悩と、空虚で退廃した夜の街を協働させつつ、過去作よりもいっそう暗いダークヒーロー映画を立ち上げた。だが、完全に独自のバットマンとして描き抜いた、シリーズ最高傑作といえるのは二作目『ダークナイト』(二〇〇八)である。本物を手助けしようとする偽物のバットマンが街に溢れる。「お前は異常だ」と彼らはバットマンに詰め寄る。悪が増殖し、物語では象徴的な台詞が繰り返される。バットマンは悪が蔓延るゴッサム・シティに秩序をもたらしているのではない。そうではなく、バットマンがこの街を狂気に満ちたものにしているのだ。犯罪率は過去最高を記録。バットマンの存在が、悪=ジョーカーを完成させる。バットマンは自問する——平和を願ったのに自分の行動が狂気や死を巻き起こしている。愛するレイチェルの死は自分の存在が原因である。ジョーカーをこの上なく魅力的に演じて、スーパーヴィランに魂を吹き込んだのはヒース・レジャーだ。閉塞的な息苦しい社会を、アナーキーで自由に満ちたジョーカーが破壊してゆくその姿は、誰よりも活き活きして見える。正義の不可能性、善悪の反転可能性のリアリティ。重厚なノーラン版バットマンはスーパーヒーロー映画を新たな局面へと移行させた一つの到達点といってよいだろう。

こうしてスーパーヒーロー映画が盛り上がり、他にも毎年のように大作が公開されてヒットするという百花絢爛の様相を呈するようになった二〇〇〇年代、「9・11」以降のスーパーヒーロー映画の特徴は「正義」を引き受ける困難さと懐疑、その倒錯性であり、ヒーローという存在そのものを多元視点で描いていくようになった。とはいえ、ジェンダーの視点から見返してみると、やはりほとんどが白人男性ヒーローを中心に据え、女性は救出されるべき添え物のように登場することが圧倒的に多かった。『スーパーガール』(一九八四)、『キャットウーマン』(二〇〇四)、『エレクトラ』(二〇〇五)などの興業的失敗も大いに関係しているだろう。

『X-MEN』シリーズでアフリカ系女性のハル・ベリーが演じたストーム、『ダークナイトライジング』でアン・ハサウェイが演じたキャットウーマン、『アベンジャーズ』シリーズで登場するブラック・ウィドウ等、それぞれの役割やイメージは歴史的意義の高いキャラクターだったが、男性ファンが根強いヒーロー映画では、女性のスクリーンタイムはきわめて短く、それを占有してきたのは主として白人男性であった。黒人や女性はたとえ重要な役柄で登場しても、男性の二次的なキャラクターとして描かれることが多く、主にヒーローやヴィランを引き立てる存在として登場してきたのである。「女/男」の関係性においても、救出する主体は力が強く能力が高い設定の男性ヒーローであり、救助されるのは女性であった。むろんコミックスやテレビドラマで描かれてきたワンダーウーマンやキャプテン・マーベルなどの女性ヒーローも存在していたが、男性との関係性の上でも身体表象の上でも、かつてのジェンダー・イメージを書き換えたというに値するのは、二〇一〇年代後半に登場したヒーロー映画においてである。

3 「フェミニズム映画」としての『ワンダーウーマン』

DCコミックスのヒーローといえば、スーパーマンとバットマンの二大ヒーローであった。バートン版『バットマン』から人気に火がついてしばらく好調だったDC映画は、一九九七年から二〇〇五年のノーラン版のリブートまで不調の時代を迎える。中でも酷評されたのが『バットマン』の女性キャラクターを主人公にした『キャットウーマン』(二〇〇四)である。主役のハル・ベリーは、人間離れした身体能力を得て、露出度の高いセクシーな衣装に身を包む女性ヒーローを演じた。だが、スクリーンの身体イメージは、セクシュアリティが過剰に誇張され、見世物化されているようにも見えるし、何より副作用がある新しい化粧品の発売を阻止するために立ち上がった彼女が救おうとするのが、その商品を使う可能性がある女性たちという物語設定は、黒人女性のヒーローを主演にした画期的なキャスティングに反して陳腐といわざるをえない。

その後、DC映画はノーランの「ダークナイト・トリロジー」を成功させ、『マン・オブ・スティール』(二〇一三)を皮切りに、マーベル映画を追随するようなかたちでDCエクステンデッド・ユニバースを始動させる。DCEU四作目にあたる『ワンダーウーマン』(二〇一七)は、女性ヒーローを主役にした映画として、興行的にも批評的にも成功した作品となった。

アマゾン族の王女ダイアナ(ガル・ガドット)は、外界から遮断された女性たちだけが住むセミッシラと呼ばれる島で、過酷な修行を繰り返し、誰よりも強い女戦士として育てられる。ある日、外界から突然の来訪者がやってくる。連合国側のスパイであるアメリカ人パイロットのスティーブ・トレバー(クリス・パイン)で、彼はドイツ軍から新兵器の情報が記されたノートを奪って逃走するさなかに追撃され、セミッシラ島の海岸で墜落事故を起こしたのだ。沈んでゆくトレバーをダイアナは海に飛び込んで救助する。彼女はトレバーを砂浜に引き揚げるも、ドイツ軍が追ってきて攻撃を仕掛けられる。島の女戦士たちがそれを迎え撃つ。激しい戦闘になり、アマゾン戦士はドイツ軍を殲滅する。

いいかえれば、これは女性／男性の闘いでもあり、前者が勝利する。すなわち女性が男性を救出し、女性に身体的優位な表象が与えられているのだ。こうした展開は、二〇一〇年代に急激に増加したプロットであり、本作もスーパーヒーロー映画を通じて女性のイメージを根本的に問い直そうとした「フェミニズム映画」とひとまずいってよい。

こうした要素を中心にいくつかのシーンを取り上げてみよう。ダイアナは戦争を終結させるため、トレバーと共に島から第一次世界大戦下の「外の世界」に旅立ち、ロンドンへ向かっていく。敵に向かい、主体的に行動する女戦士はこれまで何度も描かれてきたが、細部の会話は近代の制度やジェンダー規範に疑義を呈する対話に満ちている。島を脱出するボートの中で眠る準備をしながら、彼女はトレバーと対話をする。「結婚してない女性と寝るのは人の道に反する」といって距離を取って寝ようとするトレバーにダイアナは「結婚?」と聞き返す。その制度について男は永遠の愛を誓うことだと説明する。彼女が「皆、死ぬまで愛し続ける?」と聞くと「めったにない」と返答する男、再び「それなら、なぜ誓うの?」と問いかけるダイアナに「さっぱりわからないね」とトレバーは答える。ここで近代と結婚という制度が「外部」の女性によって問い直されるのである。

男は女の隣に寝ることにする。彼は自分が平均的な人間ではないこと、スパイなので強さを見せなければならないことを示唆する。初めて男に会ったという設定のダイアナは、自分が生殖によって産まれたのではなく、母が作った粘土に神ゼウスが命を吹き込んで誕生したことを告げると（実際は神ゼウスとヒッポリタ女王との間にできた娘だということが終盤に明かされる）、男は自分たちの世界では女と男の性行為によって生殖すると話す。さらに対話は性欲の話題になってゆく。ダイアナが「肉体の快楽」について触れると、トレバーは男性不在の島に生きる女性が、本当にそれを知っているのかとほのめかす。言い換えれば、この問いかけは、男性なく女性は真の快楽を得られないのではないか、という疑義である。島の住人たちは数百の言語を使いこなし、知的水準もきわめて高い。その島で生まれ育ったダイアナは、クリオの「肉体の快楽論」12巻（架空の書物）を読んでいると答える。興味を抱き、その本はもってきているか尋ねる男に、ダイアナは「男には楽しめない本」だと答え、その理由を次のようにいう――「生殖に男は必要だけど、快楽には必要ない」。「それは違う」と反射的に否定するも、どこか本質を捉えた言説に彼は自信なく黙り込むほかない。

ダイアナは、ドイツのルーデンドルフ総監を、アマゾン族の宿敵である戦いの神アレスだと確信し、彼を探し求める旅に出る。ダイアナにとって「外の世界」は違和感に満ちた社会だった。彼女のまなざしを介して観客は、「結婚」という制度のみならず、近代を形づくるさまざまな要素を相対化する。たとえばトレバーの女性秘書に初めて会って挨拶を交わすとき、ダイアナが秘書の仕事とは何かを尋ねると、秘書は「彼が行けといったところにどこでも行き、やれといったことを何でもする仕事」だと答える。この間、カメラはトレバーと秘書をツーショットで映し出し、女性を左端に配置して顔から下半分をフレームアウトさせ、男を中央に捉えて権力関係を視覚化する。外からのまなざしをもつダイアナはすぐに「私の世界ではそれは奴隷の仕事だ」と反応し、秘書は即座に「気が合うわ」と返す。居心地が悪くなった様子でトレバーは話を逸らす。職業的なジェンダーの非対称性もこうした物語の細部で取り上げられているのだ。ロンドンに赴いた二人は、ダイアナの服装を何とかしようと試着を始める。だが、どれもこれも自由な動きを封じ、身体を抑圧するように締め付けるファッションでしかない。その後、街を歩いていると突如、敵国の暴漢に襲われるシーンがある。咄嗟にトレバーは体を張ってダイアナを守ろうとする。だが、発砲した銃弾を自らの手で受け止めるダイアナは、序盤と同じく男を守る存在として印象づけられる。

　ダイアナは野性味溢れる女性ヒーローであり、アマゾン族の衣服は露出が高いにもかかわらず、身体をさらけ出すシーンや、男の視線を経由した女性のエロティックな身体をクロースアップするショットはない【図12-1】。ローラ・マルヴィ以降、男性観客のまなざしのもとに、女体を客体として見世物化することがフェミニズム映画批評において厳しく糾弾されてきた。本作で起用されたパティ・ジェンキンスはシャーリーズ・セロンを主演に元娼婦の連続殺人犯を描いた『モンスター』（二〇〇三）という優れた作品を送り出した監督であり、またアメコミ映画ではきわめて珍しい女性監督ということもあって、徹底して男性のまなざしによって描かれてきた女性の身体表象は排除され、強靭な肉体とその力を描き出している。イスラエルで生まれ育ったガル・ガドットは、イスラエル国防軍に入隊し、戦闘トレーナーの職務に二年間従事していた経験があるという。こうした背景も活かして男性俳優の身体性の欠如と同時に、彼女のアクロバティックな身体性が十全に映像化されている。

図12-1　『ワンダーウーマン』（パティ・ジェンキンス、2017）

　また女性表象だけでなく、時代にあわせたマイノリティへの配慮も怠らない政治的なシナリオとキャスティングになっている。独裁者のルーデンドルフ総監（ダニー・ヒューストン）は白人のドイツ人男性、スーパーヴィランのアレスは、パトリック・モーガン卿（デヴィッド・シューリス）として白人のイギリス人男性の姿で登場し、連帯して悪役と闘うのが、イスラエル人のガル・ガドット演じるアマゾンの女戦士ダイアナを中心に、アメリカ人パイロットで連合国側のスパイとしてイギリス軍諜報部に協力するトレバー、スコットランドの狙撃手チャーリー、モロッコの詐欺師サミーア、戦場の密輸業者であるネイティブ・アメリカンの首長と、マルチカルチュラリズムを体現するような多文化チームで編成されている。

人種差別を受けて役者の夢を断念したというサミーアや、過去の戦争でトラウマを抱えるチャーリー、過去の戦争ですべてを奪われたと述べる首長、彼らはそれぞれマイノリティとして差別や抑圧に苦しんできた歴史を担っている。作者であるグレッグ・ルカが、ワンダーウーマンがバイセクシュアル（両性愛者）であると公言していることも含めると、第四波フェミニズムでとりわけ重視されるようになったインターセクショナリティ（交差性）の視点も浮かび上がってくる。[*2] このようなハリウッド映画のマイノリティへの配慮は、スーパーヒーロー映画以外にも、たとえば『ヘイトフル・エイト』（二〇一五）や『マグニフィセント・セブン』（二〇一六）など二〇一〇年代中頃から特に顕著になったトレンドといえる。メンバーの一人であるアメリカ人トレバーのことを指し、彼の先祖に奪われたのだと明言する首長の台詞からも、西洋の白人による加害者性に作品は自覚的である。

「女／男」のジェンダー・セクシュアリティに話を戻そう。女戦士たちが訓練をする女性だけの島、そこで育ったダイアナは悪と闘うために外の世界に旅立つことを決意し、さまざまな困難を乗り越えて悪を滅ぼす。かつての父と息子の物語を女性に置き換えたプロットになっていることがわかる。一瞬で敵を叩きのめし男を救うダイアナは、会議など政治的な場所に連れて行かれ、女性だからという理由で締め出される。そうした描写は、当時、文明化された先進国のイギリスがいかに古臭い国家であったかを浮き彫りにする。男性だけの空間で、彼女は誰も解読できないシュメール語とトルコ語が混ざったノートの暗号を簡単に解く。女性の知が制度や文化によって不可視化されてきたことを暴くような効果をもったシーンである。要するに、「女／男」というジェンダー規範に囚われていないダイアナのまなざしから「フェミニズム」を考えることができる仕掛けになっているのだ。このような強い女性は集団の中では異端であったり、孤立する存在であったりすることが多く、ユーモアや弱さが描かれることはほとんどなかったが、本作のダイアナは圧倒的な強さだけでなく、コミカルでユーモアに溢れ、悲しみ、苦しむ存在でありながら、リーダーとして男性集団を率いる存在である。こうした人物造形も評価すべき点だろう。

中盤あたりまで顕著なのは、「女／男」の関係を問うシーンである。超人的な肉体と身体能力をもったダイアナが男を何度も救い、ボートでの語りも含めて「男性の不要・不能」、いわば男性中心主義が作り出した近代が繰り返し批判的に描かれるのだ。女と男が一つのショットに映り込む場合、この関係性はかつての映画では視覚的にも男性が大きく上方に、女性が小さく下方に構図によって位置づけられることがほとんどだったが、本作ではダイアナの長身を活かしてこれを反転させている。撮影技法としてもカメラをローアングルから煽り目に撮れば尊大で威圧的な印象を与え、逆にハイアングルから俯瞰で撮れば心理的にも権力的にも弱く見せる効果があるが、本作ではダイアナを上位に、男優を下位に配置する構図になっているのだ【図12－2】【図12－3】（ただしトレバーとは水平の構図が多い）。

ところが終盤に向かうにつれ、その批評性は反転する。中

図12-2 『ワンダーウーマン』（パティ・ジェンキンス、2017）

図12-3 同上

盤、ダンスを契機として二人きりになったダイアナとトレバーは部屋に入ってキスをする。男に惹かれてゆく描写は、女だけの島を旅立った彼女が異性愛に目覚めるようなシーンとして効力を発揮する。先述したように、ダイアナが男性不在のまま粘土から生を受けたことは事実ではなく、神ゼウスと母のヒッポリタ女王の娘であることがわかる。すなわち「女／男」の関係から出生したことが明らかになるのだ。*3

終盤、トレバーはドイツが発明した化学兵器が搭載された爆撃機を止めるため、自らの命を犠牲にすることを決意して、それに乗り込む。そして最後の別れのとき、死を覚悟した彼はダイアナに自分の時計を手渡し、「愛してる」と伝える。戦争が終結したラストシーン、過去にトレバーらと一緒に撮った写真を眺めながらダイアナのナレーションが入る。彼女は彼の残した時計を握りしめて語る――「愛だけがこの世界を本当に救える」。異性愛主義が悪いわけではないし、おそらく娯楽映画として仕方ない選択だったのかもしれないが、この作品がもっていたポテンシャルがこのようなメロドラマ的なシーンで、一挙に近代的異性愛主義に回収されてしまう。

作品とは離れるが、日本におけるプロモーションも批判を浴びたことにも触れておく。国民的アイドルグループ乃木坂46が、公式アンバサダーに就任し、『女は一人じゃ眠れない』という異性愛主義を助長するようなタイトルの楽曲がイメージソングとなったのだ（MVも映画とのコラボレーションだった）。フェミニズム映画を意識した本作は、近代的なジェンダー・セクシュアリティを問い直すべく、二元論的な性を超えて、性の多様性こそ描かれるべきだったのではないか。続編として公開された『ワンダーウーマン 1984』（二〇二〇）は異性愛をより前面に押し出し、家父長制を強化するような作品となった。

4　『キャプテン・マーベル』の圧倒的な強さ

一九九六年に破産に陥っていたマーベルは、ソニー・ピクチャーズや20世紀フォックスによる映画化で持ち直したものの、映画化権を売っていたり、権利を買い切りで渡していたりしたこともあって利益はほとんど入らなかった。[*4] そこで起死回生を計ってヒーローのキャラクターを担保に投資銀行メリルリンチから融資を受けた。二〇〇五年にその契約は締結され、ハリウッド最大級の独立映画プロダクションであるマーベル・スタジオが誕生した。その第一作目として製作された『アイアンマン』（二〇〇八）は国内外で大ヒットを記録、批評家からも肯定的に受け止められた。現代のスーパーヒーロー映画の黄金時代を確固たるものにしたのは、同一の世界観のクロスオーバー作品で構成された『アイアンマン』から始まるマーベル・シネマティック・ユニバース（ＭＣＵ）の熱狂的な人気だといって間違いない。

〈多様性＝配慮〉の時代に照準して、世界各地からアフリカ系の製作陣を集めてキャスティングもほとんど黒人で占めた『ブラックパンサー』が、スーパーヒーロー映画として北米における史上最高の興行成績を獲得し、全米映画史上三位という空前の大ヒットを記録しただけでなく、アカデミー賞において初めてとなる作品賞へノミネートされるという快挙を達成し、批評家にもきわめて高く評価された。だが、ＭＣＵは女性ヒーローを単独主演とする作品としては、先述のＤＣＥＵの『ワンダーウーマン』に先を越されていた。もちろんマーベル・コミックス原作の映画としては『レッド・ソニア』（一九八五）や『エレクトラ』（二〇〇五）があるが、前者はビキニスーツのような露出度の高い姿の造形で、批評的にも興行的にも散々な結果に終わり、『デアデビル』のヒロイン役エレクトラを主人公にしたスピンオフの後者は、セクシーな肉体を強調する衣装とキレのないアクション、中国や日本のテイストを盛り込んだB級映画感が不評で興行的にも振るわなかった。他にもDCコミックスの映画化では先述した『キャットウーマン』や『スーパーガール』（一九八四）の失敗も影響して踏み切れなかったのかもしれない。[*5] ともあれ『ワンダーウーマン』の後を追うかたちで公開された『キャプテン・マーベル』（二〇一九）は、マーベル映画とDC映画が凌ぎを削っていた時代だったこともあって比較された。

まず決定的な違いはアーマースーツによる身体表象だろう。ワンダーウーマンが野性味溢れる肉体をさらしながらもカメラは肢体をエロティックに映し出そうとしなかったのに対して、キャプテン・マーベルは初期の露出した衣装でなく、近年のコミックスを踏襲し、ほとんど肌を覆うスーツを着用している[*6]【図12-4】。そしてカメラも徹底して胸や臀部、脚などをエロティックに捉えることを避けているようにも見える。監督を務めたのはアンナ・ボーデンとライアン・フレックのタッグ、ボーデンがMCU初の女性監督だったことも、女性ヒーローを扱った過去作品やDC映画との差別化を考えると重要な要素だったように思われる。

列強種族であるクリー人の部隊に所属するヴァース（ブリー・ラーソン）は、過去の記憶を喪失したまま敵対するスクラル人と争っている。任務遂行中にスクラル人に拉致されたヴァースは脳内をスキャンされ記憶の断片を掘り起こされる。敵の基地からは脱出するものの宇宙に放り出されて地球に落下、そこでフューリー（サミュエル・L・ジャクソン）に出会い、共に追ってきたスクラル人と戦闘する。ところが次第に記憶を取り戻すうちに、自分が実は地球人であったこと、スクラル人は平和を求める種族で、彼らを壊滅させようとするクリー人こそが本当の敵であることが明らかになってゆく。

彼女は夢に登場するローソン博士について突き止めるため、唯一博士の存在を知る、かつて親友だったマリア・ランボー（ラシャーナ・リンチ）に会いに行く。そこで彼女は自分がアメリカ空軍のテストパイロットで、ローソン博士が設計したエンジンをテストしている最中に墜落し、そのエンジンを狙って博士を殺したのが上司のヨン・ロッグ（ジュード・ロウ）であることを知る。ヴァースはそのとき、飛行機に積まれたライトスピード・エンジンを破壊し、超人的なパワーを得て記憶を喪失したのである。彼女はキャロル・ダンヴァースという本当の名前を取り戻し、真の敵であるクリー人と闘うためにスクラル人と共闘する。

図12-4 『キャプテン・マーベル』（アンナ・ボーラン&ライアン・フレック、2019）

本作をジェンダーの視点から見れば、男性社会の抑圧からの解放を明示的に描いたといえる。過去の記憶の断片では、テストパイロットだったときの同僚マリア・ランボーの「男たちに私たちの力を見せつけてやるわ」という台詞や、幼少期の男性からの抑圧や排除が切り取られる。たとえば兄とゴーカートをしている過去のイメージでは、兄にもっとゆっくり走れと怒鳴られ、父親にここはお前のいる場所じゃないと叱責される。父に向かって少女は「男にはやらせてるのに…」と不満を述べる。大きくなって男の同僚にも「なぜコックピットと呼ぶか知ってるだろ」と皮肉をいわれる（「Cock＝雄鶏」と「pit＝場所」で「闘鶏場」、すなわち男性の領域を意味する）。彼女はこのように男性の領域から締め出され、フラストレーションを溜めながら生きていた女性であった。男の上司から「感情を抑えろ」と説教されるシーンから物語が始まるのも象徴的である。上官や父、男の同僚による父権的な権力が、彼女のエネルギーを押さえつけているのだ。そし

図12-5 『キャプテン・マーベル』（アンナ・ボーデン＆ライアン・フレック、2019）

図12-6 同上

て終盤、ヴァースは自らの意志で抑制していた力を解放する。

その後のキャプテン・マーベルの超人的な力は、これまでスーパーヒーロー映画で描かれてきたものを圧倒する。もはやそれは「人間」の枠組みを優に超え、宇宙的なレベルの破壊力をもっている。前半にあった「女／男」の枠組みは後半に繰り返されることはない。もはや「人間」の枠をはるかに逸脱し、男性ヒーローもまったく太刀打ちできないほどの凄まじいスケールでキャプテン・マーベルのパワーは描かれるのである。彼女はゴッサム・シティという特定の地域や、地球規模の平和を守るために存在するのではない。宇宙の平和のために戦う最強の戦士なのだ。

『キャプテン・マーベル』で特筆すべきなのは、『ワンダーウーマン』では重要なプロットとして描かれていた異性愛主義の要素がまったく描かれない点である。むしろ他者との関係において唯一、親密さを描写するのが昔のパイロット仲間で親友のマリア・ランボーとの関係性だ。ヴァースは両親と仲が悪く、ランボーの家に寄り付く。そこで一緒に生活し、友情を育んだ二人は、ランボーの娘モニカも含めて家族同然の付き合いをし、女だけの空間を生きる。[*7] こうした女性だけのシスターフッド（連帯）からは父権的なるものは徹頭徹尾、排斥されている。

ランボーは黒人女性のシングルマザーであり、第四派フェミニズムで盛んに叫ばれたインターセクショナリティ（交差性）を体現するようなキャラクターである。キャプテン・マーベルには、ワンダーウーマンに見られたような異性の存在はまったくない。この作品で愛が唯一描かれているとすれば、ランボーとヴァースの抱擁から醸し出される女同士の親密な愛である【図12－5】【図12－6】。『キャプテン・マーベル』は、女性スーパーヒーロー映画に取ってつけたように組み込まれる異性愛主義に陥ることなく、女性の強さを描き抜いている。

この女性の強さは『アベンジャーズ／エンドゲーム』（二〇一九）でいっそう高められる。キャプテン・マーベルは待望される救世主として登場し、サノスとの戦いでボロボロになったアイアンマン、キャプテン・アメリカ、ドクター・ストレンジ、スパイダーマンら男性ヒーローたちを助けにやってくるのだ。女性スーパーヒーローたちが集結して「心配いらない」「彼女が助けに来た」と弱ったスパイダーマンに声をかける。するとそこでサノスに立ち向かおうと歩いていく女性ヒーローたちだけがフレームインされる【図12－7】。これまで描かれてきた物語の連続性とショット構成によって女性の強さは最高潮に達し、女性ヒーローたちが登場すると自然に助けてくれると観る者に思わせるのだ。これは、そうした細部のアクションを、二〇一〇年代のスーパーヒーロー映画が積み重ねてきたからであり、ジェンダーの歴史から見て、このショットこそ、もっとも女性の強さが結晶化した、心を揺さぶられる瞬間なのである。

図12-7 『アベンジャーズ／エンドゲーム』（アンソニー・ルッソ＆ジョー・ルッソ、2019）

註

＊1　堺三保「暴力と狂気の時代〜ティム・バートン版『バットマン』」、小野耕世ほか『アメコミ映画40年戦記——いかにしてアメリカのヒーローは日本を制覇したか』洋泉社、二〇一七年、四八—四九頁。

＊2　ただし物語で「女性」と「民族」などの二重性が描かれているわけではない。また、ガル・ガドットは、SNS上でイスラエルを支持し、パレスチナの民兵組織ハマスを非難したためにシオニストだと非難され、古代エジプトの女王『クレオパトラ』を演じることが決まると、人種の違いから「ホワイトウォッシング」だと批判されている。

＊3　もちろんゼウスは神という設定のため、いわゆる性行為によって誕生したのとは異なるが、男の神と女王の娘という「真実」は、異性愛主義に接近していると感じられるだろう。

＊4　詳しい経緯は、てらさわホーク「ヒーロー映画の始動」、小野耕世ほか、前掲『アメコミ映画40年戦記』、九一—一〇八頁。

＊5　てらさわホークは、長らくCEOとしてMCUを支配していたアイザック・パルムッターが、女性のスーパーヒーローについて前向きな考えをもっていなかったと推察している（てらさわホーク『マーベル映画究極批評——アベンジャーズはいかにして世界を制服したか？』イースト・プレス、二〇一九年、二三五—二三六頁）。玩具が売れないという理由で『アイアンマン3』から女性のヴィランを排除し、ドナルド・トランプ支持者で保守的かつ差別的な言動が目立っていたパルムッターは、二〇一五年に親会社であるウォルト・ディズニー・スタジオの再編成の機に失脚。『キャプテン・マーベル』の製作発表は二〇一四年だが、彼が企画監修の立場から退いたことによって、二〇一〇年代後半にマーベル・スタジオが多様性に配慮した製作がしやすくなったのは確かだろう。

＊6　初代キャプテン・マーベルは一九六七年に登場した「マー＝ベル」という男のクリー人の戦士であり、アメリカ空軍の女性パイロットであるキャロル・ダンヴァースは一九六八年にコミックスに現れて「キャプテン・マーベル」の名を受け継いだ。その後、一九七七年に再び「ミズ・マーベル」として登場するが、初期・第二期の衣装はかなり露出度が高かった。

＊7　ニール・カーティスは、ジェンダー・ポリティクスの観点から、キャプテン・マーベルが家父長制の回復を拒絶

し、親友のアフリカ系アメリカ人のマリア・ランボーとの関係だけでなく、その娘のモニカからローソン博士まで、世代間の深い連帯と集団的使命を形成すると述べている。Neal Curtis, "Wonder Woman and Captain Marvel: The (Dis) Continuity of Gender Politics", *The Journal of Popular Culture*, Vol.53, No.4, 2020, pp.937-938.

第13章　境界を攪乱する
——オルタナティヴとしての綾瀬はるか

1　『海街Diary』の急展開

『海街Diary』（二〇一五）の冒頭は、次女の佳乃（長澤まさみ）が彼氏の家に泊まって朝帰りをし、小声で「おかえり」と姉を迎える三女の千佳（夏帆）との対話から始まる。「幸姉は？」と尋ねる佳乃に、千佳は「昨夜あんまり寝てないみたいよ」とささやき、長女の香田幸（綾瀬はるか）のことをしきりに気にしている。すると「遅い！」と突如、幸の怒鳴り声がフレーム外から聞こえてくる。長女は険しい剣幕で昭和期の家長のごとく、だらしない妹たちを叱りつける。カメラはローアングルから綾瀬はるかを捉え、眉間にシワを寄せて怒る家長の威厳を演出する。実際、鎌倉のこの家に住んでいるのはこの三姉妹のみ、父は一五年前に母と幼い子供たちを残して家を出て、夫に捨てられた母もその後、娘たちを実家の母に押しつけて再婚してしまった。だから実質的に長女の幸がこの家を支えているのだ。

そこに再々婚をしていた父の訃報が山形から届く。香田三姉妹は山形の葬儀で、父の再婚相手との間にできた娘すず（広瀬すず）——すでに母を亡くし父の再々婚相手の家族と暮らしている中学生——

と出会う。香田三姉妹は帰り際、すずに父とよく一緒に来た思い出の場所を案内してもらう。そこで長女は、闘病していた父の看病をしてくれたすずに「本当にありがとう」と感謝の気持ちを伝える。幼くして父母を亡くし、何の血縁関係もない頼りない義母と暮らすことになった義妹の肩を優しくさする。包み込むような「母性愛」が画面いっぱいに充満する。思いがけない義姉からの感謝の言葉と温もりに、すずの目からは涙が溢れる。

『海街diary』では物語が始まってすぐ、家族に厳粛に接する父性を示しつつも、包み込むような母性もあわせもった綾瀬はるかの資質が十全に引き出される。だからこそ、この直後の電車に乗った香田三姉妹を駅のホームで見送るすずが、ほんのわずかな別れ際の一瞬に、鎌倉で姉たちと一緒に暮らすという性急にすぎる人生の決断を下すシーンが説得力をもって成り立つのだ。この序盤にして観る者の心を揺さぶるシーンの素晴らしさをまずは確認しておこう。

電車に乗った姉たちが「じゃあね」「元気でね」というと【図13－1】、カメラが切り返してホームのすずは「はい、お姉さんたちも」と別れの挨拶を返す【図13－2】。するとほんの少し間をおいて長女は突然、「鎌倉に来ない？」「一緒に暮らさない？　四人で」と妹たちに相談することもなくすずに聞く【図13－3】。ここですずは初めて会った義姉と一緒に暮らすことを直感で即決する。綾瀬はるかの包み込むように肩を撫でた直前のシーンの演技なしに、このやり取りが説得力をもつことはなかっただろう。

このシーンが観る者の胸を打つのは、綾瀬はるかの「一緒に暮らさない？」というあまりにも唐突な誘いを受けた広瀬すずが、「すぐあれしなくていいから」（綾瀬はるか）、「ちょっと考えてみてね…」

（長澤まさみ）、「またね」（夏帆）といわれたにもかかわらず、「行きます」と思いがけず即答でほぼ躊躇なく返すからである【図13－4】。この綾瀬はるかの性急さと、それに対する広瀬すずの反射的な応答の素晴らしさが深い感銘を与える。突如、電車のドアが閉まり、電車が走り出す。車内から微笑んで手を振る姉たちを【図13－5】、妹はホームを駆けて追いかけてゆく【図13－6】。

日本映画史において、俳優の突発的な発話によって、観客の予想を裏切る急激な場面展開を成立させ、観る者の心を揺さぶる名作がある。小津安二郎の『麦秋』（一九五一）だ。この作品には終盤、結婚適齢期を過ぎた原節子が、兄の友人と突然結婚を決めてしまうシーンがある。急展開の対話は、友人不在の家に転勤のお別れの挨拶に訪れた原節子と、友人の母を演じる杉村春子との間で交わされる。杉村に「あなたのような方に、謙吉のお嫁さんになっていただけたら、どんなにいいだろうなんて、そんなこと思ったりしてね」と打ち明けられると、「私でよかったら」と突然結婚を決めてしまうのだ。

（上から）図13-1～13-6 『海街Diary』（是枝裕和、2015）

是枝自身、本作のために小津映画を観直したと公言し、批評言説においても雰囲気や撮影手法の類似点が指摘されているが、この意想外の発話と急激な展開こそ、『海街diary』が『麦秋』にもっとも接近する瞬間である。とはいえ、綾瀬はるかが担った役割は、小津映画とはかなり異なるものだった。その点は後述するとして、まずは共鳴する点から確認していこう。

2　母性／父性の同居

叔母に「あんたたちの家庭を壊した人の娘さんなんだからね」といわれても、綾瀬はるかは「関係ないでしょ」と毅然と答え、包容力をもって家庭を壊した女の娘を受け入れる。朝起きて急いで出ていく妹に「転ぶわよ！」と声をかけ、家族に食事を作り、妹たちに食事中のマナーをしつけるこの長女は、出て行った母に鎌倉の家を処分しようかと打ち明けられて激昂する。自分の母親に「いい年して子供みたいなことといわないでよ」と威厳をもって叱りつけるのだ。彼女はいう——「私は責任あるもん。ここを守る」。叔母は「これでまた嫁に行くのが遅れるわ」と、そんな綾瀬はるかに愚痴をこぼす。多くの観客はこの台詞で小津安二郎の映画、特にヒロインの原節子の存在を想起するだろう。

是枝裕和はキャスティングに関して、綾瀬はるかの背筋の伸びた立ち振る舞いが長女役にぴったりで、原節子を思わせる昭和の香りがしたと語っている。[*1] 綾瀬はるかはこの作品への出演で、よりいっそう清楚で知的なペルソナから、原節子——戦前はモダンで洗練されたイメージ、戦後は戦後民主主義を体現する新たなイメージを提示したスター女優——に重ねられることが多くなった。それはスクリーンの佇まいに限らず、小津作品の役柄にも起因している。たとえば『晩春』（一九四九）のヒロイン原節子が、適齢期を過ぎても縁談を渋って家を出ていかない理由は、妻に先立たれた父親を一人にさせられなかったからだ。『麦秋』（一九五一）でも未婚の彼女は嫁に行かずに働いている。前者は最終的に縁談を受け入れ家を出て行き、父は一人家に取り残される。後者は戦死した兄の友人との結婚を突然決めて転勤先の秋田へ行くことで、両親は大和へ隠居、一家は離散する。このように彼女の結婚の決断は、常に家の崩壊と密接に関わっている。

「嫁に行くのが遅れる」といわれた『海街Diary』の綾瀬はるか演じる長女も、アメリカ行きを決めた恋人との結婚生活と妹たちの住む家での生活を天秤に掛ける状況になるが、彼女は家を守る責任を引き受け、恋人と別れることを決断する。妻と別れてアメリカに先端医療を学びに行くから一緒に来てほしいという誘いを断ったのだ。この点で先ほどの小津映画とは決定的に役割が異なっている。他にも恋人と不倫関係にあるという重要な違いがある。男性の手を借りることなく、仕事をして家族を支える綾瀬はるかはまさに「ポストフェミニズム」状況に生きる女性イメージと重なるが、看護師の彼女は妻のある同僚の医師と不倫をし、家族を守っているのだ。

ある夜、長女とすずが台所で一緒に料理をしている。突然、妹が「ごめんなさい…」と呟く。自分の母が姉たちの家庭を壊したのだということに彼女は責任を感じている――「奥さんがいる人を好きになるなんて、お母さんよくないよね」。姉を真っ直ぐなまなざしを見つめる妹。カメラは切り返して姉の表情を映す。長い沈黙。かろうじて、妹を傷つけてしまったことを謝るが、ここで言外に伝えられるのは、彼女が同じ職場の家庭をもつ男性医師と不倫関係にあることから、父と同じことをして他人から愛する人を奪おうとしていること、家庭を壊そうとしていることである。この前のシーンで恋人と電話している彼女は、親子は夫婦ほど簡単には切れないもんだといわれ「夫婦だってなかなか切れないじゃん」といいかえしている。だが結果、彼女は家庭を壊した女性の子供を家族として迎え入れ、男と別れて、妹たちの家を守る。小津が「家族の離散」を描いたのに対して、是枝は「家族に成る」ことを描いたのだ。

ただし、この家族には絶対的に喪われているものがある。父性／父権である。これまでの多くの日本のホームドラマでは、存在していようがいまいが、父権は家族の物語を展開させる重要な要素であった。だが、本作に限れば、それはもはや不在、あるいは無効化しているといってよい。事実、本作は父の葬式から物語が始まる。そもそも鎌倉の家にはずっと父も母も不在、綾瀬はるかが長女・父親・母親の役割を担って妹たちを育てているのだ。優しい包容力と威厳のある力強さ――対立する二面性を綾瀬はるかはあわせもつ。父権を無効化し、その苦難を娘たちに抱えさせた本作は、二〇一〇年代に多く製作された女性が連帯する物語とも共鳴するだろう。現代の女優において、こうした父性なるものを共存させられるのはおそらく綾瀬はるかくらいであり、同世代の女優――たとえば長澤まさみ、戸田恵梨香、石原さとみ、吉高由里子、深田恭子、新垣結衣――からは、フェミニンな要素が前景化するため見出すことは難しい。

3　ジェンダーを転覆させる

綾瀬はるかは、独特の父性的な強さをいかにして取り込んでいったのか。二〇〇〇年に所属事務所であるホリプロのタレントスカウトキャラバンで審査員特別賞を受賞してデビューすることになった彼女は、テレビドラマ『世界の中心で、愛をさけぶ』（二〇〇四）で、山田孝之と愛し合う高校生のヒロインを演じた。清純で可憐な少女を演じ、白血病で倒れる綾瀬はるかは、その後も『たったひとつの恋』（二〇〇六）や『白夜行』（二〇〇六）など異性愛の典型的な恋愛ストーリーで人気を獲得していく。こうした典型を逸脱し始める転機となったのが二〇〇八年だ。とりわけ映画でのイメージに変化が訪れる。

『僕の彼女はサイボーグ』（二〇〇八）はSFラブストーリーではあるが、これまでの清楚な存在感とはまったく異なっている。まず未来から来た彼女は、超人的に「食べる」。およそ人間ではありえない量の食事を平らげるインパクトのあるイメージを提示するのだ。それだけではない。サイボーグである彼女は、三人の男に取り囲まれても、怪力で容易く男たちを投げ飛ばす。男を抱えて超スピードで移動することもできる。すなわち、人間には不可能な超人的な力を宿した、人間／テクノロジーの融合した表象としてスクリーンを躍動するのである。したがって「女／男」の関係性も主流の映画とは違っている。

ひ弱な冴えない男子大学生を演じる小出恵介を何度も守って救出する彼女は、男性に救ってもらうシンデレラのようなヒロインとしては登場していない。むしろ、困難な状況に遭遇した彼を体を張って助け出す、かつての男性的な役割が与えられているのである。東京大地震が起こって、トラックに轢かれそうになり、ビルの瓦礫の下敷きになりかける男を彼女は超人的なパワーで救い出す。すなわち、綾瀬はるかの身体イメージと物語は、従来の異性愛の役割を反転させた表象を引き受けているのだ。実際、「女みたいにメソメソするな！」と小出恵介に怒るシーンもある。このようにしてポストヒューマンな身体性と異性愛規範を解体するイメージを二〇〇〇年代末頃に獲得した綾瀬はるかは、それまでの女性像を転覆させる身体性を焼き付けてゆくことになる。

同年に公開された『ICHI』は、勝新太郎主演で何度もシリーズ化された有名作品『座頭市』——盲目の侠客を描いたアクション時代劇——の女剣士版のリメイク映画である。三味線を片手に市を演じる綾瀬はるかは自分に居合術を教えてくれた男を探す旅をしていた。序盤、瞽女《ごぜ》が神社で体を売って金を払わずに暴行を受けている現場に遭遇する。男たちは綾瀬はるかにも目をつけ襲い掛かろうとするが、浪人侍の大沢たかおが止めに入る。十両の手形で場を収めようとする浪人侍だが、金も女も手に入れようと男たちは刀を抜いて斬りつける。実はこの侍は震えて刀も抜けない弱い男で、綾瀬はるかが彼を庇って暴漢たちを一瞬で切り捨てる。最後には大沢たかおが中村獅童に刺されて死に、彼女は中村を一瞬で討ち取る。この力強いアクションもやはり先にあげた他の女優では様にならない（強いていえば成立するのは近年の長澤まさみくらいだろう）。綾瀬はるかはマスキュリニティを体現する昭和の男性ヒーローの役柄を端正な佇まいで力強く演じ切った。

この後も綾瀬はるかは、いわゆる正統な恋愛映画を避けるように作品を選んで出演する。『ハッピーフライト』（二〇〇八）、『おっぱいバレー』（二〇〇九）、『ひみつのアッコちゃん』（二〇一二）とコミカルな役柄の映画に出る一方、特にテレビドラマの『ホタルノヒカリ』（二〇〇七）から『ホタルノヒカリ2』（二〇一〇）、その後を描いた『映画 ホタルノヒカリ』（二〇一二）で見せた「干物女」——恋愛を放棄して楽な格好でダラダラ生活する女性——のキャラクターは強烈だった。同時期、テレビドラマ『きょうは会社休みます。』（二〇一四）では、彼氏いない歴三〇年の地味でモテないOLを演じた。サブタイトルで「こじらせ女」と称されるこのヒロインは、異性と円滑なコミュニケーションが取れない。異性との間で発動するこうした彼女特有の〈ボケ〉は、二〇一〇年代という時代にきわめて重要な要素として前景化してくる。

4　綾瀬はるかの〈ボケ〉の効果

綾瀬はるかがさまざまな作品で培ってきた唯一無二のペルソナが〈ボケ〉である。その物語上の〈ボケ〉は、綾瀬はるかの「天然ボケ」のペルソナと協働しながらいっそう効果を発揮する。二〇一〇年代中頃から彼女は、人と話すのが苦手で人にイライラされる地味なOLを演じた『高台家の人々』（二〇一六）を始め、うまくコミュニケーションが取れないずれた女性の役柄を多く演じていく。表現を変えれば「天然ボケ」のためにコミュニケーションが成立しないことが多いともいえる（同時期に『現代思想』二〇一七年八月号で〈特集＝「コミュ障」の時代〉という特集も組まれた）。こうした時代性を反映した役柄で、コミュニケーション不全によって真剣なモードが不成立になる場面が頻繁に描かれるのだ。

彼女の出演するこの時期の作品では、異性愛関係がほとんど成就しない。たとえば『本能寺ホテル』（二〇一七）は京都を訪れた綾瀬はるかが、天下統一を目前にした織田信長のいる戦国時代へタイムスリップするSF映画である。彼女には恋人がいてなんとなくプロポーズされ婚約にいたるも、織田信長や家来の森蘭丸との交流を通して自分がやりたいことを見出していく。結婚を白紙に戻すという本作の結末は、プロポーズされて結婚する近代の典型的な女性の人生とは異なり、それよりも価値のあるものを見つけるエンディングとなっているのだ。

テレビドラマ『義母と娘のブルース』（二〇一八）では大手企業の部長で、誰にも負けない闘うキャリアウーマンを演じた。本作では新自由主義下におけるメリトクラティックな競争社会に生きる「ポストフェミニズム」状況が当然のごとく浸透している。「戦国部長」の異名をもったこの主人公は、超エリートで博識、百戦錬磨のビジネス経験を誇り、男性部下からも信頼の厚い、いわば「勝ち組」のキャリアウーマンだ。従来のドラマのように、この環境でポジションを引きずり下ろされたり、女として個人の立身出世の苦悩が描かれたりすることはなく、よくありがちな職場でのハラスメントの描写もない、新しい社会で生きる女性だといえる。妻に先立たれ一人で娘を育てている竹野内豊と結婚し、彼は三倍の稼ぎがある妻に外で働いてもらって自分は主夫になろうとする。だが、彼女は仕事以上の価値を義娘に見出し、血のつながらない娘との関係を築くために自ら望んで仕事をやめ、主婦になる決意をする。その後、夫は病死、義母と娘の新しい生活が始まる。

余命が長くなく、死んだ後に娘を育ててくれる人を探していた竹野内豊、くだらない話をする相手がいなくて寂しかったから求婚に応じた綾瀬はるか、二人はお互いに愛し合って結婚したのではない。だが、一緒の時間を過ごすにつれて本当の夫婦に成る、あるいは家族に成っていく。そういう意味において、『海街Diary』と通底する擬似家族の物語だ。

だが、この物語のキャラクターの特徴は、綾瀬はるかのコミュニケーションのずれにある。きわめて能力が高く仕事においては常に成果をあげるキャリアウーマンだが、真っ直ぐで不器用な彼女は、子供に土下座したり、腹芸をしたり、日常的なコミュニケーションにことごとく失敗する。娘が成長し、パン屋に就職した彼女は、店長である佐藤健の愛の告白のメッセージも受け取り損ねるのだ。

本作に限らず、綾瀬はるかには、異性愛的機制を解除する〈ボケ〉の要素が多分に見出せる。二〇〇〇年代以降、「ポストフェミニズム」の社会で働く女性を描く多くのテレビドラマでは、新自由主義の競争原理に飲み込まれ、天海祐希や米倉涼子のように強い意志と能力で勝ち残って自己実現を果たすか、堕落した敗者となるか、すなわち「勝ち組／負け組」が描き分けられてきた。「ファリック・ガール」としての「戦闘美少女[*2]」は、抑圧的な社会からの自由と解放の欲望の投影にほかならない。

しかしながら、綾瀬はるかはこうした新自由主義的な競争原理には基本的に乗らない。あるいは、繰り返すように彼女の〈ボケ〉は異性愛的欲望の不在、すなわちセクシュアリティの不在にも通ずるコミュニケーションを発動する。異性愛中心主義へのオルタナティヴを考えたとき、彼女の〈ボケ〉は、女同士の連帯と意志の表明より、効果的に作用することもあるだろう。なぜなら女性へと差し向けられた異性愛のコードを、綾瀬はるかの〈ボケ〉はことごとく無効化してしまうからである。

5　ジェンダーをかきかえる

すでに論じてきたように綾瀬はるかは、二〇〇〇年代末からアクション映画に出演するようになり、多くの作品でジェンダー規範を反転させ、男性を守る女性を演じてきた。二〇一〇年代後半、この方向性はいっそう顕著になる。主演を務めたNHKのテレビドラマ『大河ファンタジー「精霊の守り人」』（二〇一六―二〇一八）で、女用心棒のバルサを演じた綾瀬はるかは、アクションシーンにおいて身体能力を活かし、荒々しい「男性的」な役柄を熱演した。この作品で彼女は「女らしさ」を脱ぎ捨てたのである。

『奥様は、取り扱い注意』（二〇一七）の綾瀬はるかは、捨て子で人並みの愛に恵まれずに育ち、弱い者いじめをする男たちを懲らしめたり、痴漢を捕まえたりして暮らし、町のパトロール隊のリーダーとなったことをきっかけに、ある国家の諜報機関に雇われ、特殊工作員として生きる女性を演じた。冒頭から彼女は激しいアクションによって体格のいい男たちを叩きのめしていく。同時期の女性スーパーヒーロー映画で描かれた「女性の男性性」を誇張した身体表象である。

彼女は人生の選択肢に存在しなかった穏やかで温かい家庭を希求している。特殊工作員としての自らの存在を消し、別人として普通の日常を手にしようと生きていく決意をするのだ。けれども彼女は常にスリルを追い求めて男たちとの格闘に快楽を感じてしまう。表層的には異性との典型的な結婚生活を求めているが、彼女はどうしても近代家族には戻れないのだ。たとえば「みんな私が五秒もかからずに倒せそうな男たちばかりだった」というナレーションが入る第一話――。旦那にDVを受ける町の主婦を助けるため、最初は話し合いで解決しようとするが、穏便に済ませられず男を叩きのめし快感を覚える。基本的に本作は、このパターンで進んでいく。すなわち、穏やかな日常を生きる平凡な主婦であろうとするが、周囲の主婦友達にさまざまな問題が勃発、解決するために最終的には自身の卓越した戦闘能力で男たち（強い女のケースもある）を片っ端から叩き伏せていくのである。

西島秀俊と結婚して専業主婦になり、近代的家族を手にするが、半年後に飽きてしまう彼女は、最終話で選択を迫られる。実は夫は、結婚する前から特殊工作員だった綾瀬はるかを追っていた公安の人間だった。実際に会ったときにお互い惹かれて結婚をしたが、身近で監視できるという理由で西島は上に了承を取り付ける。だが、最後に正体を暴露しあった二人は格闘を始める。もはや肉体的なジェンダー差は存在しないかのように対等にやりあうアクションシーンである。夫は本物の夫婦になりたくて上を説得し、怪しい行動をしなければ一年後に妻の監視を解いてもらう約束を取り付けたという。彼はドイツで生活しようと妻に提案する。だが、それは彼女にとって永久に組織の下で監視され続けることを意味している。

妻は組織の監視下から逃れ、遠い場所に行って新しい名前で暮らそうと提案していう――「私たちの生活を邪魔する奴ら私が全員倒してあげるから」。それは無理だと夫は応答する――「妻が夫のいうことに従って生きていく夫婦の形だってあるはずだろ。俺は絶対に君のことを幸せにする自信がある」。ミシェル・フーコーは、近代を成り立たせている監視の機制を、ジェレミー・ベンサムのパノプティコンを援用し、「規律訓練」として分析したが、家や町のカメラを通して女性を監視する男性的＝近代的なシステムを本作で西島は体現している。この直後、友人のもとを訪れた彼女が旦那との「結婚観の違い」や「亭主関白だった」ことを批判する場面からも、近代的なジェンダー観の押しつけとそれへの非難が感じられる。

彼女は夫による監視のまなざしに捕獲されても、弱い女性たちを守るために行動する。彼女は行動を規制しようとする夫の意思に反して、悪党との決闘に向かっていく。すなわち、傷つけられた女性のために立ち上がって男たちを叩きのめすのだ。

食卓で綾瀬はるかは夫に指摘される――「君が一番に追い求めているのはスリルだ」。自分や友情など二の次だと夫に批判された彼女はいう――「あなたのためにかっこいい私でいたいだけ」。最後の闘いに勝ち、捕縛された友人を救出して帰宅する綾瀬はるか。ナレーションで、闘いのさなかに自分が欲しいものが「スリル」だと気づいたことが明かされる。そしてラストシーン、彼女は玄関のドアを開けて「ただいま」とつぶやく。夫が奥から出てきて微笑んでいう――「おかえり」（彼は「動くな」と銃を出す）。彼女はずっと夫を見送り、迎える妻になろうとしていた。それが自分が求めていた「幸福」であると思っていた。だが、それは表層の願望でしかなかったことに気づく。だからこそこのラストシーンは、帰宅する妻とそれを出迎える夫を描いているのだ。ジェンダーの反転がまさにこの最後の場面に集約されているのである。

このようにジェンダーを覆し、上書きする役割を担った女性の解放の物語は本作だけではない。映画『今夜、ロマンス劇場で』（二〇一八）は、モノクロ映画の世界に生きる王女と、現実世界に生きる青年の恋愛ファンタジー作品だ。この王女を演じる綾瀬はるかは男をしもべとして扱い、殴りつけ、男のように振る舞う暴力的で破天荒な女性である。青年を演じた坂口健太郎とのジェンダー構造は従来の関係とは真逆だ。彼女に愛を捧げるこの男に王女はいう――「私はお前に何もしてやれない。苦しんでいるとき、お前に触れてやることすらできない。皆が当たり前にしていることを、私は何もしてやれない」。

彼女は行為する主体であって、シンデレラ的な行為の客体ではまったくない。「施す者」として存在しているのだ。もう一つの特徴は、設定上彼女がイメージであって永遠に年を取らない点だろう。相手役の坂上健太郎が年老いていくのに対して、彼女はサイボーグのごとく変化することはない。ここに『僕の彼女はサイボーグ』から直結するポストヒューマン的イメージの連続性も見出すことができる。

ジェンダー転覆のイメージの究極は、テレビドラマ『天国と地獄～サイコな2人～』（二〇二一）だろう。すでに触れた大林宣彦の『転校生』や新海誠の『君の名は。』（二〇一六）など、映画やアニメーションにおいて女と男の入れ替わりの物語は特段珍しいものではない。だが、綾瀬はるかと高橋一生の心が入れ替わる本作では、ジェンダー・セクシュアリティの反転が表象としても、より強調されているように感じられる。綾瀬はるかの身体（心は高橋一生）で、高橋一生を「壁ドン」して威圧する男性的身振り、あるいは男言葉で恫喝する振る舞いは、従来のマスキュリニティ／フェミニニティを脱構築する。

　またセクシュアリティ表象として肝要なのは、綾瀬はるか（心：高橋一生）が同居人の柄本佑に性的欲望を発露するシーンである。彼女（彼）は男に跨って服を脱いでセックスを先導し、強引に濃厚なキスをする。綾瀬はるかの身体で「男役」を演じるセクシュアルなパフォーマンスは、画面上の表象としてはジェンダーの権力関係を逆転させた異性愛的欲望を提示すると同時に、物語の意味としては同性愛的欲望を描出し、さらには出生時に割り当てられた性別から移行するトランスジェンダーをも彷彿とさせるだろう。*3

　ジェンダーを恣意的でパフォーマティヴな行為だと捉えるジュディス・バトラーは、ジェンダーとは支配的な異性愛主義のリアリティの言説の内部で「演じられるもの」、すなわち「構築され、様式的な反復行為によって外的空間に設定されるアイデンティティ」だと述べた。*4 バトラーにとって身体とは「存在する」ものではなく言説の効果であって、こうした言説を転覆させるための「上演」の例として彼女は、アイデンティティを撹乱させる行為である仮装《ドラァグ》を戦略的に援用している。*5 近年の綾瀬はるかの身体は、女性性として物質化されること、あるいは「女の子」としてジェンダー化されることを拒み、それをずらし、あるいは失敗することをパフォーマティヴに実践しているのだ。

　このドラマをジェンダー・セクシュアリティの視点から読解するときのポイントは、高橋一生に特定の女性の恋人が設定されておらず、性的指向が描かれないまま入れ替わりが起こるところである。だからこそ「女／男」の心と体が入れ替わって性的欲望が露わになったとき、それが異性／同性へ向けられているのか判別できなくなり、ヘテロセクシャリティは宙吊りにされる。こうして綾瀬はるかのパフォーマンスは、ジェンダー・セクシュアリティを境界づけようとする力学を絶え間なく攪乱するのである。

コメディとアクション――。綾瀬はるかが異性愛を演じた作品から抜け出すきっかけとなったのがこれらの要素である。二〇一〇年代、彼女はジェンダー・セクシュアリティの真に現代的な〈意味〉を象徴的に担うようになった。見返してみれば、強い女性を演じる綾瀬はるかのパートナーはいつも弱々しいイメージが与えられている（小出恵介や坂口健太郎、大沢たかお等）。

こうしたジェンダーの関係性のもと、彼女は主にアクション映画において、既存のジェンダーを転覆させる過激な運動性を焼き付けた。そこでの綾瀬はるかは男性であれ女性であれ、ひたすら弱者を守り、救い、施す者として刻印されている。そのとき、彼女が形づくるコミュニティに「父権」は不在であることが多い。その一方、彼女は〈ボケ〉によって異性愛規範を脱臼させるコミュニケーションを細部で繰り返してきた。こうした作品において、異性愛モードはその都度、解除され、異化効果（日常的に見慣れたものを異質なものとして思考させる）を発揮する。すなわち、観客は近代が形成してきた異性愛に対する批判的な距離を与えられるのである。

綾瀬はるかはそのようにして父性や男性的なものを周縁化し、セクシュアリティを限りなく抑制するか、多様なセクシュアリティのモードを発出する。二〇一〇年代後半から頻繁に描かれるようになった、近代的な二元論では捉えきれない多様な性のあり方を、綾瀬はるかのパフォーマンスは包摂する力を担ったのである。

註

＊1　「是枝裕和が語る「海街diary」と小津安二郎作品の共通点とは」、『映画ナタリー』二〇一五年六月一六日。〔二〇二一年八月四日取得：https://natalie.mu/eiga/news/150825〕
＊2　斎藤環『戦闘美少女の精神分析』筑摩書房、二〇〇〇年。
＊3　ただし、ジェンダー・アイデンティティや性的指向は「女／男」の二元論でわけられるものではなくさまざまである。重要なのは高橋一生に女性の恋人がいる設定ではなく、セクシュアリティが曖昧化されている点だろう。
＊4　ジュディス・バトラー『ジェンダー・トラブル――フェミニズムとアイデンティティの攪乱』竹村和子訳、青土社、一九九九年、二四七頁。
＊5　同前、九一―一一三頁。

End roll　ジェンダー・イメージの想像力

ここまで戦後から約七〇年の映像史を一気に駆け抜けてきたが、振り返ってみると語り損ねた俳優たちはあまりにも多い。だが、別々に見てみると、女優は戦後から一九五〇年代、そして二〇一〇年代が多く、男優は一九五〇年代後半から一九七〇年代に集中している。これはこの時期にそれぞれが強固なイメージをスクリーンに焼き付けたからだろう。序章でも触れたように、ジェンダーの視点からすれば、男優は戦後から七〇年代頃まで、三船敏郎や渡哲也、萩原健一が傷つく敗者の身体を陶酔的に美化し、女優は一九四五年からの一〇年間と同じくらい二〇一〇年代に「強い」女性像を確立した。重要なのは、男性との関係性のもとで描かれる女性の「強さ」の表象システムである。

日本の戦後史を映画俳優の視座から考えたとき、起点となるのは原節子であろう。彼女は明治以来の課題であった西洋／東洋の超克を、美としてもっとも形象化したスターだったからである。繰り返せば、原節子は戦前から国際的に名の知れたスター女優だったが、実際にスターダムの頂点をきわめたのは戦後＝占領期であった。[*1] 過去の理想化されたジェンダー・イメージの切断――。それが時代の「新しさ」を引き受ける上でもっとも重要になる。それ以前は良妻賢母という言葉が端的に表しているように、男性や国家に献身して背後から支える受け身の大和撫子、決して自己主張せずに耐え忍び、個人主義を排して集団に合わせる没個性的な受動性こそが戦中の女性の理想的イメージとして価値をもっていた。映画女優でいえば、田中絹代や花井蘭子が代表的な存在である。

そして日本が敗戦を迎え、戦後民主主義の時代になるとジェンダー規範は一変、主体的に行動し、はっきりと自己主張できる理知的で能動的な振る舞いが求められるようになった。戦中は利己的で「英米的」だと非難された女性の「強さ」が一変して価値をもつようになる。この女性の「強さ」の枠組みに適合したのが、戦前派スターなら原節子、戦後派スターなら京マチ子だった。時代の変遷に応じて欲望される身体や顔の形象も変化が生じた。アメリカに占領されていたこの時期に人気が高かったのは、総じて目鼻立ちがはっきりとし、エキゾチックな顔をした「バタ臭い」女優たちで、彼女らは日本人離れした大柄な身体性をスクリーンに投影した。

一方、男優は女優と違って理想的なイメージをスクリーンに結実させることはできなかった。明確な美の規範も一貫した言説としてまとまりに欠ける。戦争責任の問題もあって軍神と謳われた藤田進のようなイメージは忌避され、利己的な行動、マスキュリンな「強さ」を提示することは困難だった。いうなれば敗戦による反動で、戦前の男性像は去勢された。だから戦前の男優でも決して暴力的な権力を提示せず、紳士的な振る舞いで女性観客の心を掴んだ上原謙のような俳優が好まれた。あるいは女形出身で女役を演じることも多かった美剣士スター長谷川一夫のような甘美な艶かしさをもったスターが持続的に支持された。このような端正で美しく知的な顔立ちは、戦後派スターでは鶴田浩二、池部良、佐田啓二などが継承していく。

もう一つの戦後の重要な男性イメージは、三船敏郎から引き継がれる「アウトロー」の系譜である。彼は「強さ」を提示したものの、敗戦のトラウマを全身で受け止めて苦痛に顔を歪め悶える。『酔いどれ天使』(一九四八)に象徴される、苦しんで死んでゆくアンチヒーローの敗者性が共感を呼んだのだ。その破滅的なペルソナ、解放を志向するアナーキーな雰囲気とカリスマ性は、三船から始まり変奏されながらも、石原裕次郎や高倉健、渡哲也、勝新太郎、萩原健一などに受け継がれた。

頼りなく寄る辺のない男性が、相対的に「強さ」と「明るさ」を取り戻していくのは、敗戦のトラウマから少しずつ回復していく、一九五〇年代中頃からである。挑発的なポーズを上の世代に向け、女性をモノのように扱う太陽族映画で、男は（性）暴力で女性を制圧する。『狂った果実』（一九五六）の石原裕次郎が代表例だろう。そして裕次郎に加えて小林旭や赤木圭一郎などが活躍する日活アクションの時代が花開く。一方、占領期は時代劇の製作が困難だったが独立を回復して、五〇年代中頃から東映時代劇が一世を風靡する。強い剣劇スターが弱い女性を守る勧善懲悪の世界、弱々しく頼りなかった男優が相対的に力強さを取り戻し、スクリーンに投影され始めた。

同時期、一九五六年から東宝は社長シリーズをヒットさせ、森繁久彌、フランキー堺、小林桂樹らが活躍する。五〇年代後半から男優が「暴力性」と「喜劇性」を引き受ける。これは敗戦のトラウマを全身で受け止めた三船敏郎の時代、あるいは上原謙のような去勢された男性性の時代から一歩、抜け出したことを意味している。高度経済成長期に差し掛かった時期、男性は少しずつ自信を回復していったのだ。

「政治の季節」であった六〇年代から男優の「性と暴力」の表象は過激になっていく。東映は時代劇が飽きられて鶴田浩二や高倉健を中心に任侠映画（いわゆるヤクザ映画）で義理人情のヴァイオレンスを描き、日活ニューアクションの渡哲也は、過酷なヤクザの暴力社会に取り込まれ、徹底して孤独や苦痛を引き受けた。七〇年代にいたり、東映は実録路線に切り替えてリアルなヤクザをドキュメンタリータッチで捉え、日活はロマンポルノへと舵を切る。一方的な「性と暴力」によって、戦後の映画には見られなかった「女／男」の非対称性がフィルムに刻印された時代である。

　現実世界では五〇年代中頃から高度経済成長が始まり、七〇年代にかけて専業主婦化が進む。[*2] 性別分業が徹底された、戦後家族モデルができあがっていった。この時期の男優は、大流行したヤクザ映画やポルノ映画の形式から「強さ」を誇示した。だが、長い歴史のスケールで見てみると、ヤクザ映画がジャンルとしての役目を終え、二〇世紀後半に連綿と描かれ、圧倒的な訴求力をもっていた破天荒なダークヒーローやアウトローの時代が九〇年代に入ると終焉を迎える。その後は、長谷川一夫的な潮流と三船敏郎的な潮流の変奏と見られる系譜はあるものの、やはり男優は戦後というコンテクストの中で、女優に比べて明確に時代に応じたイメージを映像として結実させることに失敗し続けてきたのではないか。

　それに比べて女優は、きわめて「豊かな」イメージを投影しているように感じられる。占領期の指導者としての「強さ」をもった〈超俗性〉のイメージ。そして五〇年代中頃からの庶民的で親近感のある若尾文子や美空ひばりの〈日常性〉のイメージ。アイドルの人気を先取りした、突き抜けた明るさで彼女たちは日本を元気づけた。「主婦化」の時代における保守的な女性像と主婦の実存を描くテレビドラマの流行。続いてトレンディドラマで活躍する「ポストフェミニズム」社会を生き抜くキャリウーマン。一九八〇年には一一一四万世帯に達した専業主婦世帯（共働き世帯は六一四万）がその後、八〇年代に減少を続ける一方、共働き世帯は増加を続け、九〇年代に逆転することはすでに述べた。[*3] 二〇〇〇年代以降、過酷な競争社会のなかで、男に依存することなく一人でネオリベ社会を強く生き抜く「ポストフェミニズム」状況下の女性が描かれていった。

二〇一〇年代の映画やドラマで描写される女性像は、戦後民主主義を生きるリーダーとしてのイメージと通底している。過去を切断するような新しいイメージ——。もちろん、こうした見方には慎重にならなくてはならない。つまり、それは現実の女性のあり方とは乖離して、男性の作り手が欲望する、客体としての女性像を描き続けてきたということ、あるいは敗戦のトラウマや「生きづらさ」を救済するイメージを、女性の「強さ」に仮託し続けてきたのではないかということである。女性は常に(主として男性のまなざしのもとに)理想化され、表象されてきたからである。

繰り返し述べてきたように、敗戦直後の戦後民主主義の時代と二〇一〇年代の女性像は「強さ」や「主体性」という点で、スクリーン上のイメージには親和性がある。男性が相対的に強く生きられる時代には、敗者のヒーローとして自らを美化して自己陶酔し、あるいは女性の身体を欲望の対象とし、私有化してきた。だが、その一方、戦争責任が重くのしかかった戦後民主主義の時期や、「#MeToo」のハッシュタグ・フェミニズムで男性の暴力や性犯罪が可視化された時期は、女性の「強さ」を引き立てるように物語を支える役割に徹する。戦後日本とのパラレルな構造——なぜ変わったようでいて変わらないこの構造が繰り返されるのか。

女性は常に男性優位の社会で抑圧されてきた。「強さ」への衝動があっても、それは「女性らしくない」というイデオロギーに回収されてきた。この抑圧に対して長い歴史をかけて女性は「変化」を強く求めてきた。対して男性は、このアンバランスな構造を領有する。男性は総じて優位な男性中心主義を変えたくないと(無意識的に)思っている。そして本質的に変われないことにどこかで気づいている——男性の意識を根本的に変えるのはきわめて難しい、と。ならば女性表象に「変化」を与えて、社会が変わっていることを訴えればよい。こうした関係性が女性表象に〈可塑性〉を与えてきた。自分たちが変わるよりも、女性を変える方が容易である。そのように、男性がいまだ多くを占める映像業界の製作者は、無意識に感じているのではないか。

とりわけ戦争責任が重くのしかかり、あるいは性暴力が次々と暴露される時代に、男性を後景化させ、女性の「強さ」を称揚することは「免罪符」になる。現実世界は措いておいて、表象の次元で女性の「強さ」を隠れ蓑にし、女性を引き立てる男性の役割を演じることに徹して、リベラルを装い、自己満足し、安堵する。言い方を変えれば、総じて消費者としての女性は見過ごされ、軽んじられてきたのだ。いまだ映画監督やディレクターを始め、作り手の多くを男性が占め、男性社会の規律が根強い映像業界では、製作のヘゲモニーを男性が握っているケースが少なくない。そういった批判も明るみに出されるなかで、社会はこんなに変わったのだと表象を占有してアピールすること。ここには「女性活躍」を掲げる政治と同様、社会に貢献しているという擬似的な利他=利己的な思惑が透けて見える。私たちはこの相互作用と歪なジェンダー構造に敏感にならなくてはならないのである。

*

これまで戦後の日本社会が形づくってきたジェンダーの構造を剔抉《てっけつ》してきた。ここには敗戦や家父長性が規定する根深い問題が残っている。だが、それでも二〇一〇年代の映像文化に私は希望も見出している。先に戦後民主主義の時代と二〇一〇年代は、女性の「強さ」や「主体性」という点でスクリーン上のイメージに類似性があると述べた。しかしながら、決定的に違う点もある。それがテクノロジーの発展によるイメージの強度と、セクシュアリティの多様な表現である。CGを使って女性の躍動的な身体能力や男性的な暴力性を表現する作品も増えた。異性愛二元論を逸脱する描写、すなわち「女／男」のスラッシュを曖昧化する映像作品が急増した。もちろん、新たな市場が生まれ、商業主義的な戦略であるという批判もある。

だが、事実として有名人がシスジェンダー／ヘテロセクシュアルではない役柄を演じる機会が圧倒的に増えてきたことは重要である。多様な人種や民族を抱え込むアメリカが、性に加えてより複雑に絡まりあった問題を描いている一方、現代日本の映画やテレビドラマの傾向を見れば、ジェンダー・セクシュアリティの表現が特別に重視されているように思われる。したがって、作り手のみならず、多くの観客／視聴者にとっても、これまで「自然」だと思われていたジェンダー・セクシュアリティがいかに構築されたものかを見直す契機となっている。

現在の映像文化において、しばしばいわれるように「性が多様化」したのではない。「多様な性」が（さまざまな問題を含みながら一気に）可視化されるようになったのだ。敗戦後の映像文化では、同性愛などのセクシュアリティは物語から後景化するか、テクストの背後に潜在することが多く、異性愛中心の作品が二〇世紀を通じて量産された。けれども二〇一〇年代の映像文化には、根強い男性中心主義を転覆する活路がある。そしてテクノロジーは、ジェンダーの非対称性を転換させて説得的に描いている。多様性の時代に照準したセクシュアリティの表現の文脈化、マーベル映画に代表されるCGやVFXによって「強さ」を過剰に演出するジェンダー転覆的な技術――こうした実践の反復が、ジェンダーの権力構造と異性愛中心主義にパフォーマティヴに亀裂を与える。俳優とその身体イメージの劇的な変化の時期に、私たちはいま直面している。テクノロジーによるメタモルフォーゼ。そのフィクションの力、表象の力に、私たちのジェンダー・セクシュアリティの未来は託されているのだ。

註

＊1　北村匡平『スター女優の文化社会学――戦後日本が欲望した聖女と魔女』作品社、二〇一七年、四七―五二頁。
＊2　ただし地方と都市で差がある。本書では全体的傾向として「主婦化」を示している。
＊3　一九八〇年から二〇〇一年のデータは、総務省統計局「労働力調査特別調査」を参照。

あとがき

本書は二〇一七年から五年間の間に書かれた映画俳優に関する批評を、戦後の俳優史に即して再構成した論集である。この期間の批評文を振り返ってみると、私自身の問題意識は一貫しているように思う。まずは映画において表象された身体イメージ——ある俳優はこのショットでなぜこのような身振りを提示するのか、それが当時の観客にいかなる効果を与えたのか、すなわち映像身体の「運動」についての意識。そしてその身体の振る舞いが、時代のジェンダー規範——「女らしさ／男らしさ」とどのように結びついているのか、といった問いである。

以下に本書のもとになった論考を載せておくが、そのまま掲載したものはほとんどなく、複数の論考の一部を抜粋したり解体したりして組み合わせ、大幅な加筆修正が施されている。原文をもとにしてはいるが、かなり加筆したものが多い。

Opening　書き下ろし

第1章　「新時代に肉体を解き放つ——京マチ子の生の重力」、『ユリイカ』〈特集＊京マチ子〉二〇一九年八月号、七三—八一頁。

第2章　1と5は書き下ろし。2〜4は「映像化される『雁』の世界——戦後日本映画における女性表象の生成過程をめぐって」、『表象』11号、二〇一七年、二三一—二四九頁からの抜粋。

第3章　1〜3は「映画スターへの価値転換――一九五〇年代のスクリーンにおける観客の欲望モードの文化的変遷」、『社会学評論』六八巻・二号、二〇一七年、二三〇―二四七頁からの抜粋。4〜5は、「映像化される『雁』の世界――戦後日本映画における女性表象の生成過程をめぐって」、『表象』一一号、二〇一七年、二三一―二四九頁からの抜粋。

第4章　1は書き下ろし。2は「異端のグルーヴ――『モテキ』におけるカメラワークと満島ひかり／長澤まさみ」、『ユリイカ』〈特集＊大根仁〉二〇一七年一〇月号、一八五―一九四頁からの抜粋。3〜5「坂元裕二ドラマ『Woman』論――満島ひかりの手の演技」、『ユリイカ』〈特集＊坂元裕二〉二〇二一年二月号、一二六―一三六頁からの抜粋。

第5章　「フランキー堺はフレームを越える――川島映画における〈壊乱〉と運動感覚」、川崎公平・北村匡平・志村三代子『川島雄三は二度生まれる』水声社、二〇一八年、一八四―二一四頁。

第6章　「渡哲也の漆黒の輝き――二つのアウトロー路線」、河出書房新社編集部編『文藝別冊　渡哲也』河出書房新社、二〇二〇年、一二五―一三三頁。

第7章　「スクリーンの恐るべき子供――萩原健一の苦痛の美学」、『ユリイカ』〈総特集＊萩原健一〉二〇一九年七月臨時増刊号、一三一―一四二頁。

第8章　「絶望の深淵で輝きを見せるとき――『凶悪』、あるいは『白夜行』における演技について」、『ユリイカ』〈総特集＊山田孝之〉二〇一七年八月臨時増刊号、一八八―一九八頁。

第9章　「大林宣彦の祈り――セルフリメイクとしての『転校生』」、『ユリイカ』〈総特集＊大林宣彦〉二〇二〇年九月臨時増刊号、一三九―一四八頁。

第10章　「韓国映画における空間と身体の政治学――チョン・ドヨンの実存的パフォーマンス」、『ユリイカ』〈特

集＊韓国映画の最前線〉二〇二〇年五月号、一九六―二〇六頁。

第11章　「神話的想像力としての『バーフバリ』――ファンタジーを突き破るモノ」、『ユリイカ』〈特集＊『バーフバリ』の世界〉二〇一八年六月号、一六八―一七八頁。

第12章　書き下ろし

第13章　書き下ろし

End roll　書き下ろし

本書の初稿の一部に目を通してもらい大変思慮深いアドバイスをいただいた映画執筆家の児玉美月さんにまずは記して感謝の意を表したい。また、装幀を担当してくださった北岡誠吾さんは、本書のコンセプトを汲んだすばらしいデザインに仕上げてくれた。ここに記して深謝申し上げる。大学の教員にとって、学生たちとの日頃の何気ない会話からアイデアが生まれることは少なくない。普段から私の講義に参加して興味深いコメントをくれる学生たち、北村研究室に所属し、いつもゼミで映画や文化に関して刺激的な議論を展開してくれる院生たちにもここで謝意を示す。

初出で記したように、ほとんどが青土社の雑誌『ユリイカ』に寄稿した論文をもとにしている。雑誌の特集や企画にあわせて書いた論考なので、時代も対象も偏りがあり、かねてから研究や批評の中心にあった女性表象に比重が置かれている。この点に関しては今後、出版を予定している書籍においてメディア論の視点から改めて取り組みたいと思う。

初めて青土社の『ユリイカ』の編集者である明石陽介さんから連絡をいただいたのは、二〇一五年一一月のことだった。まだ博士課程一年に在籍していたときのことである。内容は原節子さんの訃報が流れて特集を組むための原稿依頼だった。『ユリイカ』といえば、学部生のときからの憧れの雑誌で、好きな特集は購入し、図書館でもたくさんコピーして熱心に読んでいた雑誌だった。そんな媒体から依頼があり、目を疑って何度もメールを読み返したことを鮮明に覚えている。最初に寄稿した原節子論（「スクリーンの〈湿度〉と原節子の眼差し——『わが青春に悔なし』から『熱風』へ」、『ユリイカ』二〇一六年二月号）は、後に刊行した初めての単著『スター女優の文化社会学——戦後日本が欲望した聖女と魔女』（作品社、二〇一七年）の中核となった。

あの依頼と執筆がなかったら、おそらく最初の単著はまったく違った内容になっていたと思う。最初のきっかけと、その後も定期的に『ユリイカ』に書く場所を与えてくださった明石さんに心から感謝申し上げたい。『ユリイカ』に執筆した八本もの原稿がもとになっていることを考えると、本書もまた二〇一六年の原節子特集から二〇二一年の坂元裕二特集までの約五年間におよぶ明石さんとの共同作業が間違いなく根底にある。

そして本書の編集を担当してくださった前田理沙さんから企画の連絡をいただいたのは二〇二〇年一〇月、新型コロナウイルスが流行し、社会が一変した状況下であった。大学の研究室で目次案や書き下ろし論考の対象など長時間話した。その後もコロナ禍のため何度かビデオ会議システムで議論したが、毎回楽しくなって三時間から四時間は話したと思う。本書には収められなかったが、最近観た映画やドラマの俳優について脱線を繰り返し、そこで出た多くのアイデアが本書で活かされている。執筆が予定通り進まず、何度も遅れてしまったが、根気強く待ってくれ、書き下ろし原稿にも率直な意見をぶつけてくれた。無事、刊行まで導いてくれた前田さんに感謝の念を捧げたい。

『ユリイカ』のファンとして、いつか青土社から本を出したいというのが、研究者／批評家を志した学部生のときからの夢だった。それがこんなにも早く叶うとは思ってもみなかった。改めて『ユリイカ』に書いてきた五年間、かけがえのない幸福な時間に感謝の念を捧げる。

エンドロールでは、やや楽観的にすぎる言葉を残して終わらせてしまったと自覚している。もちろん、書き直すチャンスはあったが、そうはしなかった。その理由は、家で『アベンジャーズ／エンドゲーム』を小学生の娘と一緒に観ていたとき、「女の子って強くてかっこいいね！」と興奮して話す魅了された表情を見たことが大きかったからだ。それはかつて見せた過去のディズニー・プリンセス映画には発したことのない言葉だった。時代は大きく変わっているのだと強く実感し、嬉しくなった。

フィクションの力は、大人が思うより遥かに大きいように感じる。映画で輝きを放っている俳優たちのカリスマは、教科書で正しさを学ぶのとは異なる、魔術的な力がある。思えば私自身、幼い頃から映画が大好きで、特にスターに熱狂して部屋中にポスターを貼り、『MOVIE STAR』や『ROADSHOW』、『SCREEN』を読み漁っていた映画少年だった。映画館が近くになかった地方の少年は、幼い頃から母親に連れて行ってもらってＶＨＳでレンタルしたジャッキー・チェンに陶酔した。あるいは頻繁に自宅のテレビで父親が洋画を観ていて、その中で輝く俳優たちに圧倒された。そんな環境が、私を俳優評論へと導いてくれたのだと思う。

本書を両親へ捧げる。

二〇二一年八月五日

北村匡平

著者　北村匡平（きたむら　きょうへい）

1982年山口県生まれ。映画研究者／批評家。東京大学大学院学際情報学府修士課程修了、同大学博士課程単位取得満期退学。現在、東京工業大学科学技術創成研究院未来の人類研究センター・リベラルアーツ研究教育院准教授。専門は映像文化論、メディア論、表象文化論。単著に『スター女優の文化社会学――戦後日本が欲望した聖女と魔女』（作品社、2017年）、『美と破壊の女優 京マチ子』（筑摩書房、2019年）、『24フレームの映画学――映像表現を解体する』（晃洋書房、2021年）、共編著に『リメイク映画の創造力』（水声社、2017年）、『川島雄三は二度生まれる』（水声社、2018年）、翻訳書にポール・アンドラ『黒澤明の羅生門――フィルムに籠めた告白と鎮魂』（新潮社、2019年）などがある。

アクター・ジェンダー・イメージズ

転覆の身振り

2021年 9月17日　第1刷印刷
2021年10月 1日　第1刷発行

著者　北村匡平
発行人　清水一人
発行所　青土社

〒101-0051　東京都千代田区神田神保町1-29　市瀬ビル
［電話］03-3291-9831（編集）　03-3294-7829（営業）
［振替］00190-7-192955

組版　フレックスアート
印刷・製本　シナノ印刷
装幀　北岡誠吾

ISBN 978-4-7917-7392-3　C0074

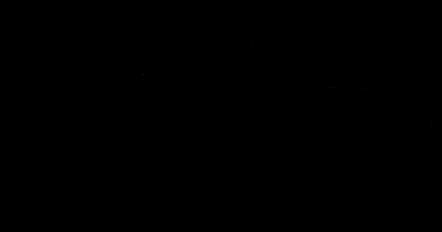